Holger Arndt | Stefan Burkard

**Erfolgreich
mit eigenen
Handelssystemen**

Holger Arndt | Stefan Burkard

Erfolgreich mit eigenen Handelssystemen

Modularer Aufbau

Equity Trading

Position Sizing

Bibliografische Information der Deutschen Bibliothek:
Die Deutsche Bibliothek verzeichnet diese Publikation in der
Deutschen Nationalbibliografie; detaillierte bibliografische Daten
sind im Internet über http://dnb.ddb.de abrufbar.

Gesamtbearbeitung: UnderConstruction, München
Umschlaggestaltung: Judith Wittmann
Lektorat: Dr. Renate Oettinger
Druck: Grafik + Druck, München

1. Auflage 2005
© 2005 FinanzBuch Verlag GmbH
Frundsbergstraße 23
80634 München
Tel. 089 651285-0
Fax 089 652096
info@finanzbuchverlag.de

Den Autor erreichen Sie unter:
arndt@finanzbuchverlag.de

ISBN 3-89879-127-0

Weitere Infos zum Thema

www.finanzbuchverlag.de

Gerne übersenden wir Ihnen unser aktuelles Verlagsprogramm

▶ Inhalt

▶ Handelssysteme ◀ 53

▶ Equity Trading ◀ 201

▶ Position Sizing in Portfolios ◀ 221

▶ Möge die Wahrscheinlichkeit mit dir sein! ◀ 227

▶ Bibliographie und Quellennachweis ◀ 231

▶ Danksagung ◀ 235

▸ Einleitung ◂

Nimm ein vorhandenes System und mache es zu deinem eigenen! Der Grundsatz lautet: „Verwenden und verändern". Warum den Trailing Stop und den RSI neu erfinden? Warum Wochen und Monate mit endlosen Systemtests verbringen, wenn andere sich schon die Mühe gemacht haben, die besten und robustesten Kombinationen von Stops und Indikatoren zu erforschen? Die in diesem Buch vorgestellten Handelssysteme sind ein Angebot an Sie, nach dieser Methode zu verfahren. Das bedeutet, dass Sie die Entry- und Exit-Regeln der vorgestellten Systeme beliebig zu eigenen Systemen verändern und kombinieren können. Wir wollen Sie von Anfang an dazu anregen, Ihre eigenen Handelssysteme und Indikatoren zu entwickeln und zu testen. Das geht unserer Erfahrung nach zunächst am einfachsten, wenn Sie vorhandene Systeme umbauen und auf einen Markt oder besser auf ein Set von Märkten anpassen. Unser Anliegen ist es, Ihnen anhand unserer Beispiele detaillierte Hinweise und Techniken an die Hand zu geben, um Handelssysteme selbst zu erstellen, abzuwandeln und zu testen. Die hier vorgestellten Tools und Techniken wie Indikatoren und Testmethoden lassen sich problemlos auf die meisten Märkte übertragen. Sie können die vorgestellten Handelssysteme dann selbst abwandeln und anpassen, um damit in beliebigen Märkten sowohl bessere Profite zu erzielen als auch Risiken zu minimieren.

Bitte erwarten Sie keinen Holy Grail und keine Instant-Mischungen, die Sie nur in Ihre Börsensoftware einrühren müssen, und schon ist das Fünf-Gänge-Menü mit Top-Performance fertig. Die Rezepte, die wir Ihnen in Form von Techniken und Handelssystemen geben, sollen Ihnen vielmehr als Vorlage und Anregung für eigene Kreationen dienen. Letztendlich erfordert der Einsatz dieser Techniken von Ihnen sehr viel Kreativität und Disziplin, wenn Sie erfolgreich sein wollen.

Wir haben dieses Buch in zwei Abschnitte aufgeteilt: In Kapitel 1 und 2 geben wir Ihnen einen Überblick über die Basics des Systemhandels. In den Kapiteln 3 bis 5 stellen wir Ihnen dann konkrete Handelssysteme vor. Nach einer grundsätzlichen Einführung ins Thema Mechanische Handelssysteme in Kapitel 1 erfahren Sie in Kapitel 2 mehr über verschiedene Grundsysteme, Stops und wichtige Elemente der Systemauswertung. Zum Schluss zeigen wir Ihnen in diesem Kapitel, wie Sie auf einfache Weise eigene Indikatoren programmieren und diese in Handelssystemen einsetzen können. In Kapitel 3, das den Hauptteil des Buches einnimmt, stellen wit Ihnen konkrete Handelssysteme vor. Benutzen Sie diesen Teil wie ein Rezeptbuch, das Sie zum Ausprobieren und Verfeinern der vorgestellten Systeme anregen möchte. Dabei wollen wir so praxisnah wie möglich sein und stellen Ihnen deshalb zu jedem System den vollständigen Tradestation Code zur Verfügung. Über die beigelegte CD erhalten Sie darüber hinaus Zugang zu diesen Codes in elektronischer Form. Mit dem Equity Trading geben wir Ihnen in Kapitel 4 eine Methode an die Hand, mit der Sie Handelssysteme über deren Kapitalkurve, die „System Equity", steuern können. So haben Sie mit einem gut eingerichteten Equity-Trading-System die Möglichkeit, größere Drawdown-Phasen zu vermeiden. Die CD unterstützt Sie hierbei mit einem Tool, das aus den Tradestation Performance Reports bewertbare Equity Charts extrahiert. In Kapitel 5 stellen wir Ihnen schließlich eine weitere Spezialität zur Verfügung, die bei richtiger Anwendung entscheidend zu Ihrem Tradingerfolg mit mehreren Kontrakten beitragen kann: das Position Sizing in Portfolios. Wir stellen Ihnen hier – selbstverständlich wieder mit konkretem Tradestation Code – vor, wie Sie die Anzahl der gehandelten Kontrakte innerhalb eines Systems je nach Marktlage steuern können. Damit erhalten Sie ein wertvolles Tool zur Risikokontrolle für Ihr Tradingportfolio.

Noch eine Anmerkung zu unseren elektronischen Helfern. Der Einsatz geeigneter Software ist für den Handel inzwischen unerlässlich. Professionelle Software unterstützt Sie von den ersten Tests eines Systems bis hin zur Orderausführung an der Börse und der Bewertung Ihrer Trades und Ihres Porfolios. Per Orderautomation können Sie die Signale Ihrer Systeme ohne eigenes Eingreifen in den Markt schicken und je nach Software Orders sogar über vordefinierte Chartlinien automatisch auslösen. Der Einsatz eines solchen Systems erfordert natürlich gerade am Anfang Ihre volle Aufmerksamkeit und Überwachung, aber der Anfangsaufwand zahlt sich bald aus. Es käme heutzutage ja auch niemand mehr auf den Gedanken, Textverarbeitung mit Pergament und Federkiel zu betreiben.

▶ Mechanischer vs. diskretionärer Handelsansatz

Diskretionäre Händler sehen es als ihren Vorteil, individuell in den Handel eingreifen zu können. Auch wenn Signale zum Kauf oder Verkauf raten, wollen sie eine gute Portion Intuition und Erfahrung einbringen und den Handel letztendlich selbst aus der Situation heraus bestimmen. Vielfach bringt sie ihr persönliches Gespür dann auch auf die richtige Seite des Trades.

Oftmals jedoch ist diskretionäres Handeln zum Scheitern verurteilt. Entscheidungen werden über kurz oder lang zu stark von Emotionen beeinflusst und damit subjektiv. Angst, Unsicherheit und nicht zuletzt Gier führen zu irrationalen Entscheidungen und können letztendlich Ihr Handelskapital vernichten. „Moreover, it is hard to test and verify a discretionary trading model" *(Quelle: Katz)*. Eines der größten Probleme bei diskretionären Handelsmodellen dürfte jedoch die schwierige Testbarkeit sein. Da alle Entscheidungen von Menschen getroffen werden, stellen sich zwangsläufig Unterschiede ein, die es schwer machen, einen Vorgang mit dem anderen objektiv zu vergleichen und Verbesserungen vorzunehmen.

Alle möglichen menschlichen Schwächen wie Angst, Gier und kurzfristige Launen stehen einem langfristig profitablen Handel entgegen. Wenn Sie sich keine Strategie zurechtlegen, werden Sie früher oder später wegen dieser Schwächen in Turbulenzen geraten.

Eine Strategie beim Trading bedeutet hingegen, dass Sie systematisch und gut durchdacht vorgehen, um zu gewinnen.

Ein Schritt auf dem Weg zum Erfolg führt unserer Erfahrung nach über robuste mechanische Handelssysteme. Jeder Handelsvorgang wird ausschließlich aufgrund von klaren Signalen und Regeln zur Kauf- oder Verkaufsentscheidung bestimmt. Ein solches System zeichnet sich durch klare „Entry"- und „Exit"-Methoden aus, verwendet Indikatoren und kann ausgiebig getestet und angepasst werden, bevor es zum wirklichen Einsatz kommt. Wenn Sie ein mechanisches Handelssystem, das sich in entsprechenden Tests bewährt hat, konsequent anwenden, steigen Ihre Erfolgsaussichten dramatisch. Selbst ein Signalgeber, der völlig außerhalb des Börsengeschehens liegt, kann Bestandteil eines profitablen Systems sein. Stellen Sie sich vor, Sie gehen in einem Markt jeweils long, wenn die Außentemperatur um zwei Grad Celsius steigt, und wechseln auf short, wenn die Temperatur um zwei Grad fällt. Dazu haben Sie ein festes Set von Stops, die Ihnen genau sagen, wann Sie einen Gewinn mitnehmen und wann Sie mit Verlust aus einer Position aussteigen.

Diese externen Signalgeber werden in diesem Buch – mit Ausnahme des Mondes – nicht weiter beleuchtet. Das Beispiel soll Ihnen jedoch verdeutlichen, dass sich Handelssysteme bei weitem nicht auf die Börsenkursdaten beschränken müssen. Wichtig ist, dass Sie, wie es in Traderkreisen so schön heißt, „immer denselben Fehler machen", sich also an eine Systematik halten. Einen ähnlichen oder sogar höheren

Stellenwert haben Ihre Stops. Die Gretchenfrage lautet: Wie verwalten Sie Ihre bestehenden Positionen? Definieren Sie genaue Regeln, die den Ausstieg aus einer Position festlegen!

Fatal ist es natürlich, wenn Sie das System umgehen, indem Sie diskretionär über die Durchführung des einen oder anderen Handels entscheiden. Das kann dazu führen, dass Sie dann einige Trades ausführen, die in der Summe zu einem Verlust führen, den entscheidenden Handel dann aber diskretionär behandeln und nicht durchführen, obwohl er den vorherigen Verlust mehr als ausgeglichen hätte. Händler, die auf diese Weise arbeiten, geben dann dem System die Schuld an den Verlusten, obwohl das System, wäre es konsequent angewandt worden, beste Ergebnisse erzielt hätte. Es gilt also absolute Disziplin zu wahren. Nur wenn Sie einem System voll vertrauen und jedes Signal ernst nehmen und darauf mit entsprechendem Trading reagieren, wird es funktionieren und Ihnen den gewünschten Gewinn einbringen.

Die Diskussion über die Vorzüge und Fallstricke von diskretionären und mechanischen Handelsansätzen könnte ganze Bibliotheken und Vortragsreihen füllen. Und tatsächlich sind uns Trader bekannt, die mit einer Mischform aus beiden Ansätzen eine glänzende Performance aufstellen. Diese Trader bilden jedoch die Ausnahme, und wir empfehlen Ihnen dringend, für Ihren Handel feste Regeln zu definieren und sich über alle generierten Trades daran zu halten. Sie müssen dabei nicht mit Scheuklappen ins Verderben laufen, wenn sich herausstellen sollte, dass ein System über einen längeren Zeitraum keine Gewinne mehr produziert. Später werden wir Ihnen zeigen, wie Sie nach ebenso festgelegten Regeln bestimmen können, wann Sie die Positionsgröße in einem System reduzieren oder das System zeitweise völlig vom Handel aussetzen.

▶ Was ist Ihr Alpha-Faktor?

Stellen Sie sich vor, Sie müssten vor einem Gremium – oder, um die Vorstellung ein wenig angenehmer zu machen – vor einem Trading Coach die Entscheidung vertreten, dass Sie mit Handelssystemen an den Börsen traden und damit ein Vermögen verwalten wollen, über das dieses Gremium oder dieser Trading Coach wacht. Nun ist der Trading Coach sehr kritisch und kennt sich mit allen zur Verfügung stehenden Börseninstrumenten und Möglichkeiten der Vermögensverwaltung aus. Er fragt Sie, welchen Vorteil Ihr Trading im Vergleich zu den anderen Anlageformen bietet. Warum soll das zur Verfügung stehende Kapital von Ihnen oder mit Ihren Handelssystemen verwaltet werden? Was haben Sie den anderen Möglichkeiten der Geldverwaltung voraus? Welches Alpha können Sie generieren? Das heißt, welchen Vorteil können Sie – vereinfacht gesagt – im Vergleich zu einer Benchmark wie einem Aktienindex oder einem Hedge Fund Index bieten? Oder noch einfacher: Was haben Sie, was es nicht in der Börsenlandschaft sowieso schon gibt? Wenn Sie antworten, dass Sie auch mit fallenden Kursen Geld verdienen können, wird er das nicht gelten lassen, da es schon reichlich Trader und Portfoliomanager gibt, die Long/Short-Strategien anwenden. Was also macht Ihr Trading so besonders, dass man das Geld lieber Ihnen geben sollte, als es geschickt über Anlageformen zu streuen, die sich schon am Markt anbieten? Sie können Ihre Argumente noch nicht mit einer realen Performance beweisen? Gut, dann brauchen Sie einen Testaccount. Sehr zum Vorteil ist es dann, wenn das zur Verfügung stehende Vermögen so groß ist, dass Sie Ihren Testaccount mit nur einem Bruchteil der Gesamtsumme ausstatten und dennoch Ihren Erfolg über die gesamte Strategie oder das gesamte Protfolio unter Beweis stellen können. Schlecht hingegen ist es, wenn Sie mit der Gesamtsumme testen müssen, weil dann nämlich der Effekt des Ausprobierens dahin ist. Und damit nicht genug. Der Trading Coach fragt Sie auch, ob Sie einen unbedingten Gewinn daraus ziehen, dass Sie selbst täglich vor dem Bildschirm handeln. Können Sie durch Ihr eigenes Handeln Ihre Performance entscheidend verbessern? Oder wäre es andererseits nicht besser, Ihre Systeme über einen Full Service Broker handeln zu lassen? Haben Sie auf diese Fragen eine Antwort?

▶ Keep it simple

Die meisten Systeme auf dieser Welt sind hochkomplex, was auch auf die Terminmärkte zutrifft. Verschiedenste Faktoren beeinflussen sie und können einen entscheidenden Beitrag zu ihrem Funktionieren oder Fehlverhalten beisteuern. Ein solches System in seiner Ganzheit zu begreifen ist nahezu unmöglich. Darauf sollte es Ihnen als Systemtrader auch gar nicht ankommen. Vielmehr geht es darum, Methoden und Werkzeuge zu finden, mit denen Sie von den Börsen profitieren können. Wichtig dabei ist vor allem, dass Sie diese Methoden und Werkzeuge selbst gut verstehen, sie begreifen und dass sie Ihnen zusagen. Wir raten Ihnen dazu, bei der Entwicklung von Handelssystemen nach dem KISS-System zu verfahren. Dies hat (der Scherz hat einen Bart, darf aber an dieser Stelle nicht fehlen) nichts mit der bekannten Rock-Band zu tun, sondern bedeutet einfach „Keep it Simple and Stupid". Der Ursprung dieses Prinzips der Einfachheit liegt wahrscheinlich in den Grundsätzen des Apollo-Projekts in den 60er-Jahren. Andere Quellen sprechen davon, dass KISS zuerst in der US Army gebraucht wurde, und um ein wohlklingenderes Wort für „stupid" zu wählen, KISS auch „Keep it simple and straight-forward" bedeuten könnte. Wie dem auch sei: Wir empfehlen das KISS-Prinzip in der Handelssystementwicklung. Versuchen Sie, mit möglichst wenigen Parametern auszukommen. Denn je mehr Indikatoren und Variablen Sie in ein System aufnehmen, umso größer ist die Gefahr, dass Sie auf die vorhandenen Daten und nur auf diese optimieren. Die Wahrscheinlichkeit ist sehr groß, dass ein solches System auf neuen Daten oder anderen Märkten versagt. Machen Sie am besten Ihre eigenen Erfahrungen mit einfachen und komplexeren Systemen, indem Sie diese mit dem später beschriebenen Robustheitstest prüfen.

Eine Parallele zum KISS-Prinzip lässt sich im bekannten Pareto-Prinzip finden: Dieses von Joseph M. Juran beschriebene und nach dem italienischen Ökonomen Vilfredo Pareto benannte Prinzip besagt, dass in vielen Zusammenhängen 80 Prozent der Wirkungen auf 20 Prozent der Ursachen zurückzuführen sind. Pareto selbst hatte zuvor beobachtet, dass 20 Prozent der italienischen Bevölkerung 80 Prozent des Eigentums besaßen. Ein Beispiel aus der heutigen Zeit: Von einem ähnlichen Phänomen berichten viele Selbstständige und Handwerker. Sie machen in 20 Prozent ihrer Arbeitszeit 80 Prozent des Umsatzes. Die restliche Zeit verbringen sie mit Kundenpflege, Beratung, Nachbessern und vor allem mit schwierigen Fällen. Analog könnte man sagen: Mit 20 Prozent der möglichen Regeln, die Sie in ein Handelssystem aufnehmen können, erzielen Sie 80 Prozent des Erfolgs. Noch ein Grund, es – zunächst jedenfalls – möglichst einfach zu halten. Erst wenn Sie robuste, einfache Systeme haben, sollten Sie Schritte gehen, die zu deren weiteren Verfeinerung beitragen – wenn Sie mögen, bis hin zu einer freieren Interpretation von KISS nach dem Motto: „Keep it Super Sophisticated" *(Quelle: Florek).*

▶ Kapital und Rendite

Welche Voraussetzungen sollten Sie nun erfüllen, bevor Sie mit dem Handeln an der Terminbörse beginnen? Zunächst einmal brauchen Sie ausreichend Startkapital. Je nachdem, in welchem Markt Sie tätig sein wollen, liegt das nötige Startkapital zwischen 10 000 und 100 000 Euro. Für ein diversifiziertes Hedgefonds-Portfolio müssen Sie hingegen in ganz anderen Kategorien denken: Hier sind als Untergrenze der Kapitalisierung, das heißt als „kritische Masse", die im Erfolgsfall größere Investoren anzieht, leicht 20 Millionen Euro und mehr anzusetzen. Eine Grundregel lautet, dass man mit höherem Startkapital bessere Erfolgschancen hat und einen erhöhten Drawdown besser durchstehen kann. Gehen Sie immer davon aus, dass der maximale Drawdown im ungünstigen Fall höher ausfällt als in Ihren Tests. Bei zu geringem Startkapital geht Ihnen dann schnell die Luft aus: Sie landen im Bereich der Unterkapitalisierung, womit Sie praktisch handlungsunfähig werden.

Eine weitere Voraussetzung ist, dass Sie mit realistischen Renditeerwartungen an den Markt herangehen. Institutionelle Hedgefonds verzeichnen schon mit einer Jahresrendite von rund acht Prozent steigende Mittelzuflüsse von hoch zufriedenen Kunden, wenn sie diese Rendite mit sehr geringer Volatilität erbringen können. Sicherlich ist dieses Jahresergebnis in der Vorstellung der meisten Trader zu gering. Wir wollen Ihnen jedoch zeigen, dass es nicht nur auf die Höhe der Rendite, sondern auch auf deren Kontinuität ankommt und die großen Spieler in diesem Geschäft weit davon entfernt sind, ihr Kapital jedes Jahr verdoppeln zu wollen.

Ihr erstes Ziel sollte sein, zunächst Ihr eingesetztes Kapital zu erhalten. Ihr Anfangskapital ist begrenzt und nicht beliebig vermehrbar oder ersetzbar. Es ist das wertvollste Gut, das Sie – jedenfalls im Bereich der Börse – zur Verfügung haben. Deshalb sollten Sie alles daran setzen, es zu erhalten. Das ist nur möglich, wenn Sie die Risiken minimieren und diszipliniert damit umgehen. Neben dem Erhalt Ihres Startkapitals sollten Sie vor allem daran arbeiten, Ihre Fähigkeiten als Händler auf- und auszubauen. Damit sollten Sie in den ersten ein bis zwei Jahren zufrieden sein. Es gilt, viel zu lernen und einiges an Erfahrung zu sammeln.

Auch wenn es zunächst schwierig ist, weil Sie mit Elan und positiven Erwartungen ans Trading herangehen: Bedenken Sie in Ihren Tests und Vorüberlegungen immer zuerst das Worst-Case-Szenario. Haben Sie einen genauen Plan für den schlechtesten möglichen Fall? Legen Sie sich für diesen Fall vor dem Beginn Ihres Tradings eine genaue Strategie zurecht. Setzen Sie sich zum Beispiel eine Grenze für einen maximalen Drawdown Ihres Portfolios? Wenn ja, wo genau ist diese Grenze? Was tun Sie, wenn diese Grenze erreicht oder unterschritten wird? Wie gehen Sie mit unerwarteten Börsenereignissen um, die möglicherweise zu einer drastisch erhöhten Slippage führen? Welcher Drawdown, welche Seitwärtsbewegung Ihrer Gesamt-Equity und welche sonstigen Ereignisse würden Sie veranlassen, das Traden zeitweise oder völlig einzustellen? Sich den besten möglichen Fall mit stetig sprudelnden Gewinnen vorzustellen ist keine Kunst. Wichtig ist, dass Sie vorher genau wissen, was Sie tun, wenn's mal nicht so gut läuft. Nur so bauen Sie sich die nötige Professionalität auf, um an den Börsen langfristig zu den Gewinnern zu zählen.

Sehen Sie Ihren Start an der Börse wie ein normales Geschäft an, einen neuen Betrieb, den Sie gründen und aufbauen. Jeder, der einen neuen Betrieb gründet, sei es als Handwerker oder im Einzelhandel, braucht genügend Startkapital und muss gerade am Anfang mit geringen Einnahmen rechnen. Diese Durststrecke muss nahezu jeder Firmengründer durchstehen können, bis ein genügend großer Kundenstamm von zufriedenen Kunden aufgebaut ist und sich die Einnahmen so weit entwickeln, dass sie über den Ausgaben liegen. Die meisten Betriebsneugründungen scheitern heutzutage nicht an einer mangelhaften Geschäftsidee oder einem nicht vorhandenen Absatzmarkt, sondern an einer mangelhaften Kapitalisierung beim Start des Unternehmens.

▶ Daten

Eine weitere wichtige Voraussetzung für den Start an der Börse ist Ihre Versorgung mit verlässlichem und aktuellem Datenmaterial. Es gibt eine Vielzahl von unterschiedlichen Datenanbietern, die sich nicht nur im Preis ihrer Dienstleistung unterscheiden, sondern auch in der Genauigkeit und Verlässlichkeit der gelieferten Daten. Anbieter unterscheiden sich unter anderem in der Art und Weise, wie eventuelle Fehler in den Kursen entdeckt und behoben werden. Je genauer und verlässlicher die Daten sind, desto besser können Sie Ihre Handelssysteme darauf abstimmen.

Es gibt auch Unterschiede bezüglich der gelieferten Datenzeiträume und der Datenmenge. Prinzipiell gilt, dass man einer großen Datenmenge mit historischen Daten den Vorzug geben sollte. Dadurch können Sie Ihre Handelssysteme besser testen und auf die verschiedenen Situation anpassen, die in der Vergangenheit aufgetreten sind. Es sollten mindestens 30 Trades aus historischen Daten hervorgehen. Besser wäre es jedoch, wenn Sie Ihre Systeme mit weit mehr als 100 Trades testen könnten.

▶ Marktauswahl

Die Auswahl des geeigneten Marktes ist ebenfalls ein wichtiger Aspekt Ihrer Handelsaktivitäten. Sie müssen sich zunächst einmal klar darüber werden, wie viel Zeit Sie pro Tag für das Traden erübrigen können und zu welchen Uhrzeiten Sie diese Zeit aufbringen können. Es ist auf jeden Fall wichtig, dass Sie die Tradingaktivität fest in Ihrem Tagesplan berücksichtigen und konsequent durchhalten. Wenn Sie es nicht in Vollzeit betreiben können, sollten Sie das Handeln an der Börse auf jeden Fall wie ein zusätzliches, neues Geschäft betrachten und die entsprechende Disziplin einbringen. Sie sollten sich auch überlegen, die Ausführung der Trades ganz an einen Broker abzugeben. Dies bringt nicht nur zeitliche Vorteile für Sie, sondern stellt auch sicher, dass alle Signale Ihrer Systeme ausgeführt werden und Sie nicht den besten Trade seit Wochen verpassen, nur weil Sie einmal kurz Ihren Arbeitsplatz verlassen mussten. Ist diese Planung geschehen und das Trading fest im Tagesablauf vorgesehen beziehungsweise an einen Broker ausgelagert, können Sie mit der eigentlichen Auswahl des Marktes beginnen. Manche Werte eignen sich gut für ein Trading am Abend nach der Arbeit, andere weniger. Dazu kommt noch, dass Sie die Möglichkeit haben, an verschiedenen Börsen auf der ganzen Welt zu agieren und sich entsprechend die Zeitverschiebungen zunutze zu machen. Prinzipiell sind die geeigneten Märkte diejenigen, die sich in ihrer Haupthandelszeit mit der Ihnen für das Trading zur Verfügung stehenden Zeitspanne decken.

Ferner sollten Sie in einem Markt handeln, der liquide ist. Es macht wenig Sinn, auf ein Wunder bei exotischen Werten zu hoffen, die nur wenig gehandelt werden. Gerade im Daytrading agieren Sie mit erhöhter Umsatzfrequenz. Sie möchten, dass Ihre Orders möglichst sofort ausgeführt werden und dass der Unterschied zwischen gewünschtem und tatsächlich ausgeführtem Kurswert, die so genannte Slippage, so gering wie möglich ist. Diese Voraussetzung ist jedoch nur in Märkten mit großer Handelsfrequenz und hohen Volumina gegeben. Vor allem, wenn Sie mechanische Handelssysteme anwenden, werden Ihre Handelsentscheidungen auf Grund von technischen Chartanalysen fallen. Hoch- und Tiefpunkte sind jedoch nur dann verlässliche Widerstandsbeziehungsweise Unterstützungsbereiche, wenn zu diesen Kurspunkten ein genügend hohes Volumen gehandelt wurde. Mit anderen Worten: Technische Chartanalyse funktioniert am besten mit hochvolumigen Werten.

Ein anderer Aspekt ist, dass das Risiko eines „Stopfishing" bei hochvolumigen Märkten wesentlich geringer ist. Große Marktteilnehmer versuchen mitunter, durch Orders den Kurs in eine bestimmte Richtung zu beeinflussen, um damit Stop- oder Limitorders auszulösen. Die Wahrscheinlichkeit, dass ein Stopfishing bei einem Markt mit hohem Handelsvolumen zum Erfolg führt, ist wesentlich geringer als bei Märkten mit niedrigem Volumen.

Zuletzt noch einige Anmerkungen zum Mindestkapital, das Sie fürs Trading mitbringen sollten. Abhängig vom Wert pro Punkt eines Futures müssen Sie auch das entsprechende Startkapital vorhalten. Angenommen, Sie arbeiten mit einem fixen Verluststop von 20 Punkten, dann verlieren Sie bei angenommenen fünf aufeinander folgenden Verlusten zum Beispiel beim DAX-Future 2 500 Euro, beim Eurostoxx50-Future jedoch nur 1 000 Euro. Neben dem reinen Punktwert sind unter anderem die Volatilität des Marktes und die Eigenschaften Ihrer Handelssysteme zu berücksichtigen. Daher können die folgenden Angaben nur als grobe Richtwerte gelten: Es empfiehlt sich zum Beispiel ein Startkapital von 40 000 Euro für den DAX-Future (FDAX), 20 000 Euro für den Eurostoxx50-Future (FESX) und 10 000 Euro für den Deutschen Bundfuture (FGBL). Sie können natürlich gewissermaßen hart am Wind segeln und lediglich ein wenig mehr als die vorgeschriebene Margin pro Kontrakt hinterlegen. Von dieser Art der „Marginauslastung" ist jedoch dringend abzuraten, da Sie sich auf diese Art und Weise mit großer Sicherheit in die Handlungsunfähigkeit manövrieren.

▶ Robustheit

Die Stabilität Ihrer Systeme ist ein entscheidender Erfolgsfaktor. Spielen Sie Ihr Handelssystem auf verschiedene Märkte und möglichst lange Kursreihen auf. Idealerweise wählen Sie Märkte aus unterschiedlichen Bereichen wie zum Beispiel Indexfutures, Zinsfutures oder Getreide. Dies ist einer der besten Robustheitstests. Auch unterschiedliche Zeithorizonte im selben Markt können Aussagen über die Robustheit des Systems liefern: Spielen Sie ein System in jeweils unveränderter Form zum Beispiel auf den FDAX in 20-Minuten-, 30-Minuten-, 60-Minuten- und Daily Bars auf. Weisen die Ergebnisse jeweils eine positive Tendenz auf? Beachten Sie hierbei in jedem Fall die Gebühren und eine realistisch kalkulierte Slippage.

Viele CTAs beschränken sich auf eines oder wenige Systeme und setzen diese(s) auf einer Vielzahl von Märkten ein. Durch die Diversifizierung über die Märkte streben sie einen Glättungseffekt der Gesamtperformance an. Die in einem solchen Portfolio eingesetzten Systeme müssen höchst robust sein, um sich auf unterschiedlichsten Märkten und in unterschiedlichsten Marktphasen zu bewähren. Selbst wenn Sie nicht verschiedenste Märkte handeln können oder wollen, empfiehlt es sich, die Robustheit Ihrer Systeme auf diese Weise zu prüfen.

▶ Handelssysteme erstellen und testen ◀

▶ Was ist ein Handelssystem?

Jeder ernsthafte Händler sollte sich eine Methode zurechtlegen, mit der er Trading betreibt. Diese Methode muss sich letztendlich zumindest in einigen wenigen einfachen Regeln niederschlagen, nach denen dann gekauft oder verkauft wird. Solche Regeln sind an sich schon ein Handelssystem, wobei es keine Rolle spielt, ob Sie dann diskretionär handeln oder ein mechanisches Handelssystem anwenden. Sie können sich solche Regeln entweder selbst definieren, von anderen übernehmen oder im Rahmen einer Tradingsoftware einfach fertig kaufen. Keines dieser Systeme wird jedoch allen Ansprüche gerecht werden. Sie müssen das zurechtgelegte Handelssystem vor allem verstehen und gern damit umgehen. Das Ziel eines Systems sollte es sein, dass Sie damit wiederholt handeln können, dass es erprobt ist und vor allem, dass es mit hoher Wahrscheinlichkeit zum Erfolg führt. Ein System muss nicht zwangsläufig kompliziert sein und mit vielen Parametern rechnen. Die Regeln eines Systems können im Gegenteil sehr einfach sein. Zum Beispiel kann man es durchaus schon als System bezeichnen, wenn dann gekauft wird, wenn ein gleitender Durchschnittswert den anderen schneidet, und wieder verkauft wird, wenn sich die Durchschnitte in entgegengesetzter Richtung erneut schneiden. Wichtig ist vor allem, dass ein System klare Kriterien aufweist. Ohne diese Kriterien ist ein System nicht vollständig und kann nicht sauber funktionieren. Folgende Kriterien sollten in einem Handelssystem enthalten sein:

1. *Zeitpunkt und Preis, zu dem in den Markt eingestiegen wird.*

2. *Zeitpunkt und Preis, zu dem mit Profit wieder aus dem Markt ausgestiegen wird.*

3. *Zeitpunkt und Preis, zu dem mit Verlust aus dem Markt ausgestiegen werden muss, um größere Verluste zu verhindern (Verluststop).*

Ein System kann strikt systematisch und mechanisch angewandt werden und auf jedes Signal, das sich aus den Berechnungen ergiebt, reagieren. Es kann aber auch nochmals durch den Händler selbst beurteilt werden. Das ist der bereits besprochene halb-diskretionäre Ansatz. Sehr erfahrene Händler überprüfen gern noch einmal die Kurs-Charts, bevor sie eine Order platzieren. Dadurch haben sie die Möglichkeit, bei augenfälligen Unregelmäßigkeiten die Order zu verzögern oder gar nicht auszuführen.

Es gibt jedoch noch weitere Aspekte zu beachten, wenn Sie ein Handelssystem entwickeln, es übernehmen oder kaufen. Der Markt hat sich in den vergangenen Jahren immer wieder verändert und wird sich auch in Zukunft weiter verändern. Die Marktteilnehmer wechseln und ändern sich, es findet eine immer noch zunehmende Globalisierung der Märkte statt, die Volkswirtschaften der einzelnen Länder ändern sich. Diese Vorgänge können sehr langsam vor sich gehen, aber auch sehr schnelle Veränderungen auslösen. Auf Ihre Handelssysteme bezogen bedeutet das, dass etwas, das heute funktioniert, in einiger Zeit überholt sein kann und keinen Profit mehr erwirtschaftet. Das heißt, dass Sie Ihre Handelssysteme immer wieder anpassen müssen. Es können einfach Änderungen von Parametern sein, die nötig sind, es mag aber auch durchaus vorkommen, dass ganze Handelssysteme durch neuere abgelöst werden müssen. An dieser Stelle entsteht ein Widerspruch. Auf der einen Seite sollen Sie Ihren eingesetzten Systemen treu bleiben und jedes Handelssignal umsetzen. Auf der anderen Seite müssen Sie mit Veränderungen der Märkte rechnen, was zur Folge haben kann, dass Ihre Systeme auf bestimmten Märkten über längere Zeit keine Gewinne mehr produzieren. Wenn Sie mit robusten Systemen über sehr unterschiedliche Märkte diversifizieren, können Sie die Treue zu Ihren eingesetzten Systemen eher halten, da Verluste in den meisten Fällen durch Gewinne in anderen Märkten aufgefangen werden. Schwieriger wird es, wenn Sie nicht diversifizieren und Ihr System auf dem von Ihnen gewählten Markt und Zeithorizont einfach keinen Gewinn produzieren will. Für diesen Fall stellen wir Ihnen in Kapitel 4 einen Ansatz für die systematische Beurteilung Ihrer Handelsergebnisse vor.

Ein weiterer Aspekt, den es zu beachten gilt, ist die Wahl des Zeithorizonts, in dem Sie handeln. Ist dieser zu eng gewählt – sagen wir, als Ein-Minuten-Chart –, kann es vorkommen, dass Ihr System auf kurzfristige Kursschwankungen zu stark reagiert und deshalb nicht den gewünschten Erfolg erzielt. Es ist dann zu feinfühlig und kann im Datenrauschen die wirklichen Trends nicht erkennen und nicht darauf reagieren. Zusätzlich entstehen in kleinen Zeithorizonten sehr viele Trades, wenn Ihr System nicht einen extremen Filter verwendet. Durch den häufig sehr kleinen Average Trade ist es für Systeme, die in zu kleinen Zeithorizonten eingesetzt werden, schwierig bis unmöglich, mittelfristig Gewinne zu erzielen. Diese werden nämlich in den meisten Fällen durch Gebühren und Slippage zunichte gemacht. Gute Erfahrungen haben wir auf Indexfutures intraday mit Zeithorizonten zwischen 20 und 60 Minuten gemacht. Bei Zinsfutures bietet sich für erste Tests eine Verdoppelung dieser Werte an. Die meisten Commodities sind im Tageschart am besten zu handeln – oder Sie wählen den Tageschart, um den Entry zu generieren, und steuern den Exit über einen Intradaychart.

Eine weitere Überlegung für Ihren Tradingstil ist die Frage, ob Sie Positionen über Nacht halten oder die Position zum Handelsschluss (MOC) glattstellen. Wenn Sie reines Daytrading betreiben, schließen Sie das Übernachtrisiko aus. Dem steht die Erfahrung gegenüber, dass über Nacht gehaltene Positionen die Möglichkeit bekommen, größere Trends zu erfassen. Dadurch wird in den meisten Fällen der durchschnittliche Trade vergrößert, was das System gegen zeitweise vergrößerte Slippage weniger anfällig macht und vielfach die Gesamtperformance steigert und glättet.

▶ Grundsysteme

In diesem Abschnitt möchten wir Ihnen nun die wichtigsten Grundsysteme und ihre Funktionsweisen vorstellen. Anhand der vorgestellten Prinzipien können Sie dann selbst neue Systeme entwerfen, die an spezielle Märkte angepasst sind. Letztendlich kommt es auch darauf an, dass Sie sich bei den favorisierten Grundsystemen zurechtfinden und eine gewisse Sympathie dafür entwickeln beziehungsweise dass es auf Ihr persönliches Umfeld wie zum Beispiel Ihr eingesetztes Kapital und Ihre Gepflogenheiten beim Handeln passt.

Trendfolgesysteme

Trendfolgesysteme entsprechen wohl am ehesten den menschlichen Neigungen. Wenn irgendwo Geld zu verdienen ist, weil Preise oder Renditen steigen, möchte man natürlich gerne rechtzeitig mit im Boot sein und vom allgemeinen Boom profitieren und später dann mit satter Rendite wieder verkaufen. Außerdem steigen in diesem Fall immer mehr Käufer in den Markt ein, was unter Umständen den Trend noch unterstützt, weil die „Ware" eventuell knapper wird und dadurch die Preise noch mehr anziehen – ein uraltes und einfaches Prinzip des Handels und der Wirtschaft, das heute nach wie vor seine Gültigkeit hat. Einfache Trendfolgesysteme für börsennotierte Werte basieren in der Regel auf der Auswertung von gleitenden Durchschnitten. Steigt ein gleitender Durchschnitt, liegt nach der Logik eines solchen Systems ein

Aufwärtstrend vor, bei dem Sie in den Markt einsteigen, um dann von der Fortsetzung des Trends zu profitieren. Dabei kommen Sie natürlich schnell in das Dilemma zwischen einem zu kurzen Zeitraum für den oder die Averages, der die Gefahr birgt, in einem auf- und abschwingenden Markt unter die Räder zu kommen (Whipsawing). Auf der anderen Seite stehen zu langsame Averages, die erst sehr spät auf einen Trend reagieren und im schlechtesten Fall erst dann ein Handelssignal liefern, wenn der Trend schon wieder vorbei ist. Das einfachste Trendfolgesystem basiert auf zwei gleitenden Mittelwerten. Der erste Mittelwert wird aus einer größeren Anzahl von zurückliegenden Bars berechnet. Der zweite Mittelwert ist kurzfristigerer Natur. Wenn nun der kurzfristige Mittelwert den langfristigeren schneidet, ist das ein Einstiegssignal.

In Trendfolge- und Breakout-Systemen kann es hilfreich sein, wenn Sie den Einstieg um einen vorher definierten Wert über oder unter dem eigentlichen Schwellenwert ansetzen. Diese Vorgehensweise soll vermeiden, dass Sie zu viele Fehlausbrüche handeln, die in der Summe Ihre Performance verderben können. Wenn Ihr ursprüngliches System zum Beispiel besagt, dass Sie nach dem Überkreuzen zweier gleitender Durchschnitte zum Open kaufen, dann steigen Sie nun zum Open plus „X" in die Position ein. Dieses „X" können Sie auf viele unterschiedliche Arten definieren. Die einfachste ist wohl, eine feste Punktzahl festzulegen. Sie können die Zugabe jedoch auch variabel halten und als einen Prozentwert vom letzten Close definieren. Eine Möglichkeit, die sich am aktuellen Marktgeschehen orientiert, ist, die Zugabe über einen Prozentsatz der Average True Range (ATR) zu steuern. Auch die Volatilität und andere Größen bieten sich als Regler für die Empfindlichkeit der Einstiegsschwelle an.

Schließlich sollten Sie immer auch mit weiteren Filtern experimentieren, um möglichst nur Trades mit hoher Erfolgswahrscheinlichkeit zu handeln und Fehlausbrüche nach Möglichkeit zu meiden.

Breakout-Systeme

Bei den Breakout-Systemen handelt es sich um die ältesten und einfachsten Systeme. Der Ausbruch des Kurses kann entweder aus Widerständen beziehungsweise Unterstützungen, aus Pattern oder aus einem Channel erfolgen.

Das Kaufsignal wird zum Beispiel gegeben, wenn der aktuelle Close höher ist als das höchste Hoch der letzten 15 Bars. Oder es wird ein Kaufsignal gegeben, wenn das aktuelle Close über beziehungsweise unter einem vorher definierten Channel notiert.

Wie im Zusammenhang mit den Trendfolgesystemen beschrieben, sollten Sie auch bei Breakout-Systemen mit verschärften Einstiegsbedingungen und Filtern experimentieren, um Fehlsignale herauszufiltern. Praktische Beispiele hierfür geben wir Ihnen in Kapitel 3.

Gegentrend-Systeme

Manche Händler haben sich darauf spezialisiert, gegen den Trend zu handeln. Sie versuchen zum Beispiel, nahe am Minimum eines Kurses zu kaufen, und warten auf die Umkehr des Kursverlaufs, um nahe am nächsten Maximum mit Profit wieder zu verkaufen. Besonders gut geeignet ist ein solches System für einen sehr unruhigen Markt mit stetigen Auf- und Abbewegungen. Für einen solchen Markt eignen sich Trendfolgesysteme nur sehr eingeschränkt, und Breakout-Systeme versagen geradezu.

Gegentrend- oder auch „Countertrend"-Systeme arbeiten häufig mit Oszillatoren, die „überkaufte" und „überverkaufte" Bereiche bestimmen. Sie können Gegentrend-Systeme jedoch auch ohne den Einsatz von Oszillatoren erstellen. Eine einfache Methode für den Anfang: Haben Sie ein kontinuierlich schlecht laufendes Trendfolge- oder Breakout-System, das mit einem Einstieg per Stop arbeitet? Dann testen Sie es mit genau umgekehrten Regeln. Alle Zugaben zu den Einstiegskursen kehren ihre Vorzeichen um, aus „buy stop" wird „sell limit" und aus „sell stop" wird „buy limit".

▶ Stops

Viele Handelssysteme stecken zu viel Aufwand in die Festlegung des richtigen und optimalen Einstiegszeitpunkts. Wesentlich wichtiger ist es nach unserer Erfahrung, offene Positionen durch ein intelligentes Stopmanagement erfolgreich zu verwalten.

Der Ausstieg aus dem Markt kann prinzipiell zu zwei verschiedenen Zeitpunkten erfolgen. Zum einen müssen Sie irgendwann aus einer Position aussteigen, um einen Profit zu realisieren. Zum anderen gibt es Situationen, bei denen Sie zum richtigen Zeitpunkt aus einer Postion aussteigen müssen, um einen Verlust zu begrenzen. Die goldene Regel wäre, einen Gewinner so lange zu halten, wie er gewinnt, um den maximalen Profit zu erwirtschaften, und einen Verlierer abzustoßen, bevor er Ihnen einen übermäßigen Verlust beschert hat. Viele Händler begehen den Fehler, aus einem Gewinner zu schnell auszusteigen, und realisieren damit nur geringe Profite. Es gibt nichts Ärgerlicheres, als eine Gewinnmitnahme von ein paar Cent zu realisieren, um dann zusehen zu müssen, wie der Kurs innerhalb weniger Minuten um einen oder zwei Euro steigt.

Den idealen Alleskönner-Stop gibt es nicht. Ein Weg der Annäherung an einen Stop, der sowohl Gewinne laufen lässt als auch Verluste frühzeitig begrenzt, ist ein Trailing Stop oder ein nachgezogener chartbasierter Stop. Diese Stops passen sich steigenden Kursen immer wieder an. So kann sich ein Kursverlauf bis zu einem gewissen Maß konsolidieren, aber erst wenn der Rückschlag zu groß wird, steigen Sie aus der Position aus.

Mindestens ebenso wichtig wie ein optimaler Profit ist, dass Sie den Verlust so klein wie möglich halten. Der beste Profit zerrinnt Ihnen sonst wie Wasser zwischen den Fingern, wenn Sie kurz darauf einen Verlust einfahren, der nur ungenügend begrenzt war. Viele Händler machen auch den Fehler, einen Verlierer zu halten in der Hoffnung, dass sich eine Umkehr des Kursverlaufs einstellt und der Verlust wieder ausgeglichen wird. Allzuoft verfällt der Kurs jedoch weiter – mit sehr unangenehmen Folgen für den Trader. Richtig zu verlieren ist eine Kunst, die Sie als guter Händler beherrschen müssen. Einen Verluststop konsequent zu setzen und den Verlust mitzunehmen sollten Sie wie eine Versicherungsprämie betrachten. Diese Prämie müssen Sie bezahlen, um sich vor größeren Schäden, gegebenenfalls dem Verlust Ihres Kapitals, zu schützen. Sie können mit dieser Vorgehensweise auch wesentlich ruhiger schlafen, da Sie genau wissen, wie viel Sie im Ernstfall verlieren. Nur so können Sie auf längere Sicht im Handel bleiben.

Für beide Arten des Stops, den Trailing Stop zur optimalen Gewinnmitnahme und den Loss Stop zur Verlustbegrenzung, gilt gleichermaßen, dass er knapp außerhalb der zu erwartenden zufälligen Kursschwankungen liegen sollte. Ein Stop, der zu nahe an den natürlichen und zufälligen Kursschwankungen liegt, hat den Nachteil, dass Sie zu oft ausgestoppt werden.

Wenn Sie Ihre Stops hingegen zu weit entfernt vom Kursverlauf setzen, haben Sie zwar eine hohe Wahrschenlichkeit, dass sich möglicherweise Papierverluste in reale Gewinne verwandeln. Diese Wahrscheinlichkeit erkaufen Sie jedoch mit der Gefahr eines großen Performancerückschlags. Auch zu enge Stops können Ihren Kontostand empfindlich gen Süden führen. Sie sollten deshalb nicht festsetzen, wie viele Euro Sie gerade bereit sind zu verlieren, sondern wie der Kurs sich normalerweise verhält und wie der Stop zu Ihrer Gesamtstrategie passt.

Diesen allgemeinen Betrachtungen über Stops möchten wir nun eine Beschreibung einiger konkreter Stop-Typen folgen lassen.

Money Management Stop

Der Money Management Stop ist in seiner reinen Form ein fester Stop. In den meisten Handelssystemen ist er als „Katastrophenstop" unerlässlich. Wo Sie diesen Stop setzten, ist von der Situation abhängig. Es kann einfach ein absoluter Wert sein, der ausdrückt, wie viel Geld Sie maximal verlieren wollen oder können. Mit einer Änderung in der

Formel können Sie den Money Management Stop variabel gestalten –
etwa als Prozentangabe des letzten Close.

Profit Target Stop

Der Profit Target Stop ist ein festgelegter Wert, bei dem Sie aus einer
Position wieder aussteigen und dadurch den selbst gesetzten Profit mitnehmen. Das kann entweder ein fester Kurswert sein, bei dem Sie wieder verkaufen möchten, es kann sich aber auch um einen relativen Wert
handeln. So können Sie zum Beispiel eine Profit Target Stop setzen,
wenn sich der Kurs auf einen Wert von zehn Prozent über dem Einstiegspreis entwickelt hat. Ein andere Möglichkeit wäre, den gleitenden
Mittelwert in Betracht zu ziehen und dann zu verkaufen, wenn der aktuelle Kurs um einen gewissen prozentualen Wert über dem gleitenden
Mittelwert liegt. Jede dieser Möglichkeiten hat ihre Stärken und Schwächen beziehungsweise funktioniert in der einen oder anderen Marktsituation am besten.

Wenn Sie mit Profit Target Stops arbeiten, werden Sie natürlich viele
Situation kennen lernen, in denen nach Ihrem Ausstieg der Kurs dann
noch weiter steigt und Sie nicht den maximal möglichen Gewinn erwirtschaftet haben. Es ist aber ohnehin illusorisch zu glauben, dass Sie
das jemals auf irgendeine Art und Weise erreichen können. Nach unserer Erfahrung sind andere Arten der Profitsicherung wie zum Beispiel
der Trailing Stop dem festen Profitstop oft überlegen.

Trailing Stop

Der Trailing Stop ist zunächst ein profitorientierter Stop, der bei einem
anhaltenden Trend dem Kurs nachgeführt wird. Sollte der Kurs die Gewinnzone nie erreichen, schützt Sie der Trailing Stop wie ein Money
Management Stop vor größeren Verlusten.

Einen Trailing Stop können Sie auf unterschiedliche Weise definieren:
über einen festen Punktwert, einen Prozentsatz vom letzten Close, einen Prozentsatz der Average Range und viele weitere Größen. Experi-

mente mit eigenen Definitionen des Trailing Stops lohnen sich, um auf relativ einfache Weise einen ganz eigenen Stop-Ansatz zu entwickeln.

Dem klassischen Trailing Stop verwandt sind einige chart- und indikatorbasierte Stops:

Wenn Sie zum Beispiel aus bestehenden Long-Positionen aussteigen, wenn das tiefste Tief der letzten zehn Bars unterschritten wird, haben Sie einen chartbasierten Stop definiert. Dieser verhält sich ähnlich wie ein klassischer Trailing Stop. Auch hier wird die Gewinnsicherung ständig nachgezogen – theoretisch bis in astronomische Höhen, solange in unserem Beispiel das tiefste Tief der letzten zehn Bars nicht unterschritten wird. In vielen Fällen ist ein solcher chartbasierter Stop einem fes–ten oder prozentualen Trailing Stop vorzuziehen, da er sich besser an die aktuelle Marktsituation anpasst.

Eine weitere Möglichkeit, eine Art Trailing Stop zu setzen, ist der von Wells Wilder entwickelte Parabolic. Der Stop wird dabei dem steigenden Kurs nicht linear nachgeführt, sondern er wird immer näher an diesen herangeführt. Die sich dadurch ergebende Kurve ist also keine Gerade, sondern gleicht einer Parabel. Die zugrunde liegende Idee ist, dass sich in einem klaren Aufwärtstrend auch ein höheres Momentum einstellt. Der Kurs steigt dadurch ebenfalls nicht linear, sondern ungefähr parabelförmig an. Flacht sich dann irgendwann der Kursanstieg ab, wird die Position über den Parabolic glattgestellt.

Break-even Stop

Der Ausdruck „Break-even" bezeichnet in der Wirtschaft normalerweise den Punkt, an dem ein neues Geschäft das erste Mal aus der Verlustzone kommt und die Einnahmen gleich hoch sind wie die Ausgaben. Beim Trading wird der Begriff in einem ähnlichen Sinn verwendet. Es ist der Schutz, durch den verhindert wird, dass sich ein zunächst profitabler Handel zu einem Verlierer entwickelt. Es soll also durch einen Stop verhindert werden, dass eine Position gehalten wird, wenn sie sich zu einem Verlierer entwickelt. Es wird verkauft, wenn der Kurs nach dem ursprünglichen Profit in die Verlustzone absackt.

Der Kurs, zu dem ein Break-even Stop gesetzt wird, entspricht in der Theorie genau dem Einstiegspreis. Oft ist es jedoch besser, den Stop geringfügig höher zu setzen, um bei einem eventuellen Verkauf wenigstens die anfallenden Gebühren mit abzudecken und so wirklich keinen einzigen Cent draufzuzahlen. Außerdem gilt es zu beachten, dass der Break-even Stop wirklich erst gesetzt wird, wenn bereits ein vorher fest definierter Profit erwirtschaftet wurde. Sonst laufen Sie Gefahr, sofort nach dem Kauf einer Position durch leichte Kursschwankungen wieder ausgestoppt zu werden.

Beispiel: Sie kaufen eine Position zum Einstiegspreis von 20,00 Euro. Sobald der Wert auf 20,50 Euro gestiegen ist, setzen Sie einen Break-even Stop bei 20,10 Euro. Egal, was nach dem Setzen des Stops weiter mit der Position geschieht, Sie werden auf jeden Fall nichts dabei verlieren. Der Break-even Stop ist darauf ausgelegt, Ihr Kapital sowie bereits erwirtschaftete Profite zu schützen. Sinnvoll ist dieser Stop nur in Kombination mit anderen Stops wie einem Money Management Stop. Wenn die Position nämlich die Gewinnzone nie sieht, brauchen Sie eine Absicherung gegen zu große Verluste.

Wir raten dazu, den Break-even Stop mit Vorsicht zu genießen. Vielfach lässt er bestehenden Positionen nicht genügend Raum und wirkt so kontraproduktiv. Der scheinbare völlige Ausschluss von Verlusten ist zudem nur bei Einzelpositionen und nicht im Gesamtergebnis gegeben.

Inactivity Stop

Dieser Stop soll verhindern, dass Sie Ihr Kapital in eine Position investiert haben, die sich nach dem Kauf nicht in der gewünschten Weise bewegt. Er kann natürlich auch dazu verwendet werden, um zu einem späteren Zeitpunkt aus einer Position auszusteigen. Angenommen, eine Position entwickelt sich zunächst in die gewünschte Richtung, bleibt dann aber quasi auf einem gewissen Kurswert stehen: Dann können Sie durch einen Inactivity Stop aussteigen. Ziel des Stops ist es zu verhindern, dass Sie längere Zeit in einem Markt bleiben, der Ihnen nicht den gewünschten Profit abwirft. Sie hätten dann ja Ihr wertvolles Betriebskapital auf Eis gelegt, anstatt es Profit erwirtschaften zu lassen. Zudem birgt ein stagnierender Markt die Gefahr, sich plötzlich in die nicht gewünschte Richtung zu entwickeln.

Ein Beispiel: In einem Markt mit einem erwarteten Aufwärtstrend errechnen Sie die Stop-Kriterien, indem Sie für einen bestimmten Zeitraum einen festgelegten Kursanstieg prognostizieren. Sie könnten zum Beispiel erwarten, dass innerhalb von fünf Tagen ein Preisanstieg von mindestens 0,25 Prozent zu verzeichnen ist. Ist das nicht gegeben, sind die Bedingungen für einen Inactivity Stop gegeben, der Ihnen den Ausstieg aus der Position signalisiert. – Sie könnten auch eine maximale Haltedauer (Anzahl von Bars) definieren. Ist diese überschritten, wird die Position glattgestellt. Diese Methode eignet sich zum Beispiel besonders für Swing-Trading-Systeme, die von Gegentrend-Bewegungen profitieren.

▶ Risiko und Risikomanagement

Wenn Sie erfolgreich handeln wollen, brauchen Sie eine gute Verlustbegrenzung. Jeder Trade bietet Chancen auf einen Profit, aber er birgt auch große Gefahren, Geld zu verlieren. Es reicht also nicht aus, sich auf Signale zu verlassen und entsprechend den Signalen einen Handel abzuschließen. Es ist ebenfalls nötig, die richtige Entscheidung zu treffen, das heißt zu entscheiden, ob Sie den anstehenden Trade wirklich durchführen oder nicht. Es gibt eine Reihe von Kriterien, die diese Entscheidung beeinflussen sollten. Es liegt bei Ihnen, diese Kriterien genau zu betrachten und einzuschätzen. Letztendlich brauchen Sie dafür ein gutes Gespür und viel Erfahrung. Es gibt aber auch Maßstäbe, die Ihnen eine Hilfestellung geben können:

1. *Das Verhältnis eines möglichen Profits zu einem möglichen Verlust sollte stimmen. Je höher der erwartete Profit im Ver-*

gleich zum möglichen Verlust ist, desto wünschenswerter ist es, den Handel durchzuführen, und desto geringer ist das Risiko, das Sie dabei eingehen.

2. *Sie müssen entscheiden, welchen Anteil Ihres Gesamtkapitals Sie überhaupt für den Handel einsetzen wollen. Je mehr Sie einsetzen, desto mehr können Sie auch verlieren – wenn Sie mit Margin handeln, sogar mehr als Ihr eingesetztes Kapital. Gehen Sie bei dieser Überlegung vom Worst-Case-Szenario aus. Es gäbe ja aber auch die Möglichkeit, einen guten Teil Ihres Kapitals in risikofreie Anlageformen zu investieren und nur mit einem Anteil des Gesamtkapitals an der Börse zu handeln. Dadurch ist dann natürlich auch der zu erwartende Profit wesentlich geringer.*

3. *Nachdem Sie entschieden haben, welchen Anteil Ihres Kapitals Sie überhaupt einsetzen, müssen Sie sich überlegen, wie Sie Ihr Handelskapital auf die verschiedenen Möglichkeiten und Positionen verteilen wollen. Die Grundregel lautet, dass der Anteil an sehr risikoreichen Geschäften nur gering sein sollte. Anders ausgedrückt: Sie sollten anstreben, immer das gleiche Risiko einzugehen. Diese Regel können Sie befolgen, indem Sie Trades, die voraussichtlich mit mehr Risiko behaftet sind, mit weniger Kontrakten handeln und im Gegenzug die Kontraktzahl wieder aufstocken, wenn sich das Chance-Risiko-Verhältnis verbessert. Es gilt nun, diese Vorgaben in eine quantifizierbare Regel zu fassen, um Ihre Risikokontrolle als Komponente Ihrer Handelssysteme mechanisch zu bestimmen.*

4. *Stellen Sie den maximalen Verlust fest, den Sie verkraften können, und wählen Sie Ihre Risiken entsprechend. Wenn Sie Ihr Kapital in verschiedene Positionen investiert haben, sollten Sie mit dem Gesamtverlust, den Sie im schlimmsten Fall erleiden können, auf keinen Fall über diese selbst festgesetzte Grenze kommen. Solche Berechnungen werden unter ande-*

rem dadurch erschwert, dass Sie im Positionshandel nicht rechtzeitig reagieren können, wenn der Markt mit einem massiven Gap gegen Ihre Position eröffnet. Umso wichtiger ist Ihre Risikokontrolle, etwa durch die Wahl der Positionsgröße je nach Marktlage. Es gilt, Ihr Kapital zu schützen und zu erhalten, und Sie müssen auf jeden Fall weiter handlungsfähig bleiben.

▶ Systemauswertungen richtig lesen

Wenn Sie daran arbeiten, mechanische Handelssysteme zu erstellen, ist es wichtig, mit einigen Kennzahlen richtig umzugehen zu lernen. Diese Kennzahlen geben Ihnen wertvolle Hinweise auf die Leistungsfähigkeit eines Handelssystems. Die Prinzipien dieser Kennzahlen wollen wir nun im Folgenden betrachten.

Netto Profit

Auch als „Profitabilty" oder „Total Net Profit" bezeichnet, drückt diese Kennzahl aus, wie viel Geld ein Handelssystem wirklich erwirtschaftet hat, das heißt, wie viele Euros in der Kasse klingeln. Auch hier ist man versucht zu sagen: „Je mehr, desto besser". Natürlich wollen Sie möglichst viel gewinnen, aber man sollte auch diese Kennzahl nicht aus dem Kontext reißen. Vergleichen wir einmal zwei mögliche Situationen. Angenommen, Sie haben ein Handelssystem, das Ihnen innerhalb eines Jahres 60000 Euro erwirtschaftet, hierfür 1 200 Trades benötigt und einen Drawdown von 40000 Euro hat. Hier handelt es sich um ein risikoreiches und unruhiges oder instabiles System. Haben Sie aber ein System, das Ihnen im gleichen Zeitraum und mit gleichem Kapitaleinsatz zwar nur 12 000 Euro erwirtschaftet, mit einem Drawdown von nur 2000 Euro, und dafür nur 100 Trades benötigt, liegen Sie mit diesem System auf der besseren Seite. Achten Sie darauf, den Netto-Profit als eine von mehreren Optimierungsgrößen zu sehen – nicht als die wichtigste.

Prozentsatz Profitabler Trades

Diese auch als „Percent Profitable" bezeichnete Kennzahl kann psychologisch gesehen sehr schwierig zu verkraften sein. Sie drückt einfach das Verhältnis von Gewinntrades zu Verlusttrades aus. Dabei wird jedoch nicht betrachtet, wieviel die Gewinner gewinnen und wieviel die Verlierer verlieren. Von anderen gängigen Bewertungssystemen im täglichen Leben sind wir gewohnt, dass ein gutes Ergebnis irgendwo zwischen 80 Prozent und 100 Prozent liegt. Wenn nun ein Handelssystem „nur" ein Percent Profitable von 40 Prozent aufweist, sind wir versucht, es als schlechtes Ergebnis zu betrachten. Aber genau das Gegenteil kann der Fall sein. Es könnte sich um ein sehr robustes Handelssystem handeln, das Ihnen zwar im Vergleich zu den Verlierern wenige, aber hohe Gewinner beschert. Die Verlierer sind im Verhältnis dazu zwar mehr an der Stückzahl, aber verlieren wegen guter Stops und Risikomanagement nur vergleichsweise wenig Geld. Hier liegt also eine Kennzahl vor, die es zwar zu verstehen gilt, die aber isoliert betrachtet überhaupt nichts aussagt.

Gesamtzahl der Trades

Angenommen, Sie haben zwei Systeme zur Auswahl, die ähnliche Ergebnisse liefern und dafür eine sehr unterschiedliche Anzahl von Trades benötigen. Für welches System würden Sie sich entscheiden? Zunächst sollten Sie in jedem Fall Slippage und Gebühren in Ihre Systemauswertung einbeziehen. Sie werden feststellen, dass viele Ihrer häufig tradenden Testkandidaten nach realistisch kalkulierten Kosten gar nicht mehr so glänzend dastehen. Oft beeinflussen sich die Tradehäufigkeit und Größen wie Percent Profitable, Average Trade und Maximaler Drawdown gegenseitig. Bei Vieltrader-Systemen ist nach Slipppage und Gebühren oft ein sehr kleiner Average Trade zu beobachten, der das System letztlich für kleinste Verschiebungen in den Ausführungen anfällig macht. Diese Situation lässt sich meistens durch einen Entry-Filter verbessern. Dieser senkt die Tradehäufigkeit und fokussiert das System im besten Fall auf die Trades, die ein besseres Chance-Risiko-Verhältnis und einen größeren Average Trade aufweisen. Testen Sie auch einen größeren Zeithorizont, indem Sie zum Beispiel von 15-Minuten-Bars auf 30-Minuten-Bars wechseln. Auch hierdurch lässt sich die Anzahl der Trades, die pro Tag ausgeführt werden, verringern und vielfach der Average Trade erhöhen. Auch die Tradehäufigkeit ist eine Größe, die Sie auf Ihr persönliches Tradingprofil abstimmen müssen. Wenn Sie zum Beispiel auf nur einem Future Daytrading betreiben, nützt es Ihnen wenig, wenn Ihr System nur einmal im Jahr ein Signal liefert. Wenn Sie hingegen täglich 1 000 Aktien scannen, kann ein solches System durchaus sinnvoll sein. Für Ihre Systemtests sollten Sie darauf achten, wenigstens 30, besser 100 Trades zu verwenden und zusätzlich die Robustheit des Systems auf mehreren Kursreihen und Zeithorizonten zu bestätigen.

Größter Gewinner, verglichen mit größtem Verlierer

Die Kennzahl stellt einfach, über den betrachteten Zeitraum gesehen, den jeweils größten Wert in beide Richtungen gegenüber. Sie sollten darauf achten, dass Sie keine Ausreißer in irgendeiner Richtung haben, sondern sich Ihre Verluste möglichst gleichmäßig auf Ihre Verlierer verteilen. Ein Anzeichen für ein unausgewogenes System wäre zum Beispiel, wenn Sie eine gute Anzahl geringer Verlierer haben und ein paar wenige, die ungewöhnlich stark verlieren. Eine Folge von diesen starken Verlierern könnte Sie in den Ruin treiben, obwohl die zunächst errechnete Kennzahl eigentlich ganz passabel aussieht. In Richtung der Gewinner sollten Sie sodann darauf achten, dass auch Ihr Gewinn möglichst gleichmäßig auf die Gewinner verteilt ist. Es hat keinen Sinn, mit einem Handelssystem in Betrieb zu gehen, das Ihnen im Test zum Beispiel 8 000 Euro bei 20 Gewinnern erwirtschaftet hat, aber 7 500 Euro einem einzigen Gewinner zuzuschreiben sind. Bleibt der Gewinner im richtigen Leben aus, haben Sie ein Problem, weil die dagegenzuhaltenden Verlierer mit Sicherheit nicht ausbleiben werden.

Aufeinander folgende Verlierer

Diese Kennzahl gibt die Anzahl der Verlierer in Folge an. Sie sollten diesen Wert in Ihre Risikobetrachtung unbedingt mit aufnehmen. Nur wenn Sie sicher sind, dass Sie die ermittelten Verlierer mit ihrem maximal möglichen Verlust auch wirklich verkraften können, dürfen Sie das System anwenden. Hier ist Optimismus nicht angebracht. Rechnen Sie nicht damit, dass Sie am Anfang auch den einen oder anderen Gewinner haben, der Geld einbringt, was Ihnen dann ermöglicht, diese gefürchtete Reihe von Verlierern auszusitzen. Gehen Sie im Gegenteil davon aus, dass gerade am Anfang diese Verliererreihe auf Sie zukommt.

Average Trade

Dieser Wert gibt ganz einfach an, wie viel Geld Sie durchschnittlich pro Trade gewinnen. Dabei wird der Durchschnitt über alle Gewinner sowie alle Verlierer ermittelt. Es ist also klar, dass Sie Systeme bevorzugen sollten, die höhere Werte aufweisen. Wenn negative Werte herauskommen, sollten Sie das Handelssystem natürlich überhaupt nicht einsetzen. Aber auch wenn Sie positive Werte ermitteln, müssen Sie die Überlegung anstellen, ab welchem Wert es sich lohnt, mit einem System in den Handel einzusteigen.

Der Average Trade, und zwar der nach Slippage und Gebühren, ist für die erste Bewertung eines Systems einer der wichtigsten Werte. Sie werden in Ihrer Praxis der Systementwicklung an einen Punkt kommen, an dem Sie phantastische hypothetische Gewinnkurven produzieren – allerdings mit zu kleinem Average Trade. Wenn Sie dann die Slippage nur geringfügig höher kalkulieren, brechen diese Luftschloss-Systeme zusammen. Systeme mit kleinem Average Trade sind kritische Kandidaten, können in sehr liquiden Märkten dennoch funktionieren. Verlassen Sie sich hierbei jedoch nicht ausschließlich auf Ihre Optimierungsergebnisse, sondern auf längere Praxistests.

Drawdown

Eine der wichtigsten Kennzahlen in einem Handelssystem ist der Drawdown. Dieser Wert sagt aus, wie viel Geld Sie in der schlechtesten Handelsperiode, zum Beispiel durch eine aufeinander folgende Reihe von Verlusttrades, verloren hätten. Die Faustregel lautet, dass Sie neben der Margin mindestens das Doppelte des maximalen Drawdowns pro Position an Tradingkapital bereithalten sollten. Gute Händler werden alles daran setzen, den Drawdown eines Systems so gering wie möglich zu halten. Wenn Sie die Auswahl zwischen mehreren Handelssystemen haben, sollten Sie dem System mit dem geringeren Drawdown den Vorzug geben.

Profitfaktor

Der Profitfaktor wird ermittelt, indem Sie den Gesamtprofit durch den Gesamtverlust teilen. Wenn Sie also auf den Wert 1 kommen, haben Sie lediglich einen Break-even erreicht. Werte kleiner als eins zeigen einen Verlust an. Sie sollten wenigstens auf einen Wert von 1,5 kommen, um mit einem System auf der sicheren Seite zu sein. Ein gutes System kann man als solches bezeichnen, wenn der Faktor bei 1,8 oder höher liegt. Zeigt Ihre Testauswertung einen Profitfaktor von vier oder mehr, sollten Sie jedoch wieder misstrauisch werden. Solche Systeme neigen zur Überoptimierung und versagen häufig in der Praxis.

Verteilung der Gewinne

Wünschenswert wäre es, wenn sich Gewinne gleichmäßig über die Zeit verteilt einstellen. Die Equity-Kurve gibt Ihnen darüber Aufschluss. Ihre Gewinne sollten in einer glatten, nahezu linearen Kurve ansteigen. Sind zu viele Ausreißer zu sehen, ist Ihr System nicht stabil. Ein Richtwert ist, dass ein System Schwingungen mit maximal zwei Standardabweichungen haben sollte. Andernfalls ist es mit zu viel Risiko behaftet. Sie sollten Systemen den Vorzug geben, die Ihnen gleichmäßig Gewinne bescheren.

Slippage und Gebühren

Als Slippage wird die Differenz zwischen dem angestrebten und dem tatsächlich an der Börse erzielten Preis bezeichnet. Angenommen, Sie haben einen Verluststop bei 4 000 Punkten im FDAX gesetzt. Ausgeführt wird die Order jedoch bei 3 999 Punkten und damit einen ganzen Punkt oder 25 Euro schlechter als Ihr angestrebtes Ergebnis. Je nach Markt fällt die Slippage unterschiedlich aus. So ist bei hochvolumigen

Märkten mit vielen Teilnehmern in der Regel mit einer geringeren Slippage zu rechnen, weil Sie eher einen Handelspartner finden. Bei wenig gehandelten Werten müssen Sie entsprechend auf eine höhere Slippage eingerichtet sein. Für alle Märkte gilt: Gerade in Ausnahmesituationen, wenn der Kurs rapide steigt oder fällt, kann es auch in ansonsten liquiden Märkten kurzfristig zu einem Liquiditätsengpass und somit zu höherer Slippage kommen. Kalkulieren Sie auch bei Systemen, die mit Limit Orders arbeiten, ausreichend Slippage ein. Wenn zum Beispiel der Limitpreis erreicht wird, Sie aber keine Ausführung oder nur eine Teilausführung bekommen, ist dies im weiteren Sinne auch als Slippage zu werten. Die realen Ergebnisse können dann entscheidend von den Ergebnissen Ihrer Tests oder Ihres simulierten Handels abweichen

Das leidige Thema der Gebühren darf ebenfalls nicht vernachlässigt werden. Bei jedem Kauf und Verkauf fallen sie an, egal ob Sie Gewinn oder Verlust verzeichnen oder mit einem Break-even verkauft haben. Durch Gebühren und Slippage kann schon ein hübsches Sümmchen zusammenkommen, das aus so manchem Handel, der zunächst wie ein Gewinner aussah, zuletzt noch einen Verlierer machen kann. Allein aus diesem Grund sollten Sie „Overtrading" vermeiden. Manche Händler entwickeln sich zu notorischen Aktivisten. Sie geben sich mit geringsten Gewinnen zufrieden und scheinen nach dem olympischen Motto „Dabeisein ist alles" zu handeln. Gebühren und Slippage erscheinen auf Basis des Einzeltrades recht trivial. In der Summe sind sie jedoch ganz entscheidende Faktoren für Ihren Tradingerfolg.

▶ Optimierung und Überoptimierung

Wenn Sie ein Handelssystem entwickeln, müssen Sie es testen, bevor Sie es zum Einsatz bringen. Es liegt nahe, dass man ein Handelssystem entwickelt und es dann anhand historischer Daten testet. Sie sollten aber viel mehr darauf bedacht sein, dass Ihr System auch in Zukunft funktioniert, als dass Sie darauf schauen, dass es in der Vergangenheit funktioniert hätte. Es sind einige Fallen vorhanden, in die Sie beim Entwickeln eines Systems tappen können, wenn Sie historische Daten verwenden. Eines der möglichen Probleme ist das so genannte „Curve Fitting". Darunter versteht man das übermäßige Anpassen eines Systems an die historischen Daten. Hierzu ein Beispiel: Nehmen Sie an, dass Sie historische Daten haben, die einen ununterbrochenen starken Aufwärtstrend eines Wertes zeigen. Gaps oder Konsolidierungsphasen sind in diesen Daten also nicht vorhanden. Sie können mit diesen Daten somit Ihre Verluststops und andere Ausstiegsstrategien überhaupt nicht vernünftig testen. Treten dann im realen Einsatz solche Kursverläufe auf, ist es mehr als wahrscheinlich, dass Ihr System versagt.

Konstruieren Sie Ihr System unabhängig von den Daten so robust wie möglich. Ein robustes System wird sich in jeder möglichen Marktsituation über alle Märkte hinweg gut behaupten können. Sie sollten sich ebenfalls vor Augen halten, dass ein robustes System, über längere Zeit betrachtet, weder zu den besten noch zu den schlechtesten gehören wird. Es wird Ihnen also nicht sensationelle Gewinne vorgaukeln, sondern auf den ersten Blick nur durchschnittliche Resultate liefern. Solche Systeme gehen in der Regel nach dem einfachen Grundsatz vor, Verluste so schnell wie möglich zu begrenzen und Gewinne laufen zu lassen. Oftmals haben diese Systeme „nur" eine Trefferquote von 35 bis 45 Prozent und werden profitabel, wenn sie über einen längeren Zeitraum konsequent angewandt werden. Ein weiteres Kennzeichen eines robusten Systems ist, dass es aus möglichst wenigen und einfachen Regeln besteht und mit möglichst wenig Parametern auskommt.

Versuchen Sie, Ihr System gezielt zum Versagen zu bringen. Ihr Bestreben sollte sein, dass Ihr System so robust wie möglich ist und in jeder denkbaren Situation profitable Signale erzeugt. Hinterfragen Sie Ihr System und prüfen Sie es wirklich auf Herz und Nieren. Sie tun sich selbst keine Gefallen, wenn Sie mit einem System in den Handel gehen, das nur in den Schönwetterlagen des Kursverlaufs bestehen kann. In der Softwareentwicklung kennt man so genannte „Dirty Tests", wobei die Software bewusst mit abnormalen und ungewöhnlichen Eingaben beaufschlagt wird mit dem Ziel, sie zum Absturz zu bringen. Sie können sich von dieser Methode auch etwas für den Test Ihrer Handelssysteme abschauen.

Testen sie Ihr System bewusst mit verschiedenen Datensätzen und betrachten Sie das Verhalten Ihres Systems genau. Sie sollten Ihre Systeme von Anfang an auf Tests auf unterschiedlichen Märkten zuschneiden. Das bedeutet, dass Sie zum Beispiel lieber einen Prozentsatz des letzen Close oder einen chartbasierten Level in Ihre Ausstiegsregel einfügen sollten als einen festen Money Management Stop. Dasselbe gilt für Ihr Profit Target. Der Vorteil von variablen Ausstiegen ist, dass Sie das System sofort und ohne Änderungen auf unterschiedliche Märkte aufspielen können.

Verfahren Sie bei Ihren Tests nach dem Walk-Forward-Verfahren: Für die ersten Optimierungsdurchläufe mit einem Datensatz sollten Sie sich einen guten Teil – etwa ein Drittel – der Daten für später reservieren und nicht zum Entwickeln verwenden. Erst wenn Sie der Meinung sind, dass Ihr System jetzt einsatzfähig ist, machen Sie nochmals einen Test mit diesen reservierten Daten.

▶ Der modulare Systemaufbau

Es sind bereits sehr viele Handelssysteme entwickelt worden, die zum Teil sehr gut sind und interessante Komponenten und Ansätze enthalten. Diese Systeme stammen teilweise von sehr erfolgreichen Tradern, die diese selbst einsetzen, was ihre Qualität nur bestätigt. Es ist durchaus keine Schande, sich solche Handelssysteme anzuschauen, daraus zu lernen oder Komponenten daraus für eigene Systeme zu verwenden. Oder verwenden Sie einfach bestehende Systeme und wandeln Sie sie für Ihre Bedürfnisse nur noch ein wenig ab. Es gibt auch Systeme, die wir selbst nicht direkt einsetzen würden, weil sie unserem persönlichen Profil nicht entsprechen. Zum Beispiel gibt es Systeme, die zwar insgesamt gesehen sehr performant sind, aber sehr lange Verlustphasen haben. Es spricht aber nichts dagegen, sich einzelner Komponenten dieser Systeme zu bedienen und sie in eigene Systeme einzubauen. Wie schon in den vorherigen Kapiteln skizziert, folgen gute und erfolgreiche Handelsansätze bestimmten Grundsätzen:

1. *Den richtigen Kriterien und Filtern zum Einstieg sowie zum Ausstieg aus dem Handel*

2. *Dem Kapitalmanagement, das heißt: Wie viel Kapital setzen Sie für Ihr Trading ein und welche Werte handeln Sie?*

3. *Dem richtigen Risikomanagement, das heißt: Wie sichern Sie Ihre Positionen ab, mit welcher Positionsgröße gehen Sie in einen bestimmten Trade, und wie bleiben Sie handelsfähig?*

Ein Handelssystem kann aus einer oder mehreren Einstiegsregeln, Ausstiegsregeln sowie einem oder mehreren Stops zur Verlustbegrenzung und Gewinnsicherung bestehen. Jede diese Regel sollten Sie in Ihren Programmen separat betrachten. Sie können dann auch relativ einfach Ihr System beliebig erweitern und zum Beispiel zusätzliche Filter oder Indikatoren einsetzen, ohne die bereits erstellten Regeln zu verändern. Wenn Sie diese Vorgehensweise beherzigen, können Sie diese modular aufgebauten Regeln später auch in neuen Kombinationen und Abwandlungen immer wieder in neuen Handelssystemen einsetzen. Sie können sich also Ihrer eigenen Modulbibliothek bedienen und mit diesen Elementen experimentieren, um dadurch neue und schlagkräftigere Handelssysteme zusammenzustellen. Ein modularer Ansatz hat nicht nur den Vorteil, dass Ihre Handelssysteme übersichtlich und gut strukturiert werden, sie sind auch wesentlich einfacher zu pflegen.

▶ Kreativ-Training: eigene Indikatoren entwickeln

In folgendem Abschnitt wollen wir Sie dazu anregen, eigene Indikatoren zu entwickeln und einzusetzen. Diese können sehr nützlich sein, um sie in Handelssystemen als Ein- und Ausstiegsregeln oder als Filter einzusetzen. Wenn Sie eigene Indikatoren entwickeln und anwenden können, kann Ihnen das einen erheblichen Vorteil gegenüber anderen

Marktteilnehmern verschaffen. Viele Standardindikatoren bieten eine Fülle von Interpretationsmöglichkeiten, die beim normalen Gebrauch des Indikators nicht sichtbar sind und somit ungenutzt bleiben. Ergründen Sie Ihre eigenen Kombinationen und experimentieren Sie damit. Es handelt sich hier um ein sehr breites Betätigungsfeld, auf dem es noch manch Interessantes und Nützliches zu ernten gibt. Wir stellen Ihnen hier einige Beispiele vor, wie Sie sich selbst „Privatindikatoren" programmieren können.

Oft sind es einfache Beobachtungen von Standardindikatoren, die zur zündenden Idee werden und letzendlich in einem neuen Indikator münden. Als erstes Beispiel möchten wir Ihnen hier den Abstand zwischen zwei gleitenden Durchschnitten, also „Moving Averages" (MA), aufzeigen, wie er in folgener Grafik zu sehen ist:

Abbildung: MA-Abstand absolut und in Prozent

Dieser Indikator kann mit folgender Formel berechnet werden:

Input: Price(Close), Length1(9), Length2(18);

Plot1 (Average(Price, Length1) -

    Average(Price, Length2), „MA_Abstand");

Plot2 (0);

Mit einer kleinen Variation lässt sich aus dem absoluten Wert eine Prozentangabe machen. Bei diesem abgewandelten Indikator wird anstelle des Punkte-Abstands der gleitenden Durchschnitte der Abstand bezogen auf das letzte Close berechnet und dargestellt:

Input: Price(Close), Length1(9), Length2(18);

Plot1 ((Average(Price, Length1) -

    Average(Price, Length2))/

    (0.01*c), „MA_Abstand%");

Plot2 (0);

Als zweites Beispiel möchten wir Ihnen einen Indikator mit drei freien Variablen vorstellen. Der folgende Oszillator bildet einen Mittelwert aus jeweil drei Einzelbedingungen. Das Ergebnis wird über eine einstellbare Anzahl von Bars geglättet. Für dieses Beispiel haben wir den ADX, das Verhältnis von zwei gleitenden Durchschnitten und ein steigendes Close gewählt. Diesen Indikator können Sie um beliebig viele Einzelbedingungen erweitern. Um dabei einen Oszillationsbereich zwischen 0 und 100 beizubehalten, ersetzen Sie die „3" in der Programmzeile „Plot1" durch die Anzahl der Einzelbedingungen in Ihrem neu zusammengestellten Indikator.

Input:Periode(10);

Var: Sum_1(0),Sum_2(0),Sum_3(0);

IF ADX(14) > 30 then Sum_1 =1;

IF Average(c,2) > Average(c,10) then Sum_2 =1;

IF c > c[1] then Sum_3 =1;

IF ADX(14) < 30 then Sum_1 =0;

IF Average(c,2) < Average(c,10) then Sum_2 =0;

IF h < h[1] then Sum_3 =0;

Plot1 (Average ((Sum_1 + Sum_2 + Sum_3) /

   3*100, Periode));

Nun mag es sein, dass Sie einem Indikator innerhalb des Bündels mehr Gewicht geben wollen. Deshalb wurde zusätzlich ein Multiplikator eingefügt, der diese Aufgabe übernimmt. Für das folgende Beispiel nehmen wir an, dass Sie den ADX dreifach gewichten und den beiden anderen Einzelbedingungen eine einfache Gewichtung geben möchten.

Input:Periode(10),multi_1(3),multi_2(1),multi_3(1);

Var: Sum_1(0),Sum_2(0),Sum_3(0);

IF ADX(14) > 30 then Sum_1 =1;

IF Average(c,2) > Average(c,10) then Sum_2 =1;

IF c > c[1] then Sum_3 =1;

IF ADX(14) < 30 then Sum_1 =0;

IF Average(c,2) < Average(c,10) then Sum_2 =0;

IF c < c[1] then Sum_3 =0;

Plot1 (Average ((Sum_1*multi_1 + Sum_2*multi_2 +

   Sum_3*multi_3) /

   (multi_1 +multi_2+multi_3) *100, Periode));

Die Plots des soeben dargestellten Indikators können Sie in der folgenden Grafik sehen:

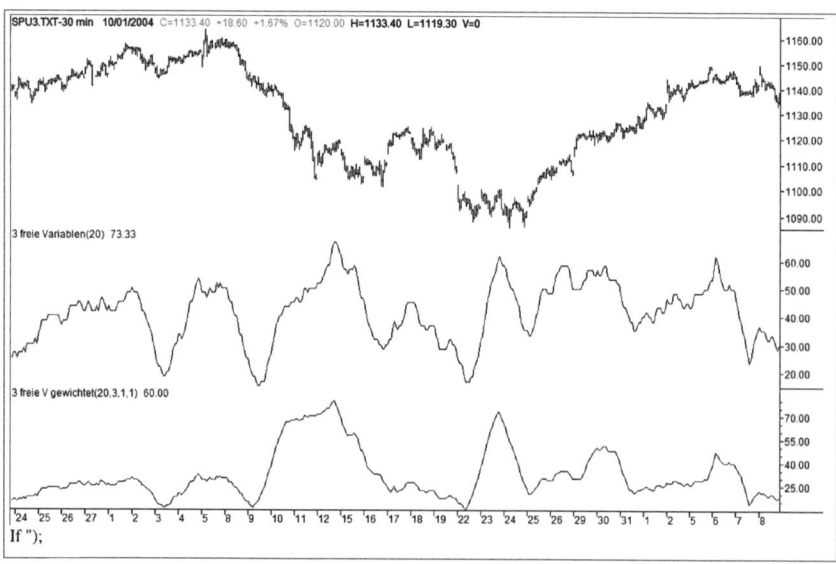

Abbildung: Drei freie Variablen

Als drittes und letztes Beispiel zeigen wir Ihnen einen selbst programmierten Indikator, den wir „Zwei XAV steigend" nennen möchten. Der Indikator zeigt an, wenn zwei exponentielle gleitende Durchschnitte gleichzeitig steigen, das heißt wenn ihr aktueller Wert höher liegt als der Wert des vorigen Bars. Der Indikator verhält sich quasi digital und springt zwischen 0 und 100. Er wird mit folgender Formel berechnet:

Inputs: Price_1(Close),Price_2(Close[1]), Length_1(5), Length_2(50);

If (XAverage(Price_1, Length_1))>

   (XAverage(Price_2, Length_1))

   and (XAverage(Price_1, Length_2))>

   (XAverage(Price_2, Length_2)) then plot1 (100)

else

If (XAverage(Price_1, Length_1))<

(XAverage(Price_2, Length_1))

and (XAverage(Price_1, Length_2))<

(XAverage(Price_2, Length_2)) then plot1 (0);

Wir ändern die Formel nun ein wenig ab und glätten den Indikator über die letzten X Bars. In diesem Beispiel wird über die Periode von 100 Bars geglättet.

Inputs: Periode(100),Price_1(Close),Price_2(Close[1]),

Length_1(5), Length_2(50);

Var: Steigend(0);

If (XAverage(Price_1, Length_1))>

(XAverage(Price_2, Length_1))

and (XAverage(Price_1, Length_2))>

(XAverage(Price_2, Length_2)) then Steigend = 100;

If (XAverage(Price_1, Length_1))<

(XAverage(Price_2, Length_1))

and (XAverage(Price_1, Length_2))<

(XAverage(Price_2, Length_2)) then Steigend = 0;

Plot1 (Average (Steigend, Periode), „2XAVs");

Mit der folgenden Formel erhalten wir eine Ableitung des eben beschriebenen Indikators: Immer wenn dieser steigt, springt der abgeleitete Indikator auf einen Wert von 100.

Inputs:Periode(100),Price_1(Close),Price_2(Close[1]),

Length_1(5),Length_2(50);

Var: Steigend(0),Abl(0);

If (XAverage(Price_1, Length_1))>

(XAverage(Price_2, Length_1))

and (XAverage(Price_1, Length_2))>

(XAverage(Price_2, Length_2)) then Steigend = 100;

If (XAverage(Price_1, Length_1))<

   (XAverage(Price_2, Length_1))

   and (XAverage(Price_1, Length_2))<

   (XAverage(Price_2, Length_2)) then Steigend = 0;

If (Average (Steigend, Periode)) >

   (Average (Steigend, Periode))[1] then Abl = 100;

If (Average (Steigend, Periode)) <

   (Average (Steigend, Periode))[1] then Abl = 0;

Plot1 (Abl, „2XAV2Abl");

In folgender Grafik sehen Sie den geglätteten Indikator und darunter seine Ableitung:

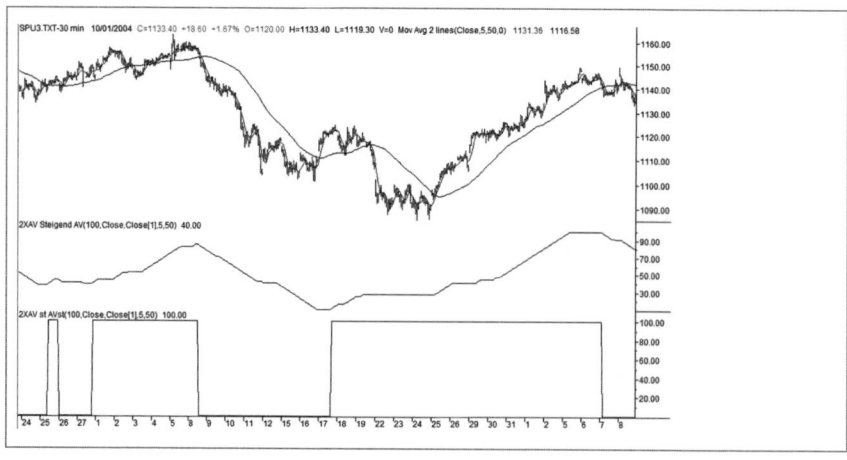

Abbildung: 2 XAV steigend geglättet und 2. Ableitung

Wie Ihnen an den genannten Beispielen gezeigt wurde, ist es durchaus möglich, dass auch für selbst geschriebene Indikatoren noch weitere Unterindikatoren gefunden werden können, die jeweils eines oder mehrere Charakteristika des Ursprungsindikators anzeigen. In diesem Fall zeigt der Unterindikator an, dass der eigentliche Indikator steigt.

Handelssysteme mit eigenen Indikatoren

Aus Ihren Indikatoren können Sie nun auf einfache Weise Handelssysteme beziehungsweise Teile von Handelssystemen erstellen. Nehmen wir als Beispiel den oben vorgestellten Indikator „Drei freie Variablen".

Input:Periode(10), Schwellenwert(25);

Var: Sum_1(0),Sum_2(0),Sum_3(0);

IF ADX(14) > 30 then Sum_1 =1;

IF Average(c,2) > Average(c,10) then Sum_2 =1;

IF c > c[1] then Sum_3 =1;

IF ADX(14) < 30 then Sum_1 =0;

IF Average(c,2) < Average(c,10) then Sum_2 =0;

IF h < h[1] then Sum_3 =0;

{System}

If (Average ((Sum_1 + Sum_2 + Sum_3) /

    3*100, Periode)) > Schwellenwert then buy market;

If (Average ((Sum_1 + Sum_2 + Sum_3) /

    3*100, Periode)) < Schwellenwert then sell market;

Aus dem „Plot" des Indikators werden Buy- und Sell-Bedingungen mit einem frei konfigurierbaren Schwellenwert.

Im zweiten Beispiel verwenden wir den Indikator als Bedingung für den Exit:

Input:Periode(10), Schwellenwert(25);

Var: Sum_1(0),Sum_2(0),Sum_3(0);

IF ADX(14) > 30 then Sum_1 =1;

IF Average(c,2) > Average(c,10) then Sum_2 =1;

IF c > c[1] then Sum_3 =1;

IF ADX(14) < 30 then Sum_1 =0;

IF Average(c,2) < Average(c,10) then Sum_2 =0;

IF h < h[1] then Sum_3 =0;

{System}

{Entry}

Buy highest (h, 50) Stop;

Sell lowest (l, 50) Stop;

{Exit}

If (Average ((Sum_1 + Sum_2 + Sum_3) /

3*100, Periode)) < Schwellenwert then exitlong market;

If (Average ((Sum_1 + Sum_2 + Sum_3) /

3*100, Periode)) < Schwellenwert then exitshort market;

Den Long und Short Entry haben wir in diesem Beispielsystem auf das höchste Hoch beziehungsweise tiefste Tief der letzten 50 Bars gesetzt. Der Exit aus einer Long- beziehungsweise Short-Position wird ausgelöst, wenn der Indikator unter den Schwellenwert fällt. Weitere Filter und Stops müssten noch ergänzt werden. Die hier vorgestellten Systeme sollen Ihnen als Vorlage für ihre eigenen Entwicklungen dienen. Verwenden Sie Ihre selbst erstellten Indikatoren für den Entry, als Exit-

Regel oder als zusätzlichen Filter, und ersetzen Sie so die jeweiligen Passagen der Beispielsysteme.

▸ Handelssysteme ◂

Die Vielzahl der heute verwendeten Handelssysteme ist nahezu unüberschaubar. Immer wieder werden neu entwickelte oder abgewandelte Systeme in der Fachpresse vorgestellt oder im Zusammenhang mit entsprechender Tradingsoftware zum Verkauf angeboten. Darunter sind viele sehr erfolgreiche Systeme, aber auch einige, die zum Beispiel wegen ihres hohen Drawdowns nicht für jeden Händler in Frage kommen. Sie müssen aus dieser Vielzahl von Systemen die für Ihre Bedürfnisse passenden heraussuchen. Durch die Vorstellung einiger Systeme in diesem Kapitel wollen wir Sie bei dieser Aufgabe unterstützen.

Es ist unser Anliegen, aus der ganzen Bandbreite existierender Systeme ein möglichst breites Spektrum zu zeigen. Damit sollen Sie zunächst die prinzipiellen Systeme kennen lernen sowie ihre Stärken und Schwächen erkennen. Wir zeigen ferner für jedes Handelssystem, wie es abgewandelt werden kann und wie es sich in abgewandelter Form verhält. In der Auswahl der Märkte haben wir uns auf wenige Futures beschränkt. Es bleibt Ihnen überlassen, Versuche auf anderen Werten durchzuführen und andere Indikatoren einzusetzen, um bestehende Systeme an neue Situationen anzupassen.

▶ Rebounce

Das trendfolgende System Euro Rebounce wird, wie der Name schon vermuten lässt, für Euro-Futures eingesetzt und profitiert von den Rücksetzern und Erholungsphasen in einem Langfristtrend. Das System wurde von Joe Krutzinger entwickelt, der es ursprünglich für die amerikanischen Aktienindizes eingesetzt hat. Es kann jedoch für jeden Markt angewandt werden, der über die Voraussetzung verfügt, dass Langfristtrends vorhanden und klare Erholungsphasen zu beobachten sind. In den Aktienmärkten sind schon seit längerem keine so langen ausgeprägten Trends mehr zu erkennen, wie sie das System benötigt. Seine Stärken zeigt es inzwischen in den Währungsmärkten, die mit der zunehmenden Dominanz des Euro wieder stärker in Bewegung gekommen sind. Dabei zeigt sich, dass der Intradayeinsatz des ursprünglich für Tagesdaten entwickelten Ansatzes sehr gute Einstiege ermöglicht. Die Qualität des Systems liegt vor allem in seinen effektiven Einstiegsmöglichkeiten in einer Trendphase. Dazu kommt, dass die schnellen Gewinnmitnahmen den zu erwartenden Drawdown entscheidend drosseln. Gegenüber einer Buy-and-Hold-Strategie ist das ein klarer Vorteil. Es sei nochmals darauf hingewiesen, dass das System lediglich für solche Märkte geeignet ist, in denen auch eine weitere, anhaltende Trendentwicklung zu erwarten ist.

Systemidee

Der Einstieg in einen Trade geschieht über ein Setup-Pattern. Öffnet ein Bar in einem generellen Aufwärtstrend mit einem negativen Gap, wird das als Rebounce interpretiert, und das System platziert eine Long-Order, die sich am letzten Low des vorangegangenen Bars orientiert. Wird nun das Gap geschlossen, wird dies als Trendbestätigung interpretiert und eine Position in Richtung des Trends eröffnet. Das kurzfristig zu erwartende Momentum, das aufgrund dieser Trendbestätigung erfolgen sollte, wird genutzt werden, um die Position profitabel wieder zu schließen. Trotz der Möglichkeit, den Euro an der Forex rund um die Uhr zu handeln, konzentrieren wir uns in den folgenden Beispielen lediglich auf die offizielle Tagessitzung an der CME, was sich mit den meisten

Handelsgepflogenheiten decken dürfte. Der Test und die Auswertung des Systems erfolgten an 30-Minuten-Kursdaten der Tagessitzung im Zeitraum von Mai 2001 bis November 2004. Das eingesetzte Kapital betrug dabei 20 000 Euro.

Systembeschreibung

Jeder Bar der 30-Minuten-Kursdaten wird überwacht und mit dem vorherigen Bar verglichen. Wenn die Eröffnung des nächsten Bars unterhalb des Tiefs des aktuellen Bars liegt, wird sofort eine Kauforder am Tief platziert. Das geschieht nach der Formel:

If open of next bar < low then Buy at Low Stop

Die Position wird sofort geschlossen, sobald der Eröffnungskurs des aktuellen Bars oberhalb des Einstiegskurses liegt:

If Open of next bar > entryprice

   then exitlong at Market

Hier der vollständige Tradestation Code:

Inputs:TDAY(0);

If open of next bar < low then buy at Low Stop;

if barssinceentry >= TDAY then begin

   If Open of next bar > entryprice

      then exitlong at Market;

end;

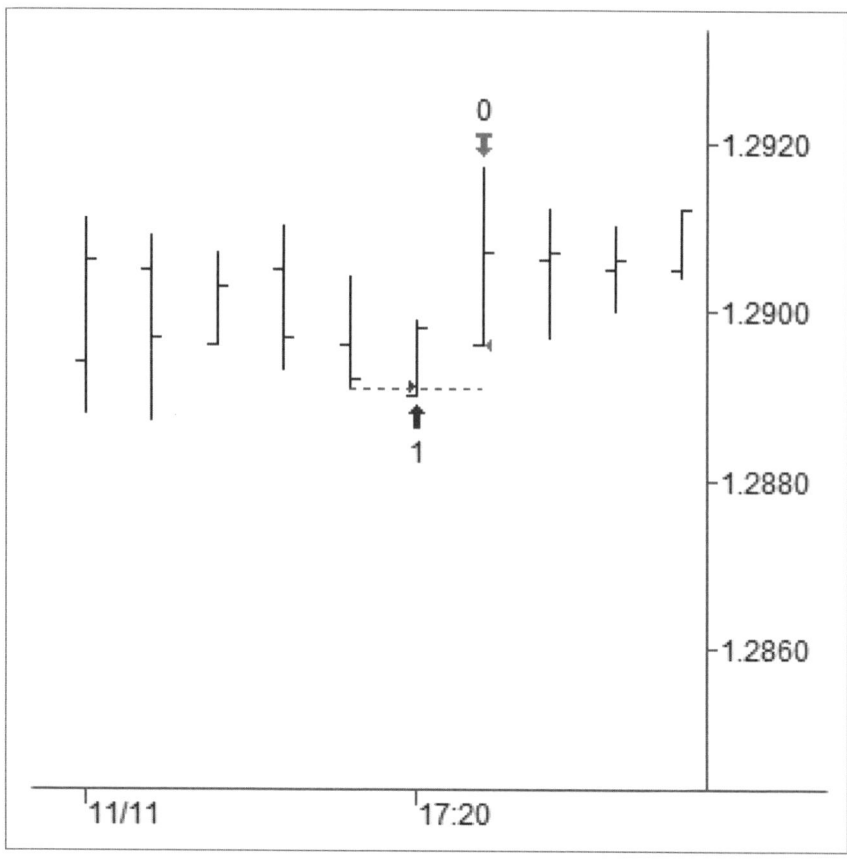

Abbildung: Euro Rebounce – Beispieltrade

Das obere Beispiel zeigt einen Mustertrade vom 11. November 2004 um 17:20 Uhr, der das zugrunde liegende Prinzip nochmals verdeutlichen soll. Die mehrere Bars andauernde Erholungsphase während eines Aufwärtstrends wird schließlich durch eine Eröffnung unterhalb des Tiefs des vorhergehenden Bars beendet. Anschließend steigt der Kurs wieder, und die Position wird durch Überschreiten des Tiefs eröffnet. Als Nächstes lässt sich erkennen, dass die darauffolgende Eröffnung wieder über dem Eröffnungskurs liegt und damit den sofortigen Ausstieg aus der Position initiiert.

Im Gegensatz zu vielen anderen Systemen hält das Euro Rebounce Gewinner nur sehr kurz und Verlusttrades im Schnitt wesentlich länger. Das heißt, Gewinne werden sofort realisiert, Verlusttrades bekommen noch länger die „Chance", sich in Gewinntrades zu verwandeln.

Abbildung: Euro Rebounce – Chart 1

Wie sich an dem im Folgenden gezeigten Performance Report erkennen lässt, erzielte der vorgestellte Ansatz im Testzeitraum ein Nettoergebnis von 27 455 Euro. Insgesamt konnten knapp 75 Prozent der Trades mit einem Gewinn geschlossen werden. Allerdings ergab sich ein maximaler Intraday Drawdown von fast 10 000 Euro, was so manchen Zeitgenossen zwischendurch nervös machen dürfte. Der generelle Erfolg des Systems ist jedoch offensichtlich. Es bleibt noch zu erwähnen, dass in der Kalkulation eine Slippage von 25 Euro und eine Kommission von 15 Euro/RT berücksichtigt wurden.

Performance Summary: All Trades

Total Net Profit	$27.455,00	Open position P/L	$0,00
Gross Profit	$28.275,00	Gross Loss	($820,00)
Total # of trades	208	Percent profitable	74,52%
Number winning trades	155	Number losing trades	53
Largest winning trade	$1.335,00	Largest losing trade	($27,50)
Average winning trade	$182,42	Average losing trade	($15,47)
Ratio avg win/avg loss	11,79	Avg trade (win & loss)	$132,00
Max consec. Winners	8	Max consec. losers	2
Avg # bars in winners	45	Avg # bars in losers	4
Max intraday drawdown	($9.700,00)		
Profit Factor	34,48	Max # contracts held	1
Account size required	$9.700,00	Return on account	283,04%

Abbildung: Euro Rebounce – Performance Report

Zur Vervollständigung der Darstellung und des Tradeverlaufs sind im Folgenden noch die „Long Term"-, „Short Term" und „Underwater"-Equity-Kurven gezeigt.

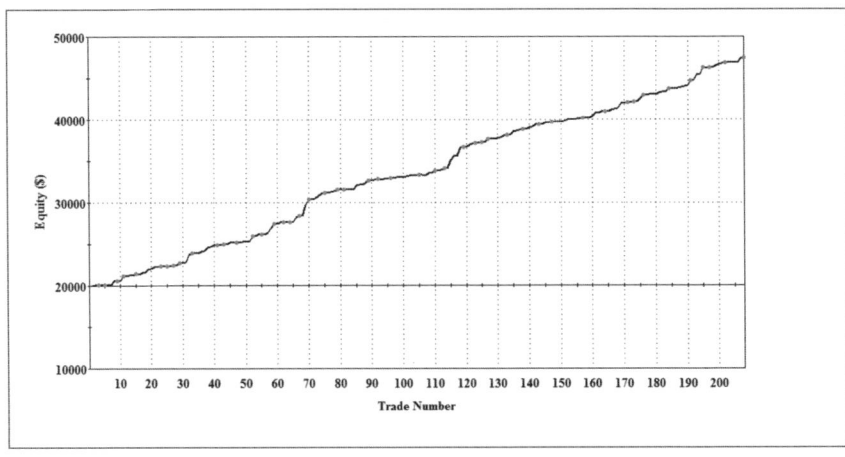

Abbildung: Euro Rebounce – Long-Term-Equity-Kurve

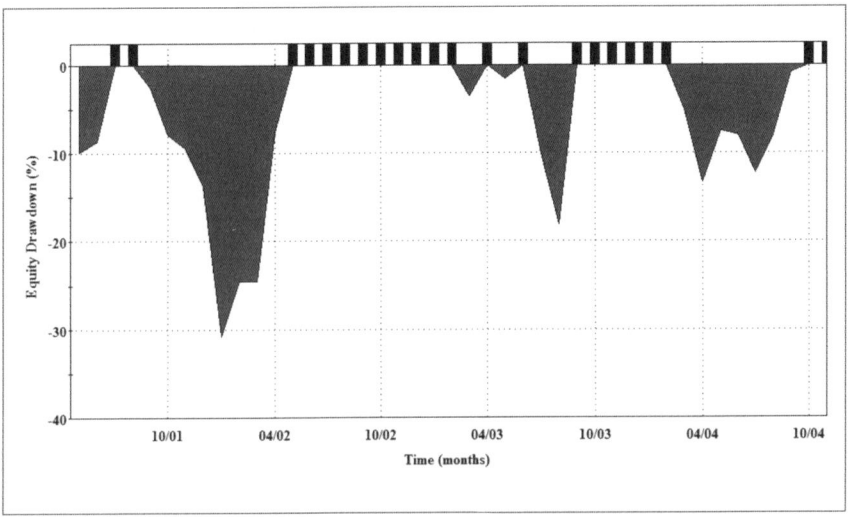

Abbildung: Euro Rebounce – Underwater Equity

Das Traden dieses Systems wird durch die relativ langen Phasen, in denen Verlusttrades gehalten werden, erschwert. Später werden wir durch Hinzufügen von Stopmodulen versuchen, diesen psychologisch schwer zu verarbeitenden Positionsverlauf zu mildern.

Zunächst betrachten wir aber, ob es tatsächlich sinnvoll ist, sofort bei entstandenen Gewinnen die Position zu schließen. Es liegt auf der Hand, dass die Gewinntrades viel größer sein könnten, wenn die Position länger gehalten wird. Aus diesem Grund fügen wir eine Variable in unser System ein, welche die zeitliche Haltedauer des Trades steuert, und analysieren die Ergebnisse bei unterschiedlichen Einstellungen.

Als Rahmen für die Haltedauer wählen wir als untere Grenze eine Mindesthaltedauer von 0 Bars, das heißt ein Ausstieg ist sofort auf dem nächsten Bar nach Positionseröffnung möglich. Dies entspricht der bisherigen Systemlogik. Die obere Grenze legen wir testweise bei 27 Bars fest, dies enspricht einer Haltedauer von zwei Tagen.

Ein Test des Systems mit dieser neuen Einstellungsbandbreite zeigt eindeutige Ergebnisse. Der Gewinn des Systems wird dadurch deutlich gesteigert.

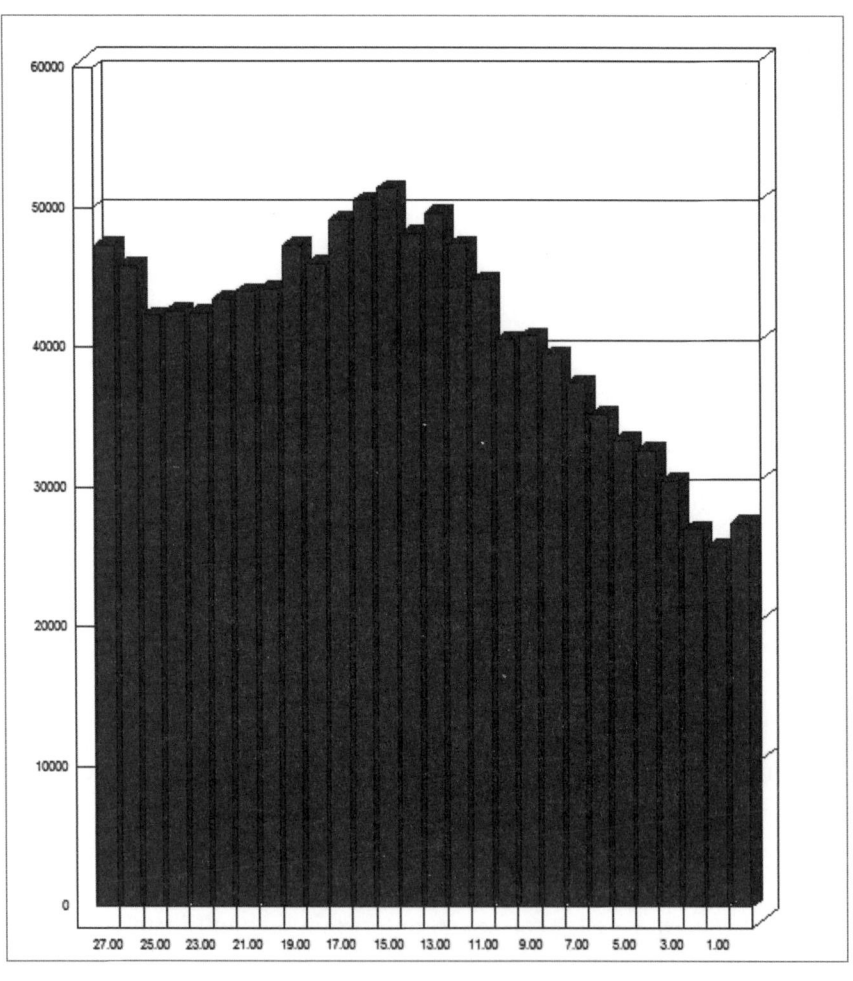

Abbildung: Euro Rebounce – Optimierung Profit

Es lässt sich allerdings auch beobachten, dass der maximale Drawdown des Systems dabei ansteigt und bei Werten über drei Bars Haltedauer rund 13 000 Euro beträgt.

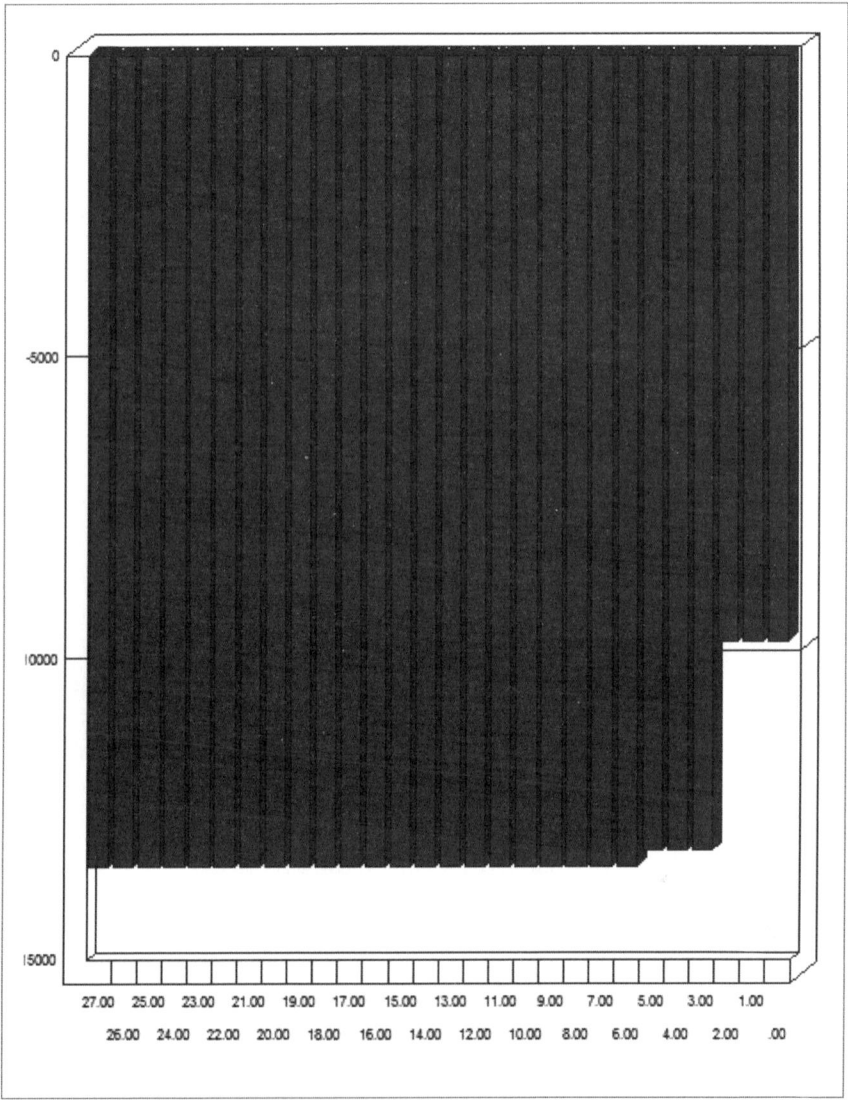

Abbildung: Euro Rebounce – Optimierung Drawdown

Trotz des verschlechterten Drawdowns hat sich aber das Verhältnis von Ertrag zu Drawdown verbessert, und wir werten das Ergebnis des Tests deshalb als erfolgreich. Somit bleibt die Aufgabe, einen Parameter aus dem Testlauf auszuwählen, der hier möglicherweise zwei Fliegen mit einer Klappe schlägt. Wenn man die Kurven genau betrachtet, ist auffällig, dass die deutliche Verbesserung der Performance im Bereich von ungefähr 15 Bars liegt. Der Drawdown in diesem Bereich ist jedoch, unabhängig von der Anzahl der Bars, konstant. Wir entscheiden uns dafür, 13 Bars zu verwenden. Dies bedeutet, dass eine Gewinnposition auf dem 14. Bar beschlossen wird. Dies entspricht bei der Bareinteilung von 30 Minuten genau der Länge eines Börsentages. Betrachtet man den daraus folgenden Performance Report, stellt man fest, dass sich die entsprechenden Systemergebnisse durchaus sehen lassen können.

Performance Summary: All Trades

Total Net Profit	$49.650,00	Open position P/L	$562,50
Gross Profit	$49.755,00	Gross Loss	($105,00)
Total # of trades	95	Percent profitable	92,63%
Number winning trades	88	Number losing trades	7
Largest winning trade	$1.772,50	Largest losing trade	($27,50)
Average winning trade	$565,40	Average losing trade	($15,00)
Ratio avg win/avg loss	37,69	Avg trade (win & loss)	$522,63
Max consec. Winners	39	Max consec. losers	2
Avg # bars in winners	106	Avg # bars in losers	40
Max intraday drawdown	($13.425,00)		
Profit Factor	473,86	Max # contracts held	1
Account size required	$13.425,00	Return on account	369,83%

Abbildung: Euro Rebounce – Performance Report 2

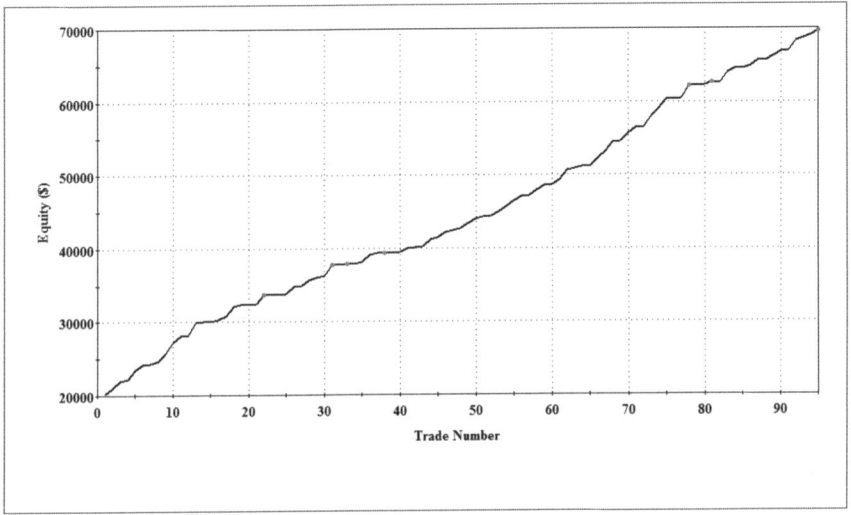

Abbildung: Euro Rebounce – Long Term Equity Kurve 2

Der Versuch, das Handelssystem über eine längere Haltedauer der Gewinntrades zu verbessern, kann als voller Erfolg gewertet werden. Das System erzielt sehr hohe Gewinne bei einer ungewöhnlich hohen Trefferquote von über 90 Prozent.

Verbesserungsfähig hingegen ist nach wie vor der hohe maximale Drawdown in Verbindung mit der Dauer, über die Verlusttrades gehalten werden. Die Beobachtung der Verlusttrades hat zur Erkenntnis geführt, dass zwischenzeitlich sogar sehr hohe Verluste akzeptiert werden müssen. Der versuchsweise Einsatz von Verlustbegrenzungsstops oder Trailing Stops konnte die Eckdaten nicht verbessern, da das System zu oft bei kurzen und heftigen Rückschlägen ausgestoppt wurde.

Deshalb versuchen wir im Folgenden, die Rückschläge anhand ihrer Dynamik zu klassifizieren und nicht blind auszusteigen. Wir haben einen einfachen Indikator entwickelt, den wir „Verlustwinkel" nennen. Dieser ermittelt das Gefälle und damit die Intensität des Kursrückganges und lässt das System nur aussteigen, wenn

Kursrückgänge allmählich und anhaltend stattfinden. Der Verlustwinkel berechnet sich aus dem aktuellen Verlust einer offenen Position im Verhältnis zur Dauer, die die Position geöffnet ist. Es gilt die folgende Formel:

Verlustwinkel = absvalue(openpositionprofit) /

barssinceentry

Ist der Verlustwinkel kleiner als ein bestimmter Wert, dann wird die Position geschlossen. Den Wert des Winkels ermitteln wir über eine Testreihe. Das Ergebnis zeigt ein vielschichtiges Bild. Sehr flache Winkel ergeben kaum eine Veränderung, da der Stop hierbei kaum zum Einsatz kommt. Sehr steile Winkel verschlechtern das System relativ stark, da:

1. *das System ständig ausgestoppt wird und*

2. *die Tradehäufigkeit sehr stark ansteigt, denn die langen Phasen der Inaktivität entfallen.*

Folgende Abbildung veranschaulicht einen zu steilen Winkel, durch den das System zu schnell ausgestoppt wird:

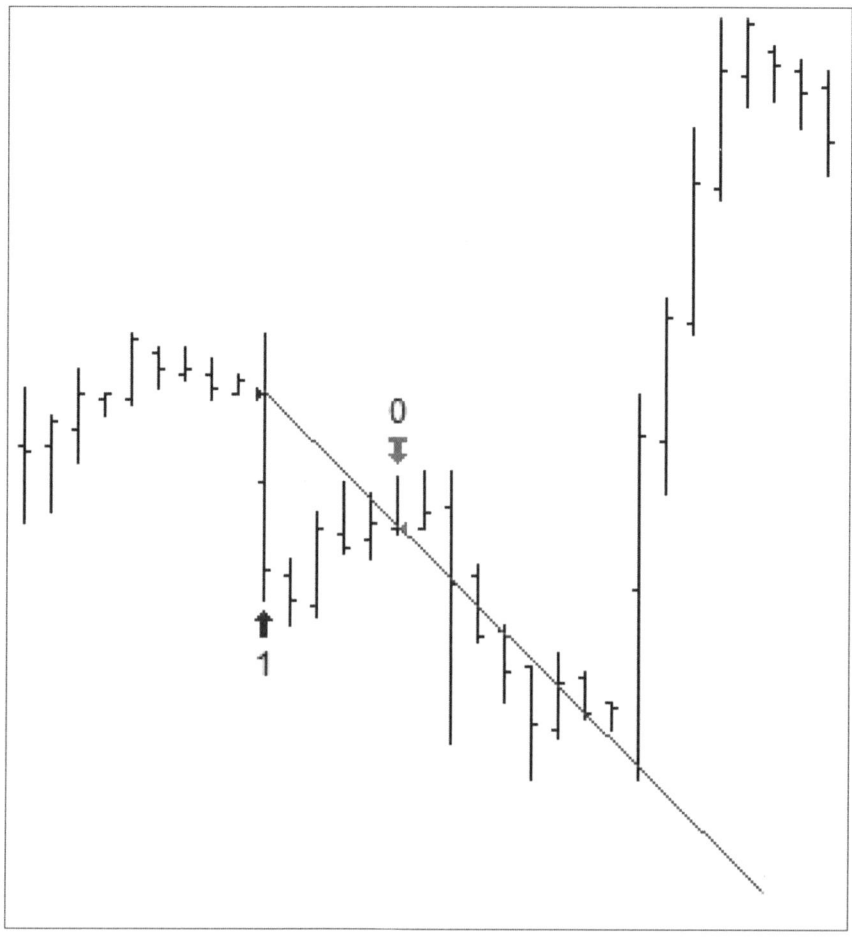

Abbildung: Euro Rebounce – Steiler Winkel

Eine brauchbare Einstellung des Winkels liegt im mittleren Wertebe-reich. In diesem Fall ist eine brauchbare Einstellung des Winkels im Bereich von 5–8 zu finden. In folgendem Performance Report sind die Ergebnisse des Systems bei einer Winkeleinstellung von 7 dargestellt:

Performance Summary: All Trades

Total Net Profit	$27.620,00	Open position P/L	$0,00
Gross Profit	$43.532,50	Gross Loss	($15.912,50)
Total # of trades	357	Percent profitable	64,99%
Number winning trades	232	Number losing trades	125
Largest winning trade	$2.097,50	Largest losing trade	($1.640,00)
Average winning trade	$187,64	Average losing trade	($127,30)
Ratio avg win/avg loss	1,47	Avg trade (win & loss)	$77,37
Max consec. Winners	9	Max consec. losers	4
Avg # bars in winners	3	Avg # bars in losers	21
Max intraday drawdown	($5.555,00)		
Profit Factor	2,74	Max # contracts held	1
Account size required	$5.555,00	Return on account	497,21%

Abbildung: Euro Rebounce – Performance Report 3

Das Ergebnis scheint befriedigend zu sein. Bei annähernd gleicher Performance wurde der Drawdown fast halbiert und liegt nun bei 5 555 Dollar. Diese deutliche Verbesserung des Drawdowns hat aber auch ihren Preis. Die bisher zu beobachtenden Phasen der Inaktivität sind nahezu entfallen. Das heißt, das System tradet häufiger, und das Verhältnis von Gewinner- zu Verlusttrades hat sich verschlechtert. Der prozentuale Wert ist auf 65 Prozent zurückgegangen. Dafür dürfte das System nun mental wesentlich leichter zu traden sein und Ihnen weniger schlaflose Nächte bereiten. Die folgenden Equity-Kurven spiegeln das Verhalten des angepassten Systems wider:

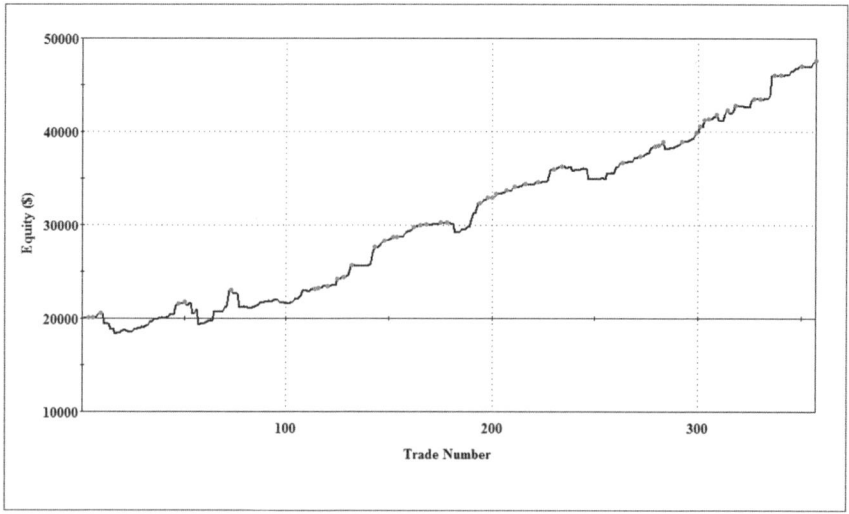

Abbildung: Euro Rebounce – Long-Term-Equity-Kurve 3

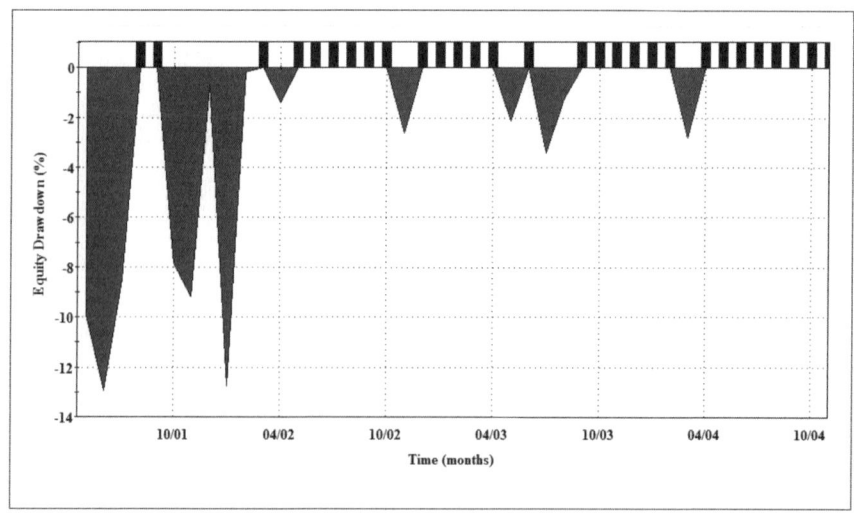

Abbildung: Euro Rebounce – Underwater Equity 3

Der folgende Programmcode zeigt das angepasste System:

Inputs:TDAY(o);

If open of next bar < low then buy at Low Stop;

if barssinceentry >= TDAY then begin

   If Open of next bar > entryprice

     then exitlong at Market;

end;

if openpositionprofit < o and barssinceentry > o

   then begin

  if absvalue(openpositionprofit)/barssinceentry < 7

   then begin

  exitlong market;

  end;

end;

Modifikationen des Systems

Das System Euro Rebounce lässt sich durchaus auch auf andere Märkte übertragen. In diesem Fall haben wir uns auf den langfristigen Aufwärtstrend im Euro konzentriert. Das System ist aber auch, mit entsprechender Umkehr der Logik für den Einstieg, gut in Märkten mit deutlichem Abwärtstrend einsetzbar. Je nach Marktverhalten ist der Positionsexit variierbar. Eine Position kann durchaus auch länger gehalten werden. Statt die Position sofort bei entstandenem Profit zu schließen, erhöht sich die Chance auf größere Trades durch Einsatz eines Profit- oder Trailing Stops.

Gesamtbewertung und Ausblick

Eine Ergänzung des Systems um ein die Positionsgröße steuerndes Money Management kann eine sinnvolle Erweiterung darstellen. Durch schrittweises Verkleinern der Position im Verlustfall können der maximale Drawdown gelindert und das Verhältnis von Ertrag zu Drawdown nochmals deutlich verbessert werden. Das System „Rebounce" unterscheidet sich dadurch von einem klassischen Trendfolgesystem, dass es Gewinne sehr schnell mitnimmt. Eine Voraussetzung muss jedoch gegeben sein, damit das System erfolgreich arbeitet: ein intakter Trend.

▶ FDAX: 3c Pattern mit Zeitfenster

Diese Handelssystem verbindet ein einfaches Intraday Pattern mit einem Zeitfenster. Es basiert auf der Grundannahme, dass die tägliche, zum europäischen Markt zeitversetzte Eröffnung des amerikanischen Marktes den DAX Future beeinflusst. Die Systematik des Zeitfensters ist besonders für solche Trader attraktiv, die nur einen beschränkten täglichen Zeitrahmen fürs Trading zur Verfügung haben.

Systemidee

Für den Einstieg in den Handel betrachtet das System ausschließlich ein definiertes Zeitfenster von einer Stunde Dauer. Die Voreinstellung des Fensters wurde für die Zeit von 16:00 bis 17:00 Uhr Mitteleuropäische Zeit gewählt. Wenn das Pattern innerhalb dieser Zeit auftritt, steigen wir, je nach Richtung des Pattern, trendfolgend mit „Long" beziehungsweise „Short" in den Handel ein. Um eine möglichst optimale Gewinnmitnahme zu erreichen, werden bestehende Positionen mit einem Trailing Stop abgesichert. Die Position wird dann „Market on Close" geschlossen. Als Testdaten verwenden wir den 15-Minuten-DAX-Future im Zeitraum vom Januar 1997 bis November 2004. Ein Punkt entspricht dabei 25 Euro. Die folgende Grafik zeigt als Beispiel eine Reihe dieser Handelsvorgänge:

Abbildung: FDAX 3C – Screenshot

Systembeschreibung

Das System steigt long über dem Hoch des aktuellen Tages in den Handel ein, wenn innerhalb des Zeitfensters das Pattern – drei aufeinander folgende steigende Close – auftritt. Umgekehrt steigt das System mit short unter dem Tief des aktuellen Tages ein, wenn innerhalb des Zeitfensters drei fallende Close nacheinander aufteten. Der Trailing Stop zum Absichern der Position wird bei einem Prozent des aktuellen Close gesetzt. Die Position wird spätestens mit dem Tagesclose geschlossen. Der zugehörige Tradestation Code lautet:

Input: Price(close),tset(1600), tend(1700), ProzentTrail(1);

value1 = highD(0);

value2 = lowD(0);

if time > tset - 5 and time < tend then begin;

IF Price > Price[1]

and Price[1] > Price[2

and Price[2] > Price[3]

then buy next bar at value1 +0.5 stop;

IF Price < Price[1]

   and Price[1] < Price[2]

   and Price[2] < Price[3]

   then sell next bar at value2 -0.5 stop;

end;

*SetDollarTrailing(close/100*ProzentTrail* bigpointvalue);*

setexitonclose;

Die folgenden Auswertungen zeigen das Verhalten des Systems. Die Eckwerte liegen alle im grünen Bereich. Der Profitfaktor liegt bei 2,27 Prozent, und der maximale Drawdown ist mit unter 5 000 Euro erfreulich niedrig. Die Profitabilität liegt bei nahezu 60 Prozent, was ein zusätzlicher Pluspunkt ist. Der Averagetrade dürfte zudem hoch genug sein, dass sich Gebühren und Slippage nicht allzu negativ auswirken.

Performance Summary: All Trades

Total Net Profit	$77.240,00	Open position P/L	$0,00
Gross Profit	$138.122,50	Gross Loss	($60.882,50)
Total # of trades	346	Percent profitable	59,83%
Number winning trades	207	Number losing trades	139
Largest winning trade	$5.122,50	Largest losing trade	($1.712,50)
Average winning trade	$667,26	Average losing trade	($438,00)
Ratio avg win/avg loss	1,52	Avg trade (win & loss)	$223,24
Max consec. Winners	9	Max consec. losers	9
Avg # bars in winners	8	Avg # bars in losers	7
Max intraday drawdown	($4.752,50)		
Profit Factor	2,27	Max # contracts held	1
Account size required	$4.752,50	Return on account	1625,25%

Abbildung: FDAX 3C – Performance Report

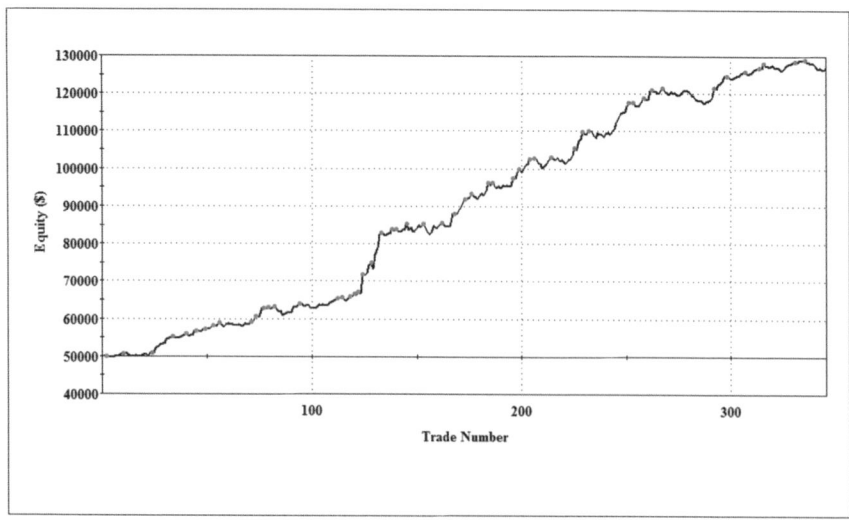

Abbildung: FDAX 3C – Long-Term-Equity-Kurve

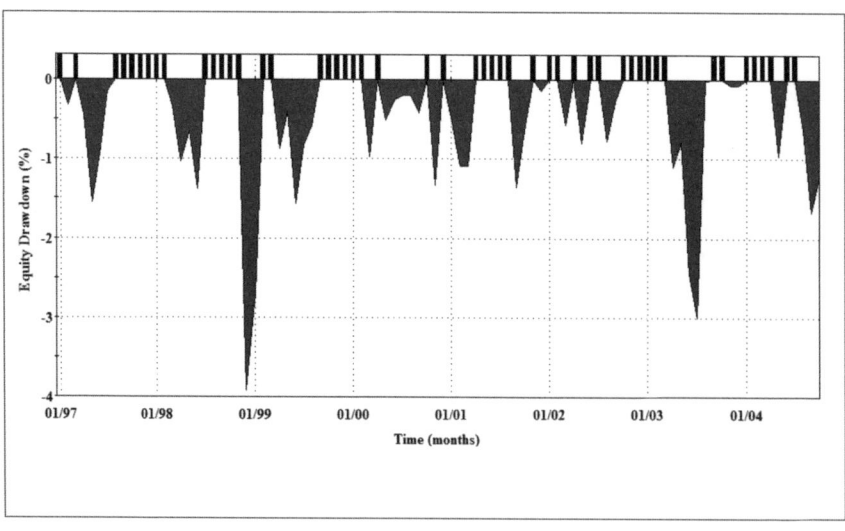

Abbildung: FDAX 3C – Underwater Equity

Es bietet sich an, das gewählte Pattern in weiteren Zeitrahmen zu testen. Wir wählen deshalb die direkt benachbarten Einstellungen von Fünf-Minuten- und 15-Minuten-Bars und untersuchen, wie sich das System verhält.

Wie sich erkennen lässt, sinkt der Profitfaktor ein wenig und liegt jetzt nur bei 1,58 Prozent beziehungsweise bei 1,43 Prozent. Der maximale Drawdown und die Profitabilität haben sich ebenfalls verschlechtert. So liegt jetzt die Profitabilität im schlechteren Fall nur bei knapp 48 Prozent.

Performance Summary: All Trades

Total Net Profit	$49.482,50	Open position P/L	$0,00
Gross Profit	$165.210,00	Gross Loss	($115.727,50)
Total # of trades	505	Percent profitable	47,72%
Number winning trades	241	Number losing trades	264
Largest winning trade	$5.072,50	Largest losing trade	($1.720,00)
Average winning trade	$685,52	Average losing trade	($438,36)
Ratio avg win/avg loss	1,56	Avg trade (win & loss)	$97,99
Max consec. Winners	10	Max consec. losers	17
Avg # bars in winners	23	Avg # bars in losers	18
Max intraday drawdown	($7.517,50)		
Profit Factor	1,43	Max # contracts held	1
Account size required	$7.517,50	Return on account	658,23%

Abbildung: FDAX 3C – Performance Report fünf Minuten

Performance Summary: All Trades

Total Net Profit	$89.375,00	Open position P/L	$0,00
Gross Profit	$244.250,00	Gross Loss	($154.875,00)
Total # of trades	702	Percent profitable	53,28%
Number winning trades	374	Number losing trades	328
Largest winning trade	$5.122,50	Largest losing trade	($1.862,50)
Average winning trade	$653,07	Average losing trade	($472,18)
Ratio avg win/avg loss	1,38	Avg trade (win & loss)	$127,31
Max consec. Winners	11	Max consec. losers	9
Avg # bars in winners	9	Avg # bars in losers	7
Max intraday drawdown	($8.540,00)		
Profit Factor	1,58	Max # contracts held	1
Account size required	$8.540,00	Return on account	1046,55%

Abbildung: FDAX 3C – Performance Report 15 Minuten

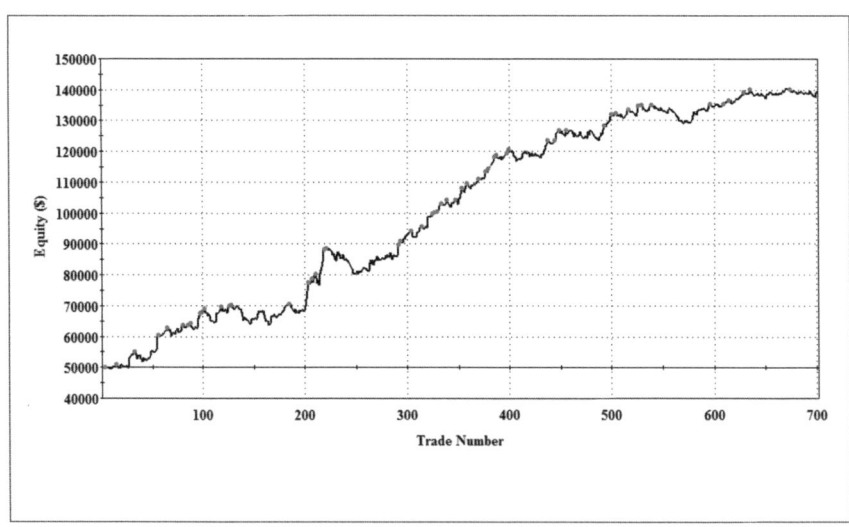

Abbildung: FDAX 3C – Equity-Kurve 15 Minuten

Es lässt sich zwar erkennen, dass wir mit den Bars im anderen Zeitraster nicht so gut liegen wie in der ursprünglichen Auswertung. Jedoch werten wir es als ein Zeichen von Stabilität, dass das System auch auf anderen Zeithorizonten positive Ergebnisse bringt.

Modifikationen des Systems

Es stellt sich nun die Frage, ob das Handelssystem noch weiter verbessert werden kann. Grundsätzlich würden sich die folgenden Punkte für einen Versuch eignen:

1. *Einen weiteren oder anderen Filter einbauen beziehungsweise den Filter versuchsweise ganz weglassen.*

2. *Einen weiteren oder anderen Stop, zum Beispiel einen festen Money Management Stop, einbauen.*

3. *Ein anderes Zeitfenster verwenden.*

4. *Das System auf einem anderen Markt anwenden, zum Beispiel auf den S&P Future.*

Wir wollen uns hier auf die erste der genannten Möglichkeiten beschränken und nun versuchen, die Performance durch einen zusätzlichen Filter weiter zu glätten. Dabei soll ein Trade nur zugelassen werden, wenn bereits eine Trendbewegung besteht. Um dies festzustellen, verwenden wir einen ADX, den wir in der klassischen Form als Trendindikator einsetzen. Trades werden in unserem Versuch nur zugelassen, wenn der 14-Perioden-ADX über 20 notiert. Der zugehörige Tradestation Code wurde dazu folgendermaßen verändert:

{ADX(14) > 20}

Input: Price(close),tset(1600), tend(1700),AX(20),ProzentTrail(1);

value1 = highD(0);
value2 = lowD(0);

if time > tset – 5 and time < tend

    and ADX(14)> AX then begin;

IF Price>Price[1] and Price[1]>Price[2]

    and Price[2]>Price[3]

      then buy next bar at value1 +0.5 stop;

IF Price<Price[1] and Price[1]<Price[2]

    and Price[2]<Price[3]

      then sell next bar at value2 -0.5 stop;

end;

SetDollarTrailing(close/100*ProzentTrail* bigpointvalue);

setexitonclose;

Die aus diesem Versuch resultierende Auswertung können Sie in folgender Grafik sehen:

Performance Summary: All Trades

Total Net Profit	$55.305,00	Open position P/L	$0,00
Gross Profit	$96.942,50	Gross Loss	($41.637,50)
Total # of trades	252	Percent profitable	60,32%
Number winning trades	152	Number losing trades	100
Largest winning trade	$5.122,50	Largest losing trade	($1.712,50)
Average winning trade	$637,78	Average losing trade	($416,38)
Ratio avg win/avg loss	1,53	Avg trade (win & loss)	$219,46
Max consec. Winners	8	Max consec. losers	4
Avg # bars in winners	8	Avg # bars in losers	6
Max intraday drawdown	($2.982,50)		
Profit Factor	2,33	Max # contracts held	1
Account size required	$2.982,50	Return on account	1854,32%

Abbildung: FDAX 3C – Performance Report ADX20 Variation

Das Resultat ist sehr zufrieden stellend. Der Profitfaktor liegt nun bei 2,33 Prozent und ist damit der beste Wert, den wir bisher erzielt haben. Der maximale Drawdown konnte nahezu halbiert werden und stellt damit ein ebenfalls sehr erfreuliches Ergebnis dar.

Gesamtbewertung und Ausblick

Wie sich gezeigt hat, ist das gewählte Zeitfenster ein für das Funktionieren des Systems sehr kritischer Faktor. Weitere Tests mit anderen Zeitfenstern erscheinen deshalb angebracht. Es wäre zum Beispiel eine Untersuchung wert, wie sich dieses System in der traditionell weniger volumenreichen Mittagszeit verhält und wie es sinnvoll auf diese Zeit angepasst werden kann. Oder: Wie verhält sich das System, wenn Sie sich mit dem Zeitfenster ausschließlich auf die Zeit kurz vor Börsenschluss konzentrieren und die Position dann über Nacht halten? Auch zwei oder mehr Zeitfenster innerhalb des Börsentags können ein lohnendes Setting sein. Wie bei den meisten sehr speziellen Systemregeln sollten Sie sich aber auch hier vor Überoptimierung hüten!

▶ Bund Moonlight Shadow

Wenn es darum geht, die Ursachen für Bewegungen an den Börsen zu erklären, sind der menschlichen Phantasie keine Grenzen gesetzt. Wir wollen an dieser Stelle einmal über irdische Einflüsse hinausgehen und wenden uns einer Sache zu, die den Menschen schon seit Urzeiten begleitet: dem Mond. Der Einfluss der Mondzyklen auf den Menschen ist keineswegs umstritten. Der Mond beeinflusst die Gezeiten, und manche Menschen reagieren zum Beispiel mit Schlafstörungen auf die Vollmondphase. Auch ein gewisser Einfluss auf die Börsen lässt sich beobachten, den man möglicherweise auf diese menschlichen Reaktionen auf die Mondphasen zurückführen kann. Bradley E. Schaefer, Professor für Astronomie und Astrophysik, veröffentlichte 1994 den so genannten „Moon Code", einen Algorithmus, der eine genaue Bestimmung der Mondphase zu jedem beliebigen Zeitpunkt im Kalender ermöglicht *(Quelle: Schaefer)*. Außerdem verfasste er eine Abhandlung darüber, wie die Mondphasen den Kriegsverlauf im Zweiten Weltkrieg beeinflussten. Das zugrunde liegende Prinzip wurde bereits von C. Lee angewandt, um damit Handelssysteme zu entwickeln.

Systemidee

Abhängig von der Mondphase entscheiden wir, ob das System long oder short in den Handel einsteigt. Ein einfaches, so genanntes „Pullback Pattern" bestimmt zusätzlich zur Auswertung der Mondphase die Signalgebung. Dieses System ist eine vereinfachte Variante eines Systems von C. Lee. Wir haben es ein wenig abgewandelt und auf den Bund Future angepasst. Das Beispiel, das wir hier verwenden, arbeitet mit Bund-Future-Daten im 30-Minuten-Raster mit einer Größe von 1000 Euro/Punkt. Die Größe des Handelskontos beträgt 20 000 Euro. Die Testdaten, die wir verwenden, stammen aus dem Zeitraum April 2000 bis November 2004.

Systembeschreibung

Wir steigen in eine Long-Position ein, wenn in der Mondphase Vollmond bis Neumond siebenmal in Folge das aktuelle Close kleiner ist als das vorletzte Close. Das Gegenteil gilt für das Short-Setup: Wenn siebenmal in Folge das aktuelle Close größer ist als das vorletzte Close, dann wird in der Mondphase Neumond bis Vollmond eine Sell-Order generiert.

Der Ausstieg aus der Position erfolgt über einen Verluststop in Abhängigkeit von der Average True Range (ATR) der letzten zehn Bars.

Hier zunächst der „Moon Code"-Algorithmus für die Tradestation:

Vars: VV(0),J(0),IP(0),mday(0);

J = DateToJulian(Date);

V = (J + 7.5 - 2451550.1) / 29.530588853;

VV = VV - IntPortion(VV);

IF VV < 0 THEN VV = VV + 1;

*Moonday_V2 = VV * 29.53;*

Der entsprechende Handelssystem-Code sieht fogendermaßen aus:

```
Input: MonMStop(28),MoonAdju(6);
Vars:  UpCount(0), DnCount(0);

If C>C[2] then begin
    UpCount=UpCount+1;
    DnCount=0;
End;
If C<C[2] then begin
    DnCount=DnCount+1;
    UpCount=0;
End;

Value4=mod(Moonday_V2+MoonAdju,29);
If MarketPosition<=0 then If DnCount>=7
    and Value4 >= 15 then buy at high + 1 point stop;
If MarketPosition>=0 then If UpCount>=7
    and Value4 <= 15 then sell at low - 1 point stop;

If MarketPosition > 0 then ExitLong at
    EntryPrice - AvgTrueRange(10)*MonMStop Stop; If MarketPosition < 0 then ExitShort at
    EntryPrice + AvgTrueRange(10)*MonMStop Stop;
```

Einen entsprechenden Beispieltrade können Sie in folgender Grafik sehen:

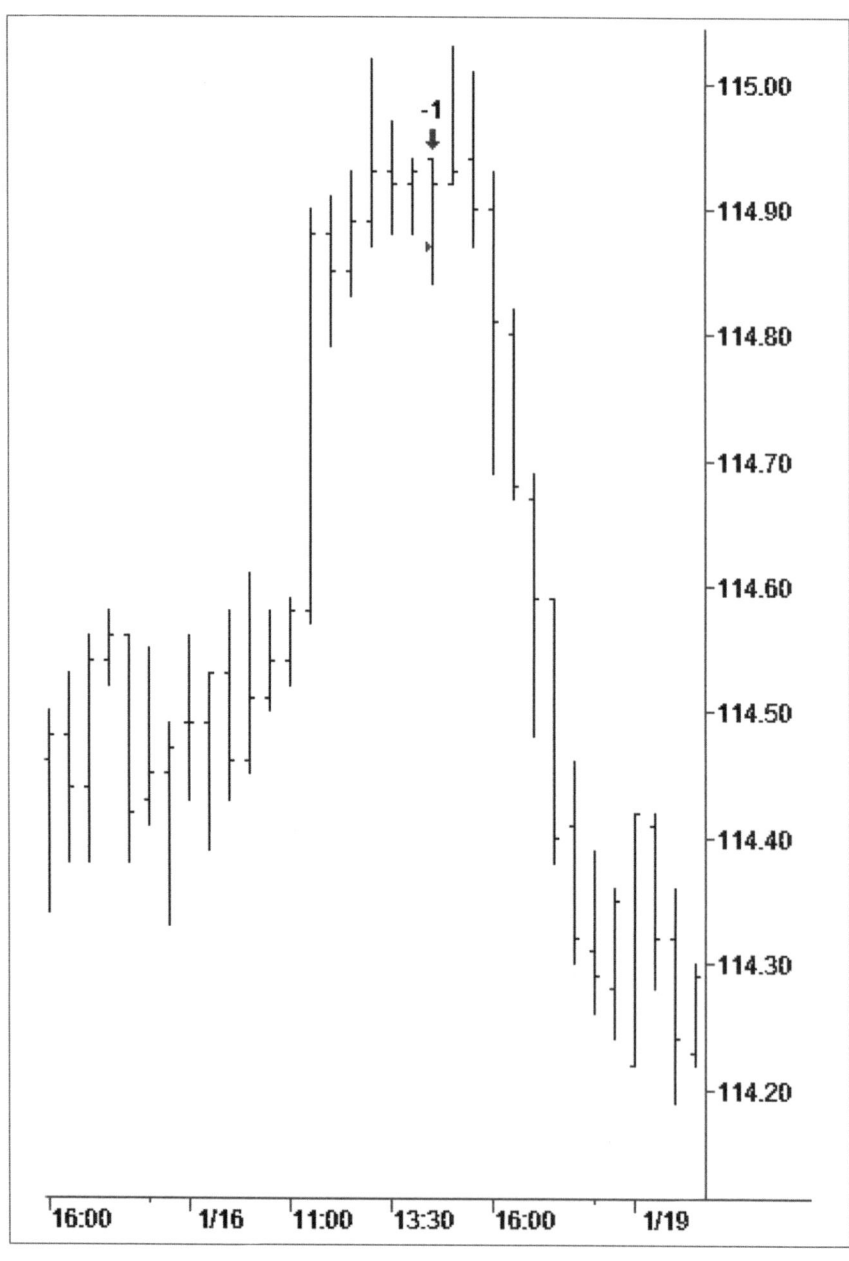

Abbildung: Bund Moonlight Shadow – Beispieltrade

Bedingt durch die Bindung an die Mondphasen ist es charakteristisch für das System, dass es nur ein bis zwei Trades pro Monat generiert, wie in folgender Grafik deutlich wird. Im Durchschnitt nimmt das System im Gewinnfall einen ganzen Punkt im Bund mit.

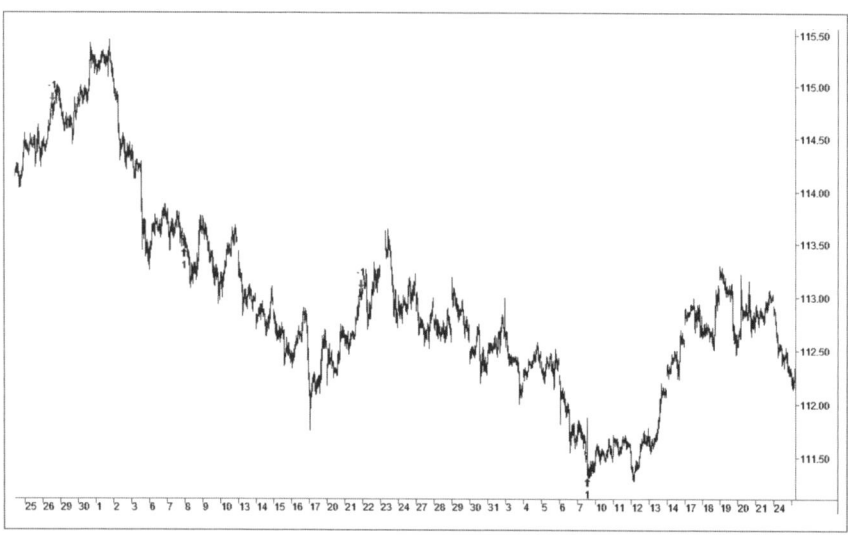

Abbildung: Bund Moonlight Shadow – Chart 1

In den folgenden Grafiken wird Ihnen die Auswertung der Performance des Systems vorgestellt:

Performance Summary: All Trades

Total Net Profit	$25.870,00	Open position P/L	($300,00)
Gross Profit	$58.100,00	Gross Loss	($32.230,00)
Total # of trades	96	Percent profitable	60,42%
Number winning trades	58	Number losing trades	38
Largest winning trade	$3.380,00	Largest losing trade	($2.430,00)
Average winning trade	$1.001,72	Average losing trade	($848,16)
Ratio avg win/avg loss	1,18	Avg trade (win & loss)	$269,48
Max consec. Winners	7	Max consec. losers	3
Avg # bars in winners	285	Avg # bars in losers	219
Max intraday drawdown	($4.560,00)		
Profit Factor	1,80	Max # contracts held	1
Account size required	$4.560,00	Return on account	567,32%

Abbildung: Bund Moonlight Shadow – Performance Report

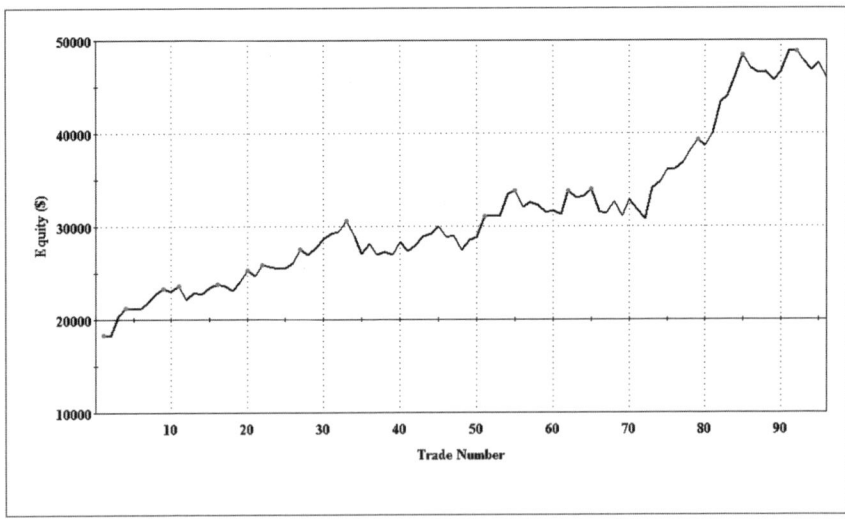

Abbildung: Bund Moonlight Shadow – Long-Term-Equity-Kurve

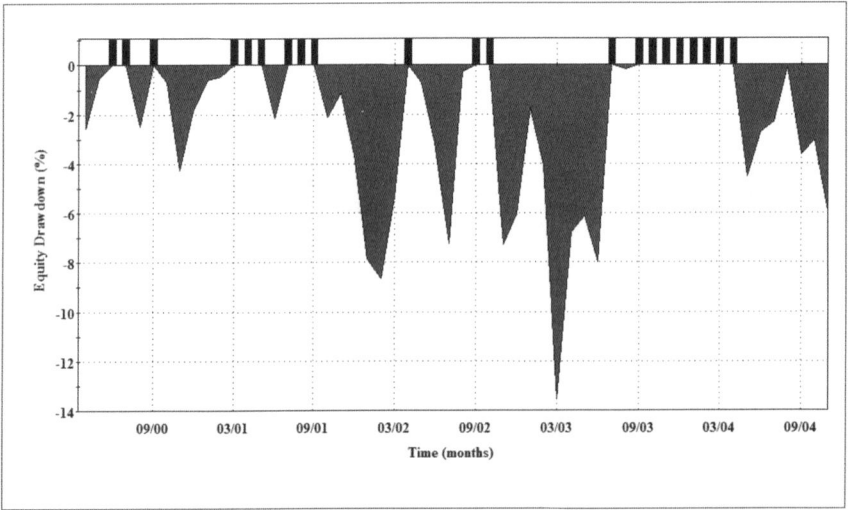

Abbildung: Bund Moonlight Shadow – Underwater Equity

Abgesehen von der ungewöhnlichen Tradeindikation, das heißt den Mondphasen, handelt es sich um ein typisches Bundsystem. Es hält die Positionen relativ lange, um genügend große Trades zu generieren. Wie aus der Underwater Equity hervorgeht, muss der Trader bereit sein, bei diesem System auch durch längere Drawdownphasen zu gehen.

Modifikationen des Systems

Das System ist mit einigen Zahlenkonstanten versehen, deren Bedeutung wir in Testreihen hinterfragen können. Exemplarisch untersuchen wir die Größe des Verluststops. Der Ausstieg erfolgt, wie gehabt, über die Average True Range. In den folgenden Tests untersuchen wir die Weite des Verluststops, indem wir den Multiplikator „MonMStop" zwischen 1 und 40 variieren.

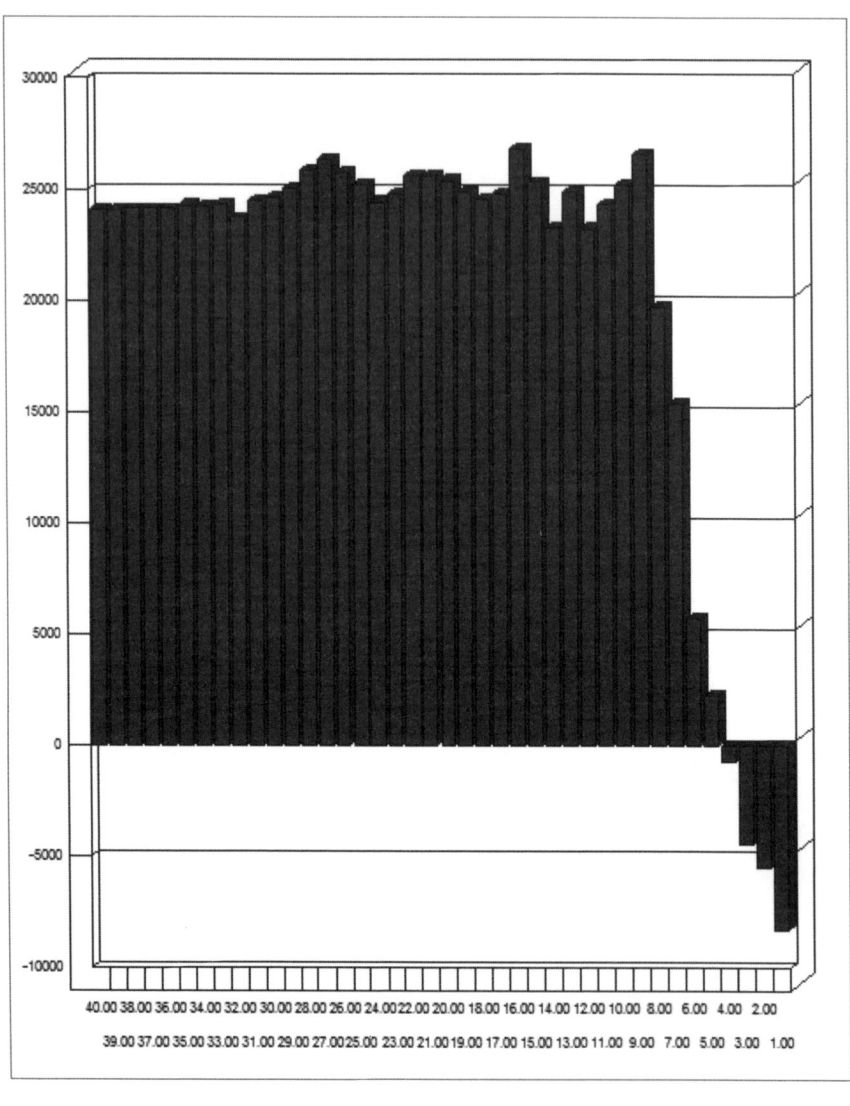

Abbildung: Bund Moonlight Shadow – Optimierung Profit

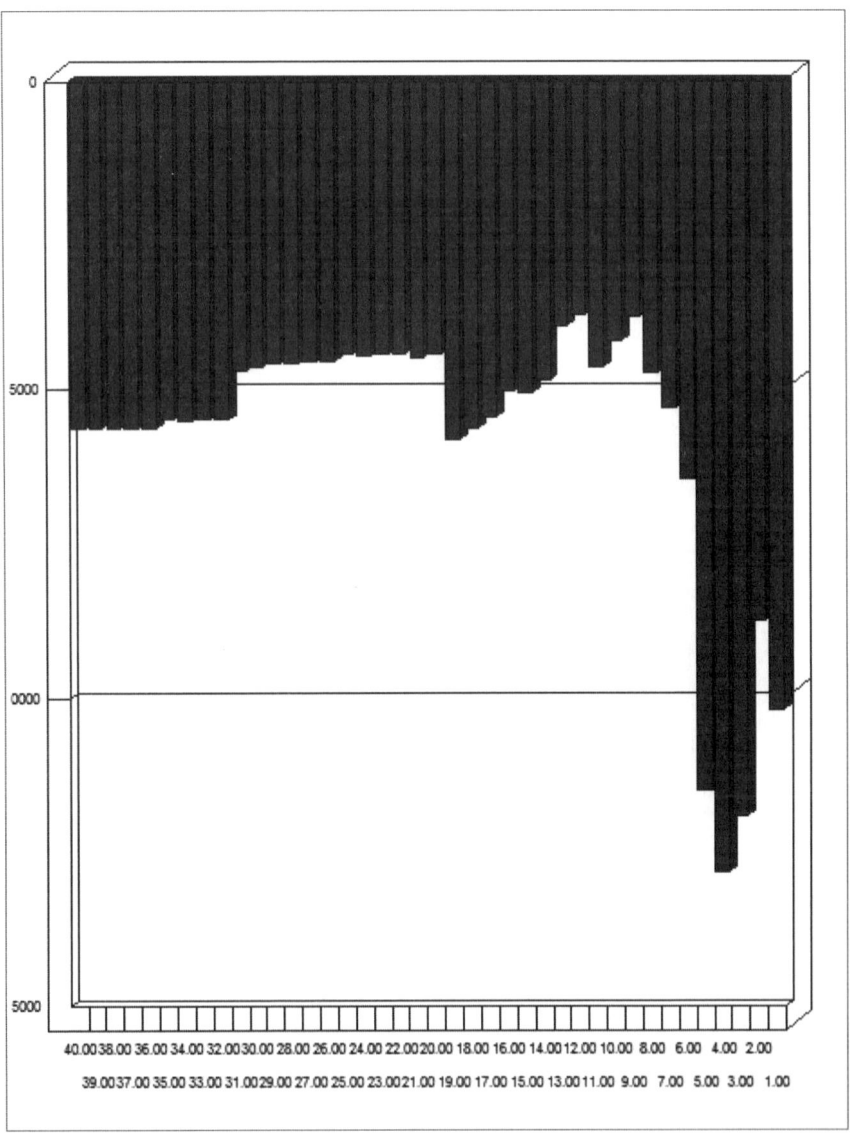

Abbildung: Bund Moonlight Shadow – Optimierung Drawdown

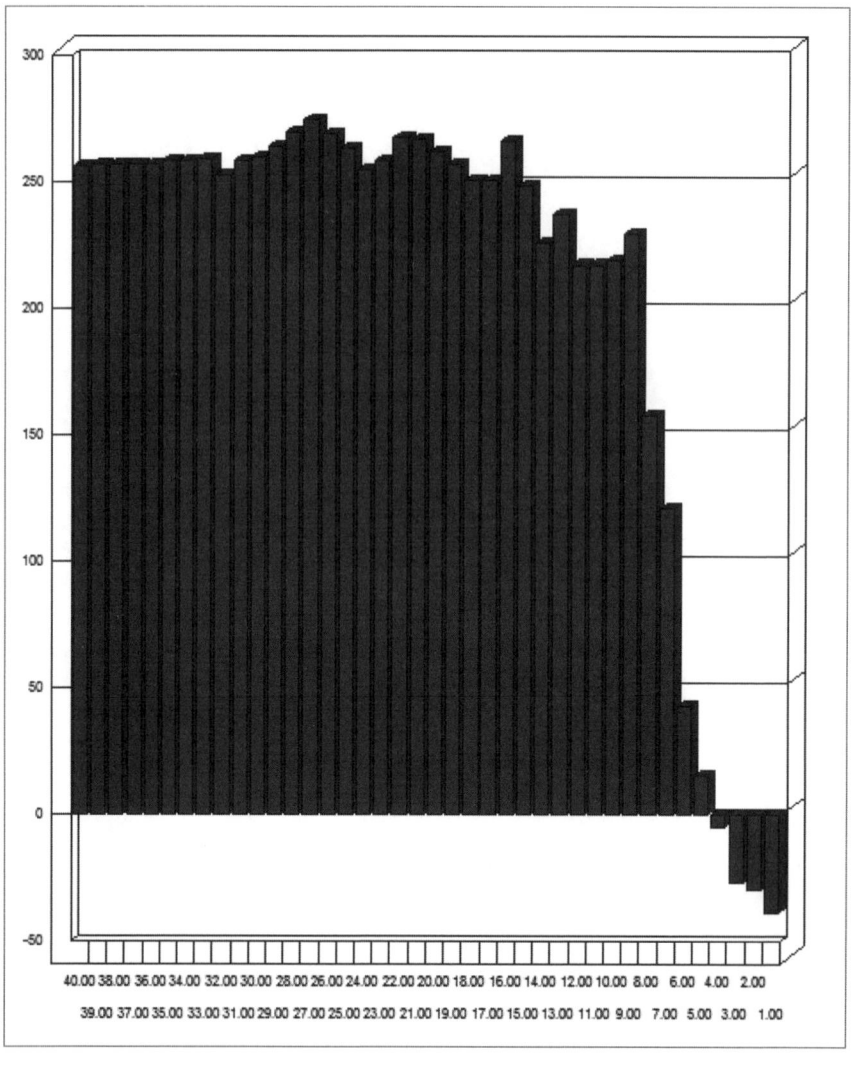

Abbildung: Bund Moonlight Shadow – Optimierung AVG Trade

Das Ergebnis zeigt recht stabile Werte für eine Einstellung des Multiplikators zwischen 15 und 40.

Gesamtbewertung und Ausblick

Interessant wäre es festzustellen, ob andere Einstiegspattern oder Indikatoren im Zusammenhang mit der Mondphase bessere Ergebnisse liefern könnten. Statt des Pullbackpattern könnten Sie zum Beispiel trendbestätigende Indikatoren wie das Kreuzen zweier gleitender Durchschnitte oder Ähnliches verwenden. Dadurch lassen sich mit Sicherheit noch einige viel versprechende Variationen des Systems generieren. Die Ergebnisse des Systems zeigen, dass der Mond durchaus Potenzial zum Börsenindikator hat. Ob er aber auch für den Einsatz bei kurzfristigeren Engagement taugt, muss noch geprüft werden.

▶ Optimist

Seit es Börsen gibt, stellen sich Anleger die Frage, ob unterschiedliche Wochentage unterschiedliche Anlegerstimmungen widerspiegeln. Gibt es Tage, an denen ein Einstieg günstiger ist als an anderen Wochentagen? Dazu wurden die verschiedensten Ansätze entwickelt. Wie man am System Moonlight Shadow sehen kann, werden dazu selbst der Mond und die Sterne herangezogen. Zweifelsohne lassen sich Unterschiede im Handel feststellen, die von bestimmten Zeiten abhängen. Die Urlaubsperiode im Sommer, Feiertage und Jahresabschluss – all diese Zeiten hinterlassen ihre Spuren im Verhalten der Anleger. Ebenso haben die Wochentage ihren Einfluss. Wir verwenden beim System „Optimist" einen einfachen, unkomplizierten Ansatz.

Systemidee

Viele Anleger und vor allem kurzfristig orientierte Trader schließen zum Wochenende ihre Positionen aus Angst vor starken Kursrückschlägen über das Wochenende. Oft führt das vor dem Wochenende zu Kursrückgängen, die durch dieses Schließen der Positionen bedingt sind. Aber wenn wir davon ausgehen, dass diese Anleger nur pessimistisch gestimmt sind und es keinen realistischen Grund für einen solchen Kursrückgang gibt, müsste sich die Situation wieder umkehren. Danach, also am Anfang der folgenden Woche, sollte der Markt dann wieder steigen.

Aufgrund der Beobachtung dieses Phänomens gehen wir folgendermaßen vor: Wir nehmen an, dass es in Richtung Wochenende vermehrt zu Verkäufen kommt. Deshalb platzieren wir bereits am Donnerstag einen Kaufstop zu einem niedrigeren Kurswert, um uns frühzeitig für die nächste Woche zu positionieren. Diesen Einstieg machen wir von den Tiefstkursen der letzten Stunde des Mittwoch abhängig.

Wir schließen die Position dann am Anfang der folgenden Woche wieder. Das erfolgt entweder mit einem Zielstop oder mit einem Verluststop, je nachdem, welcher zuerst erreicht wird. Den Zielstop wählen wir relativ eng, den Verluststop jedoch deutlich weiter, um nicht zu oft ausgestoppt zu werden.

Das verwendete Beispiel arbeitet mit 60-Minuten-Bund-Future-Daten und einer Größe von 1000 Euro/Punkt. Die Größe des Handelskontos beträgt 20 000 Euro. Die Testdaten, die wir verwenden, stammen vom Zeitraum April 2000 bis November 2004.

Systembeschreibung

Der Einstieg in die Position erfogt am Donnerstag. Sobald das Tief der letzten halben Stunde des Mittwoch überschritten wird, wird eine Long-Position eröffnet. Die Position wird dann wieder geschlossen, wenn entweder der Zielstop von 500 Euro oder der Verluststop von 2000 Euro erreicht wird. Der Tradestation-Programmcode sieht folgendermaßen aus:

```
Inputs:MM(2),PT(0.5),TDAY(4);

IF DayOfWeek(Date) = TDAY - 1 Then Value1 = Low;

if DayOfWeek(Date) = TDAY and marketposition <> 1
    then buy value1 stop;
```

setprofittarget(PT * BigPointValue);

setdollartrailing(MM * BigPointValue);

Folgender Beispieltrade vom 5. August 2004 verdeutlicht dieses System:

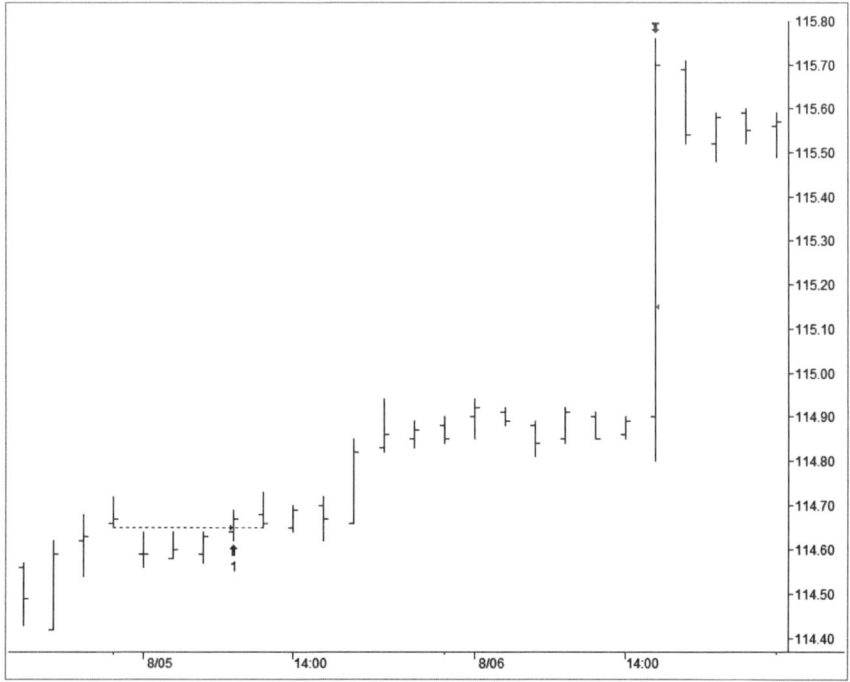

Abbildung: Bund Optimist – Beispieltrade

Das System tradet während des Testzeitraumes vom April 2000 bis November 2004 nur 115-mal. Bei rund 230 Wochen im Betrachtungszeitraum nutzt das System 50 Prozent der Wochen für einen Trade. Vereinfacht gesagt bedeutet dies, dass das System nur rund alle zwei Wochen einmal handelt. Wir sehen hier also ein eher selten tradendes System. Folgender Chart verdeutlicht diese Eigenschaften:

Abbildung: Bund Optimist – Chart 1

Die Ergebnisse bestätigen unsere Annahme, dass sich mit diesem durch
den Wochenverlauf bedingten Marktverhalten so mancher Gewinn erwirtschaften lässt. Wir erzielen mehr als 80 Prozent Treffer. Die folgenden Auswertungen zeigen die Charakteristik des Systems. Es wurden in
diesen Auswertungen eine Slippage von 25 Euro und eine Kommission
von 15 Euro/RT berücksichtigt.

Performance Summary: All Trades

Total Net Profit	$18.910,00	Open position P/L	$260,00
Gross Profit	$46.370,00	Gross Loss	($27.460,00)
Total # of trades	115	Percent profitable	86,96%
Number winning trades	100	Number losing trades	15
Largest winning trade	$560,00	Largest losing trade	($2.000,00)
Average winning trade	$463,70	Average losing trade	($1.830,67)
Ratio avg win/avg loss	,25	Avg trade (win & loss)	$164,43
Max consec. Winners	15	Max consec. losers	2
Avg # bars in winners	73	Avg # bars in losers	136
Max intraday drawdown	($6.060,00)		
Profit Factor	1,69	Max # contracts held	1
Account size required	$6.060,00	Return on account	312,05%

Abbildung: Bund Optimist – Performance Report

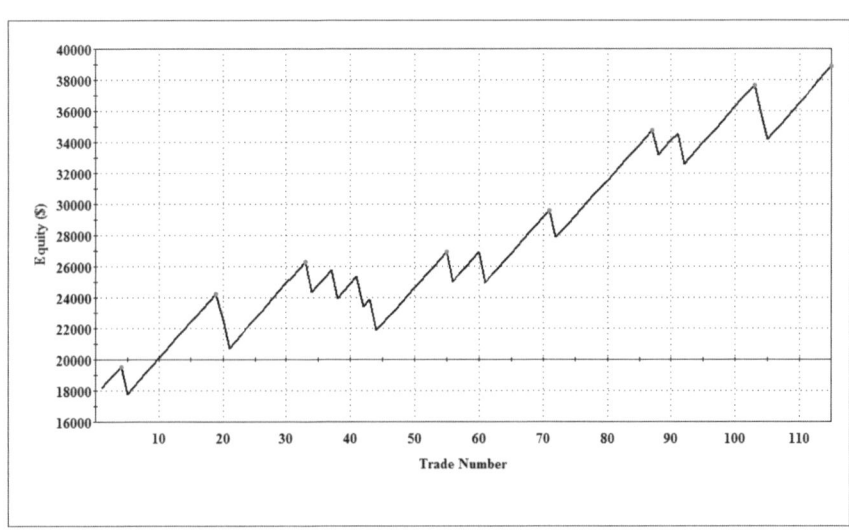

Abbildung: Bund Optimist – Long-Term-Equity-Kurve

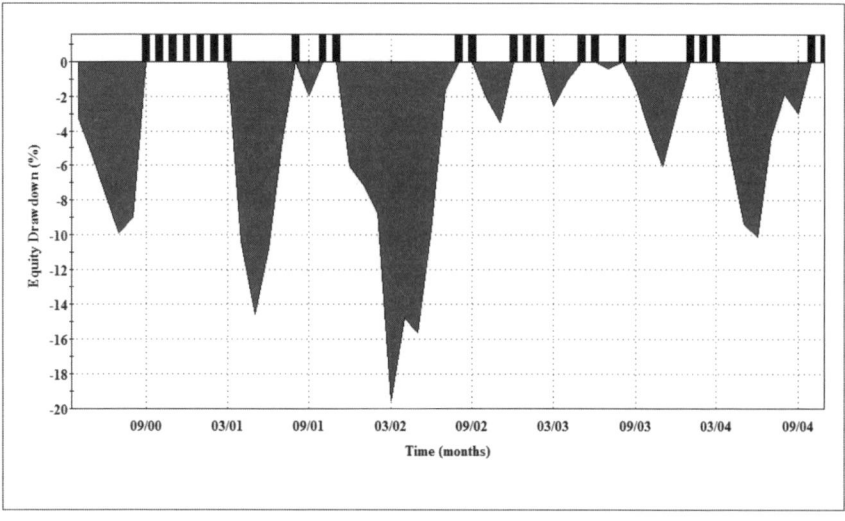

Abbildung: Bund Optimist – Underwater Equity

Der zwischenzeitliche Drawdown ist mit mehr als 6000 Euro zwar akzeptabel, jedoch verbesserungsfähig. Wir versuchen nun, über eine Verringerung diese Verluststops den maximalen Drawdown zu verkleinern. Dazu führen wir eine Testreihe durch, in der wir den Teststop schrittweise verkleinern. Wir starten mit 2000 Euro und verringern dann den Stop in 100-Euro-Schritten.

Als Ergebnis sehen wir, dass mit einer Verkleinerung des Stops auch der Profit und die Prozent-Treffer schrumpfen. Der maximale Drawdown ändert sich hingegen nur unwesentlich. Je enger der Stop, desto häufiger wird das System ausgestoppt, auch bei Trades, die ansonsten noch profitabel geschlossen werden könnten. Eine Optimierung macht in dieser Weise also keinen Sinn.

Modifikationen des Systems

Das System, wie es soeben beschrieben wurde, tradet nur long. Wir wollen nun noch untersuchen, ob eine vergleichbare Short-Komponente eventuell an anderen Tagen für das Entry-Setup möglich ist. Dazu setzen wir das System als Short-System auf und testen alle anderen Tage als mögliche Entry-Schwelle. Das Resultat ist in der folgenden Grafik ersichtlich. Für die Tage gelten: 1=Montag; 5 = Freitag:

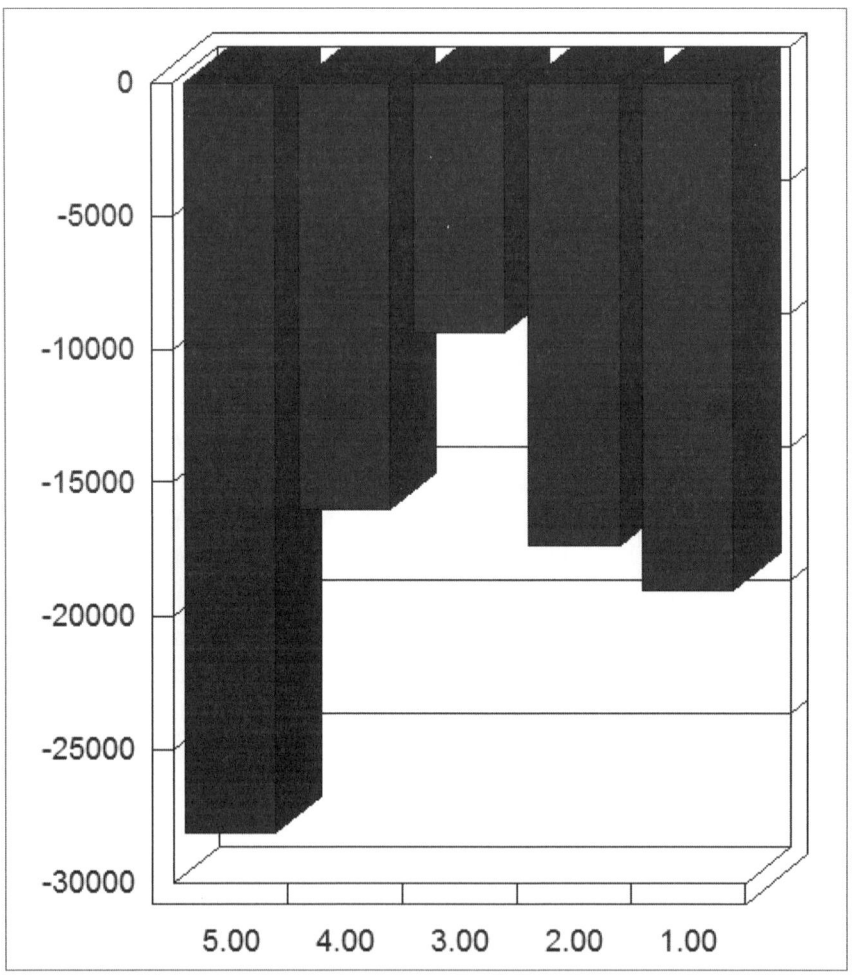

Abbildung: Bund Optimist – Optimierung Drawdown Short Tag

Das erzielte Ergebnis ist ebenfalls eindeutig. Man kann daraus schließen, dass es im Bund innerhalb des Betrachtungszeitraums keinen Tag gibt, der eine durchweg optimistische Grundstimmung enthält. Der Mittwoch scheint noch am ehesten für einen Short-Einstieg geeignet zu sein, er produziert aber auch Verluste.

Gesamtbewertung und Ausblick

Ein mögliches Verbesserungspotenzial des Systems liegt in der Logik des Exit. Eine Variationsmöglichkeit wäre ein Trailing Stop oder ein indikatorbasierter Stop. Das System Optimist eignet sich gut zur Beimischung zu einem Systemportfolio. Es ist einfach zu verstehen sowie leicht und ohne viel Aufwand zu traden. Darüber hinaus ist die Betrachtung der Wochentage als Zeitfenster für ein Entry-Setup eine interessante Komponente, die Sie in eigene Systeme integrieren können.

▸ Emini Heidi

Der wohl populärste Markt für Handelssysteme ist der S&P 500. Bisher wurden für keinen anderen Markt so viele Handelssysteme entwickelt wie für diesen, obwohl die durchschnittliche Liquidität dieses Marktes nicht so groß ist wie die anderer Index-Futures. Der Grund dafür dürfte im viel populäreren und dadurch auch viel liquideren kleinen Bruder des S&P 500 liegen – dem Emini. Dieser Kontrakt hat nur ein Fünftel des Punktwerts des S&P 500 und ist bei Tradern sehr beliebt, da er ein viel kleineres Konto benötigt. Unter Tradern ist es ein offenes Geheimnis, dass Handelssysteme auf dem Emini deutlich schwerer zu entwickeln sind als auf dem großen Index. Dies liegt hauptsächlich an dem nicht ganz identischen Chart. Der kleine Kontrakt bildet wesentlich mehr Ticks aus, was den Chart deutlich verändert. Bei der Entwicklung des nachfolgenden Systems haben wir uns ganz auf Kursdaten des Emini gestützt. Im Wesentlichen besteht das System aus einem einfachen gleitenden Durchschnitt und dem PercentR.

Systemidee

Vom zugrunde liegenden Prinzip her ist das System ein Gegentrendsystem, das sich den Einstieg vom PercentR, einer Variation der Stochastik, bestätigen lässt. In unseren Beispielen verwenden wir 120-Minuten-Emini-Daten. Die Punktgröße liegt bei 50 Dollar / Punkt, die Accountgröße bei 20 000 Dollar. Die Periode der verwendeten Testdaten reicht von Januar 2000 bis Oktober 2004.

Systembeschreibung

In diesem System überwachen wir den gleitenden Durchschnitt. Steigt der gleitende Durchschnitt an, und befindet sich der PercentR in der Überkauftzone, rechnen wir mit einem baldigen Kursverlust und eröffnen deshalb eine Short-Position. Fällt der gleitende Durchschnitt hingegen ab, und befindet sich der PercentR in der Überverkauftzone, dann eröffnen wir eine Long-Position, weil wir mit einem baldigen Kursanstieg rechnen. Der zugehörige Tradestation Code sieht folgendermaßen aus:

IF Average(Close,10) > Average(Close,10)[1]

   and PercentR(5) < 50 Then sell market;

IF Average(Close,10) < Average(Close,10)[1]

   and PercentR(5) > 50 Then buy market;

Den aus diesem Code und den Testdaten resultierenden Beispieltrade sehen Sie in der folgenden Grafik:

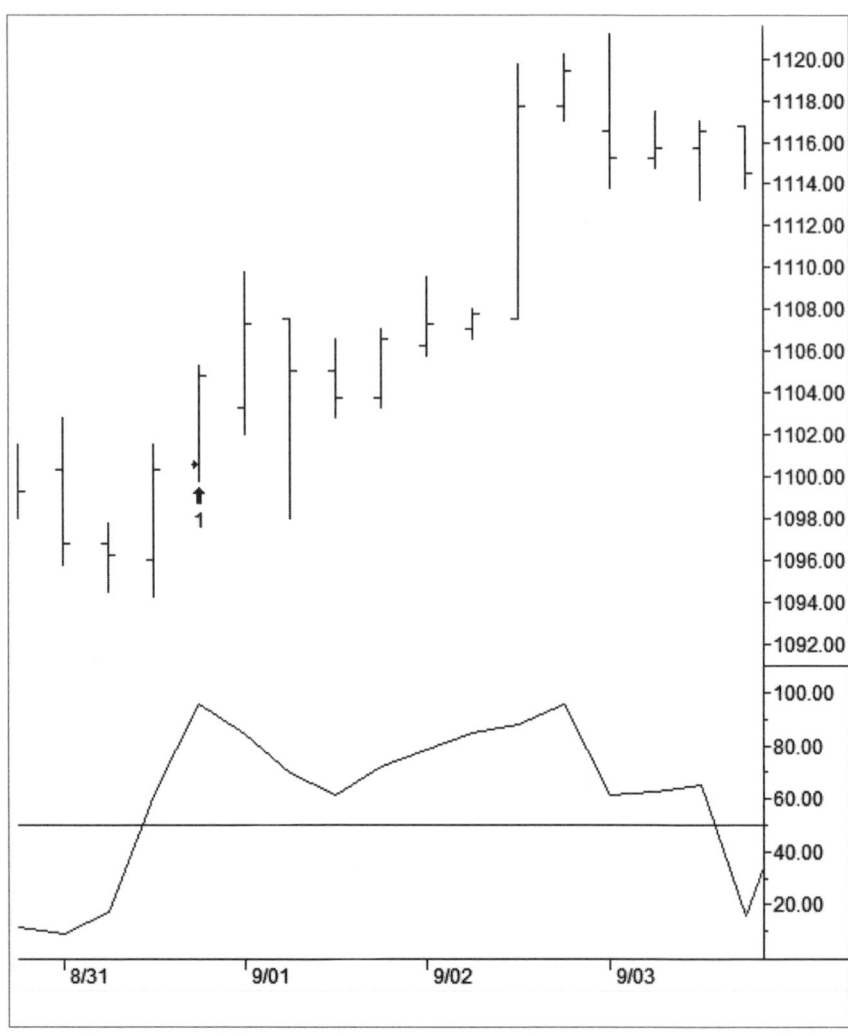

Abbildung: Emini Heidi – Beispieltrade mit PercentR Indikator

Das System handelt im Schnitt nur einmal pro Woche, was auch aus folgender Grafik ersichtlich ist.

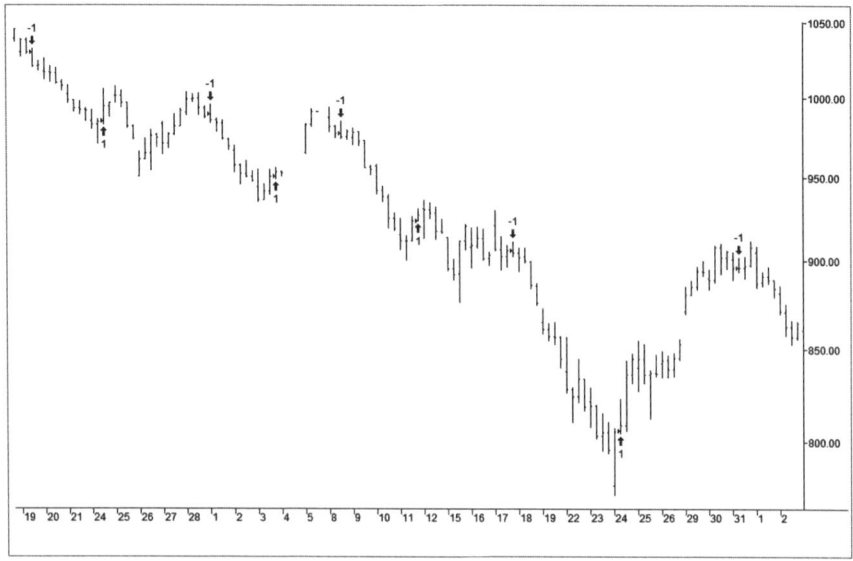

Abbildung: Emini Heidi – Chart 1

Nun betrachten wir die Performance und Auswertung dieses Systems:

Performance Summary: All Trades

Total Net Profit	$33.007,50	Open position P/L	($1.062,50)
Gross Profit	$153.480,00	Gross Loss	($120.472,50)
Total # of trades	318	Percent profitable	61,95%
Number winning trades	197	Number losing trades	121
Largest winning trade	$4.965,00	Largest losing trade	($8.122,50)
Average winning trade	$779,09	Average losing trade	($995,64)
Ratio avg win/avg loss	,78	Avg trade (win & loss)	$103,80
Max consec. Winners	8	Max consec. losers	7
Avg # bars in winners	12	Avg # bars in losers	19
Max intraday drawdown	($16.905,00)		
Profit Factor	1,27	Max # contracts held	1
Account size required	$16.905,00	Return on account	195,25%

Abbildung: Emini Heidi – Performance Report

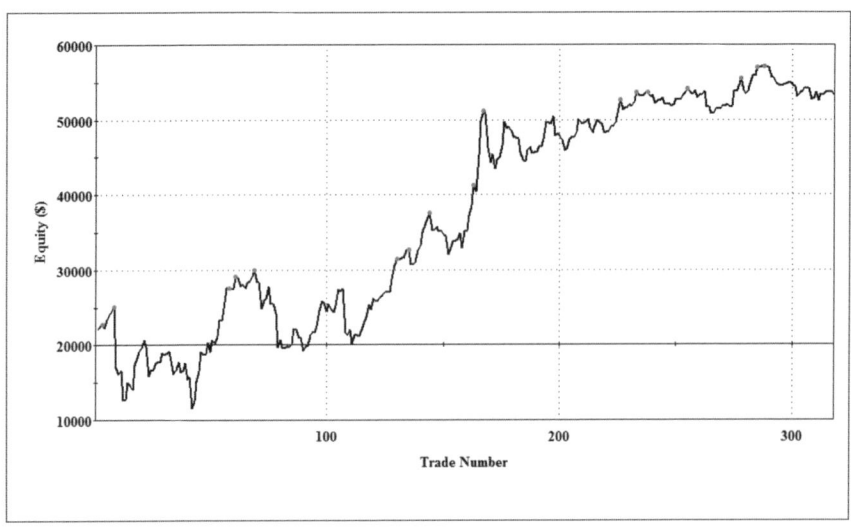

Abbildung: Emini Heidi – Long-Term-Equity-Kurve

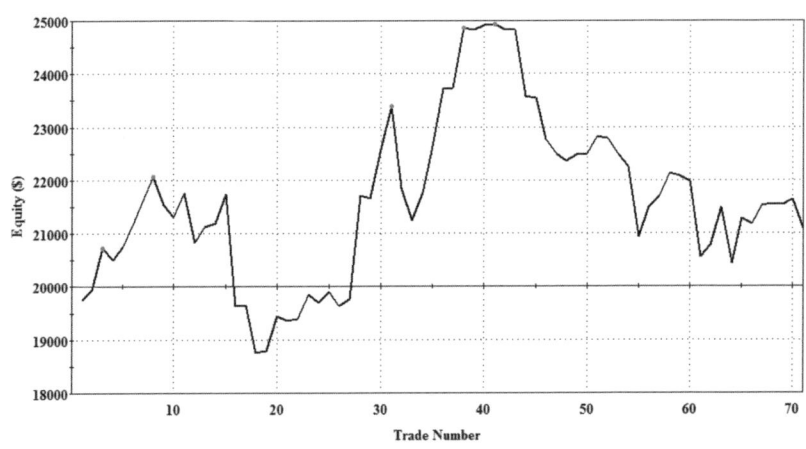

Abbildung: Emini Heidi – Short-Term-Equity-Kurve

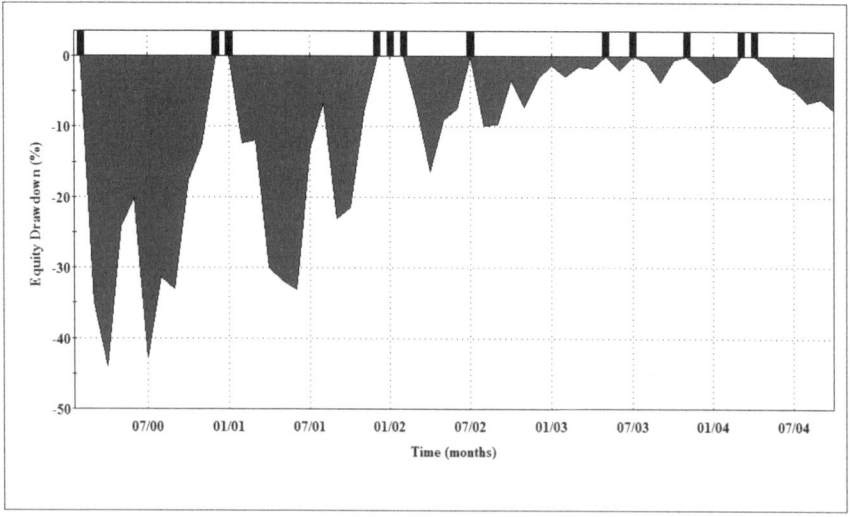

Abbildung: Emini Heidi – Underwater Equity

Das System hatte in den ersten Jahren des Testzeitraums mit größeren Drawdowns zu kämpfen. In jüngster Zeit ist die Performance allerdings deutlich stabiler. Dies liegt generell am Gegentrendansatz. Gerade in letzter Zeit ist zu beobachten, dass trendfolgende Ansätze auf dem Emini nicht die gewünschte Performance zeigen. Somit ist das System eine ideale Ergänzung zu einem trendfolgenden Ansatz auf dem Emini.

Der unruhige Performanceverlauf in den oben gezeigten Auswertungen verlangt nach einer Verbesserung des Systems. Wir haben uns entschlossen, den einfachen gleitenden Durchschnitt durch einen anderen gleitenden Durchschnitt zu ersetzen. Dazu haben wir verschiedenste Varianten ausprobiert und sind schließlich bei einer modernen Variante gelandet. Der adaptive gleitende Durchschnitt zeigt deutliche Vorteile gegenüber anderen Experimenten. Dieser sich der Marktlage anpassende Indikator kann als Element gerade in den Handelssystemen eingesetzt werden, von denen man sich wünscht, dass sie sich der Marktsituation ein wenig besser anpassen. Da dieser spezielle Durchschnitt nicht zur Standardausrüstung der Tradestation gehört, haben wir diese Funktion AdaptMA selbst realisiert und hier aufgeführt:

```
Inputs: Price(NumericSeries),Length(NumericSimple);
If currentbar>=1 then begin
    Value1=Price-Price[Length];
    Value6=Length;
    Value2=0;
    For Value6=0 to Length-1 begin
        Value2=Value2+AbsValue(Price[Value6]-Price[Value6+1]);
    end;
    Value4=Value1/Value2;
    Value5= Square(Value4);
    if Value3[1]=0 then Value7= price
        else value7=Value3[1];
    Value3=Value7+Value5*(Price-Value7);
    AdapMA=Value3;
end;
```

Diese selbst entwickelte Funktion des adaptiven gleitenden Durchschnitts wird dann an entsprechender Stelle im eigentlichen Handelssystem eingesetzt, wie aus folgenden Codezeilen ersichtlich wird:

```
IF AdapMA(Close,20) > AdapMA(Close,20)[1]
    and PercentR(5) < 50 Then sell market;
IF AdapMA(Close,20) < AdapMA(Close,20)[1]
    and PercentR(5) > 50 Then buy market;
```

Wir haben also den einfachen gleitenden Durchschnitt durch den adaptiven ersetzt und optimieren diesen in einer Testreihe von zehn bis 30.

Die Auswertungen weisen einen Wert von 19 als das beste Ergebnis aus. Um eine Überoptimierung zu vermeiden, wählen wir jedoch den Wert 20, der gut im Mittel liegt. Der Einsatz des adaptiven gleitenden Durchschnitts hat eindeutig Erfolge gebracht. Die Performanceentwicklung ist konstanter geworden, und der Gewinn hat sich vergrößert. Lediglich den Drawdown konnten wir bisher nicht mildern.

Modifikationen des Systems

Um das Problem des hohen Drawdowns zu mildern, wollen wir auch dieses System versuchsweise mit Stops versehen. Dieses Verfahren hat sich bereits in anderen Systemen bewährt. Wir ergänzen also das System um einen Profit- und einen Verluststop. Der Tradestation Code wird folgendermaßen verändert:

*setprofittarget(PT * bigpointvalue);*

*setstoploss(MM * BigPointValue);*

Wir bauen zwei Testreihen auf, die für uns die Werte der Stops ermitteln sollen. Das Ergebnis zeigt eindeutig, dass nur weit gefasste Stops das System verbessern können. Wie fast jedes Gegentrendsystem muss also auch dieses „atmen" können.

Performance Summary: All Trades

Total Net Profit	$43.320,00	Open position P/L	($1.062,50)
Gross Profit	$197.805,00	Gross Loss	($154.485,00)
Total # of trades	288	Percent profitable	63,19%
Number winning trades	182	Number losing trades	106
Largest winning trade	$3.327,50	Largest losing trade	($3.410,00)
Average winning trade	$1.086,84	Average losing trade	($1.457,41)
Ratio avg win/avg loss	,75	Avg trade (win & loss)	$150,42
Max consec. Winners	10	Max consec. losers	6
Avg # bars in winners	16	Avg # bars in losers	19
Max intraday drawdown	($13.602,50)		
Profit Factor	1,28	Max # contracts held	1
Account size required	$13.602,50	Return on account	318,47%

Abbildung: Emini Heidi – Performance Report 3

Wir wählen auf Grund der Optimierungsergebnisse den Verluststop mit 40 Punkten und den Profitstop mit 55 Punkten aus. Mit Hilfe der Stops ist es uns gelungen, den Drawdown zu lindern, wenn auch nicht entscheidend zu verbessern. Weiterhin verbesserungswürdig ist auch der Profitfaktor, der mit 1,28 recht gering ausfällt.

Gesamtbewertung und Ausblick

Weiterentwicklungen dieses Systems könnten in Richtung innovativer Stops gehen. Es wäre durchaus eine Überlegung wert, nicht nur dem gleitenden Mittelwert, sondern auch den Stops einen adaptiven Charakter zu geben. Das System ist ideal geeignet, um es im „Paarbetrieb" mit einem Trendfolger zu handeln: Die Schwächen des einen sind die Stärken des anderen.

▶ Bollinger Pullback

Gut funktionierende Handelsansätze benötigen nicht immer einen eigenen Indikator oder eine neue Idee für ihre Entstehung. Sie lassen sich oftmals geschickt aus der Kombination von herkömmlichen Standardindikatoren erstellen. Wenn es uns dann noch gelingt, zusätzlich eine kreative Variation der Standardeinstellungen zu finden und zu integrieren, entsteht unter Umständen ein sehr gut funktionierendes und ausgereiftes Handelssystem. Für das System „Aslan" werden in diesem Sinne zwei Standardindikatoren verwendet. Als Erstes sind das die wohlbekannten Bollingerbänder und als Zweites der RSI. Der eine Indikator visualisiert den Trendverlauf, der andere spürt Marktextrema auf.

Systemidee

Durchstößt der Kurs das obere Bollingerband nach oben, wird eine Short-Position eröffnet. Umgekehrt gilt, dass eine Long-Position eröffnet wird, wenn der Kurs das untere Bollingerband nach unten durchbricht. Bevor wir allerdings die Position eröffnen, lassen wir uns das Signal vom RSI bestätigen. Dieser zusätzliche Filter ist nötig, damit wir nicht in einem starken Aufwärtstrend verkaufen und umgekehrt.

Ein besonderer Kniff des Systems liegt in der Art und Weise des Ausstiegs. Eine Position wird auch über den RSI wieder geschlossen. Das geschieht aber nur, wenn sich nach einer Überkauft/Überverkauft-Lage die Situation wieder normalisiert. Im Prinzip handelt es sich dabei nur um einen Profitstop, der eine Position mit Gewinn dann wieder schließt, wenn die Marktaktivität nachlässt. Wir verwenden für unsere Analysen und Tests 30-Minuten-Euro-Future-Daten mit 125 000 000 Dollar / Punkt. Die gewählte Accountgröße liegt bei 20 000 Dollar. Unsere Testdaten stammen von Mai 2001 bis November 2004.

Da der RSI in diesem System sowohl für den Einstieg als auch für den Ausstieg eine Rolle spielt, wollen wir an dieser Stelle ein wenig näher auf diesen Indikator eingehen. Der „Relative Strength Index" definiert „Überkauft"- sowie „Überkauft"-Situationen des Marktes. Er wird folgendermaßen berechnet:

RSI = 100 - (100 / 1 + (AVG-UpClose[n]/AVG-DownClose[n]))

AVG-UpClose[n] = Durchschnitt der aufwärtsgerichteten Schlusskuse

AVG-DownClose[n] = Durchschnitt der abwärtsgerichteten Schlusskurse

n = definierter Zeitraum von Tagen (in der Regel zwischen drei und 14 Tagen)

Wie aus dieser Formel ersichtlich, wird der RSI auf den Wertebereich von null bis 100 normiert. Ein überkaufter Markt herrscht normalerweise vor, wenn der RSI Werte größer als 70 annimmt, und ein überverkaufter Markt wird von Werten kleiner 30 angezeigt.

Systembeschreibung

Der Einstieg in den Handel mit einer Long-Position zum nächsten Open geschieht, wenn der aktuelle Bar unterhalb des unteren Bollingerbands schließt. Ein Signal wird jedoch erst dann generiert, wenn der aktuelle RSI über 30 notiert. Eine Short-Position eröffnen wir zum nächsten Open, wenn der aktuelle Bar oberhalb des oberen Bollingerbands schließt, vorausgesetzt, dass der aktuelle RSI unter 60 notiert.

Wir schließen die Long-Position wieder, wenn der RSI den Wert 70 von oben her nach unten durchstößt. Die Short-Position wird dagegen geschlossen, wenn der RSI den Wert 35 von unten her nach oben durchstößt.

Der zugehörige Tradestation Code sieht folgendermaßen aus:

```
IF c <= BollingerBand(c, 15, -1.5)
    and RSI(c, 10) > 30 Then buy market;
IF c >= BollingerBand(c, 15, 1.5)
    and RSI(c, 10) < 60 Then sell market;
```

IF RSI(c, 10) crosses below 70 Then Exitlong market;

IF RSI(c, 10) crosses above 35 Then Exitshort market;

Folgende Grafik zeigt einen typischen Beispieltrade:

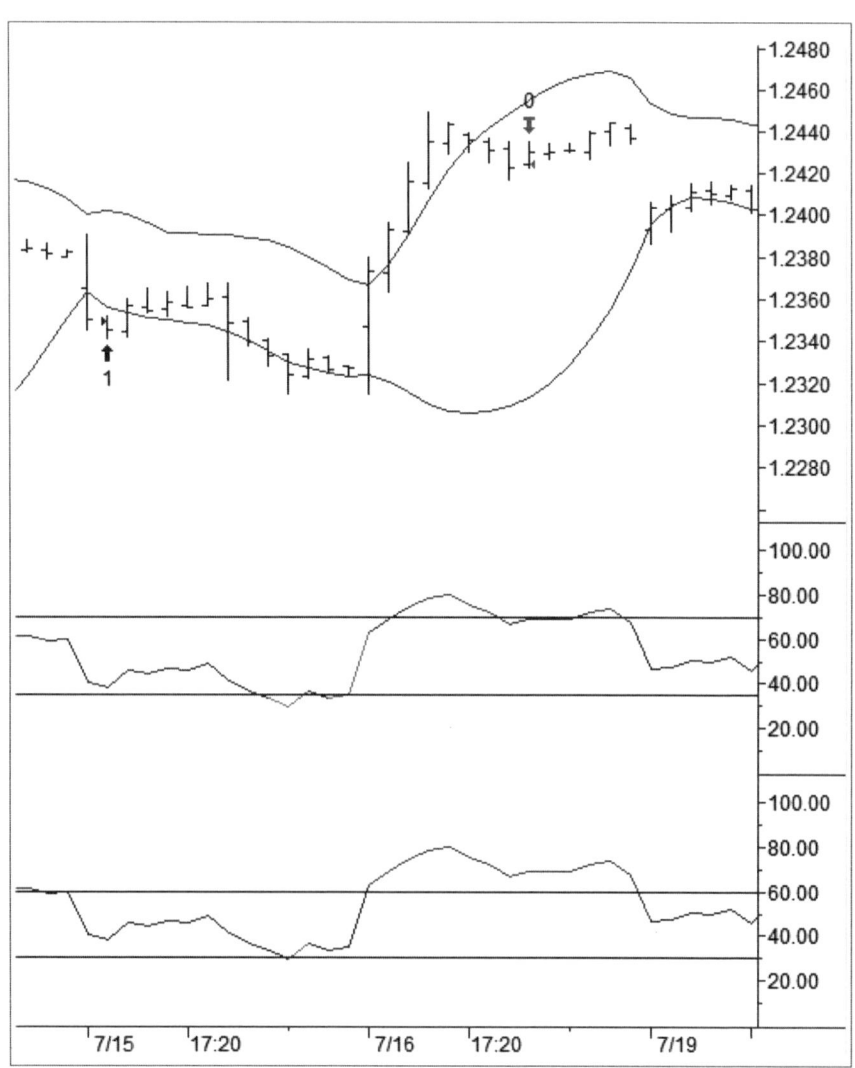

Abbildung: Bollinger Pullback – Beispieltrade

Das System tradet ein- bis zweimal pro Woche.

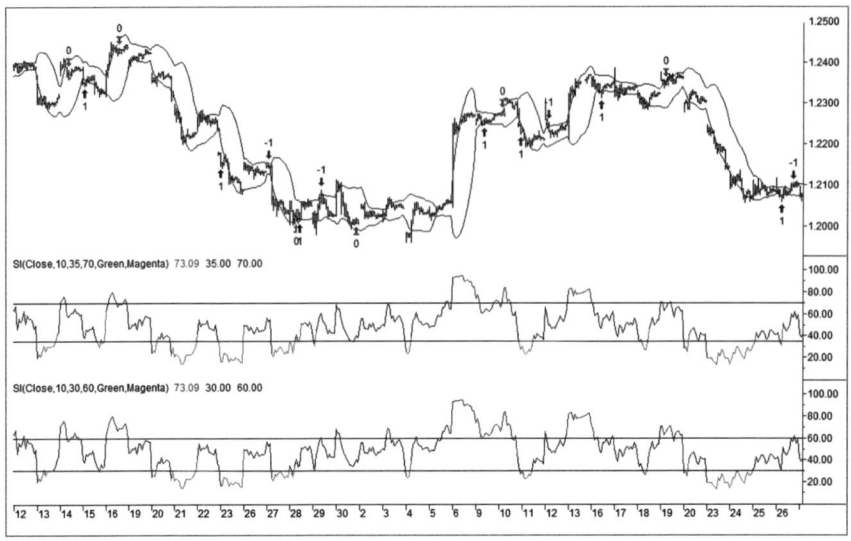

Abbildung: Bollinger Pullback – Chart 1

Die Performance des Systems können Sie in den folgenden Auswertungen sehen:

Performance Summary: All Trades

Total Net Profit	$22.412,50	Open position P/L	$0,00
Gross Profit	$142.625,00	Gross Loss	($120.212,50)
Total # of trades	325	Percent profitable	63,08%
Number winning trades	205	Number losing trades	120
Largest winning trade	$2.710,00	Largest losing trade	($4.740,00)
Average winning trade	$695,73	Average losing trade	($1.001,77)
Ratio avg win/avg loss	,69	Avg trade (win & loss)	$68,96
Max consec. Winners	8	Max consec. losers	7
Avg # bars in winners	21	Avg # bars in losers	36
Max intraday drawdown	($17.812,50)		
Profit Factor	1,19	Max # contracts held	1
Account size required	$17.812,50	Return on account	125,82%

Abbildung: Bollinger Pullback – Performance Report

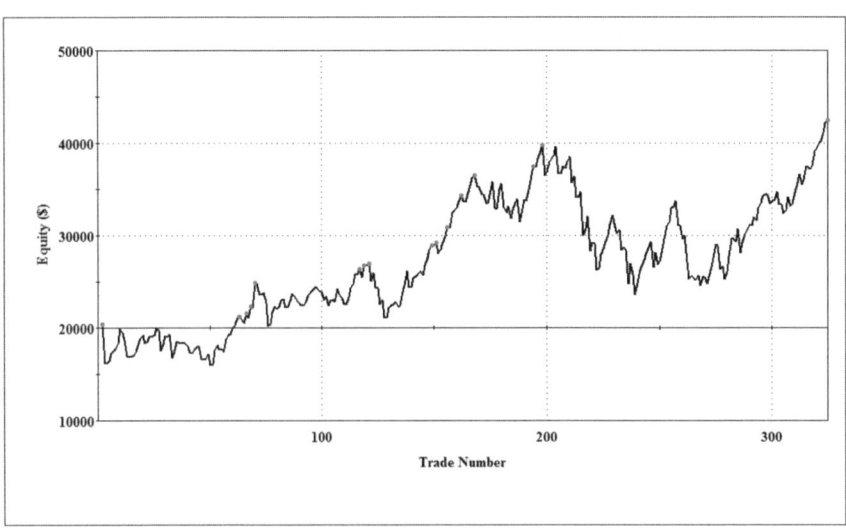

Abbildung: Bollinger Pullback – Long-Term-Equity-Kurve

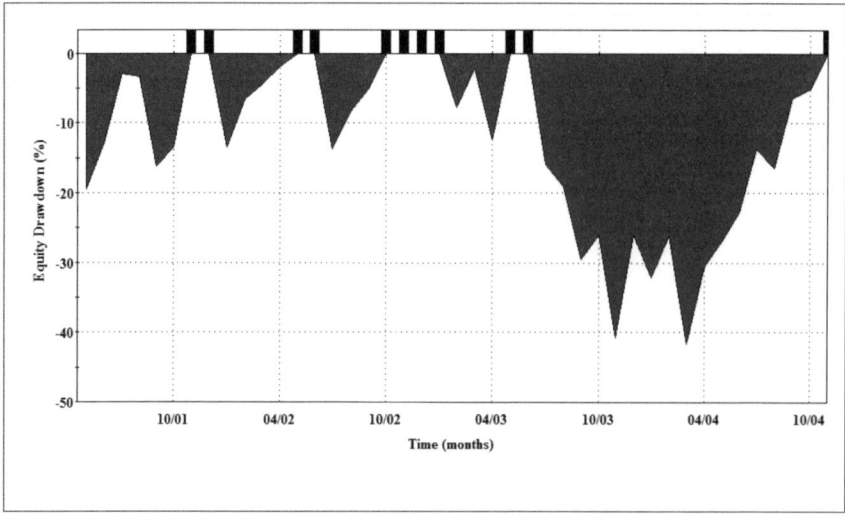

Abbildung: Bollinger Pullback – Underwater Equity

Das System beschert uns zwar ein positives Ergebnis, bleibt aber insgesamt weit hinter unseren Erwartungen zurück. Wie sich vor allem aus dem Zeitraum von Mitte 2003 bis Mitte 2004 sehen lässt, entstehen sehr lange und vor allem sehr intensive Drawdownphasen, die wir so nicht akzeptieren können. Die bisher erzielten Resultate sind also nicht ausreichend, um das System als tauglich zu bezeichnen. Um das System zu verbessern, variieren wir zunächst den RSI, da wir von diesem Indikator einen großen Einfluss auf das Systemergebnis erwarten. Bisher ist die Periodendauer des RSI auf den Wert zehn eingestellt. Wir definieren eine Testreihe, die den Periodenbereich von eins bis 20 abdeckt, und erhalten dadurch folgende Ergebnisse:

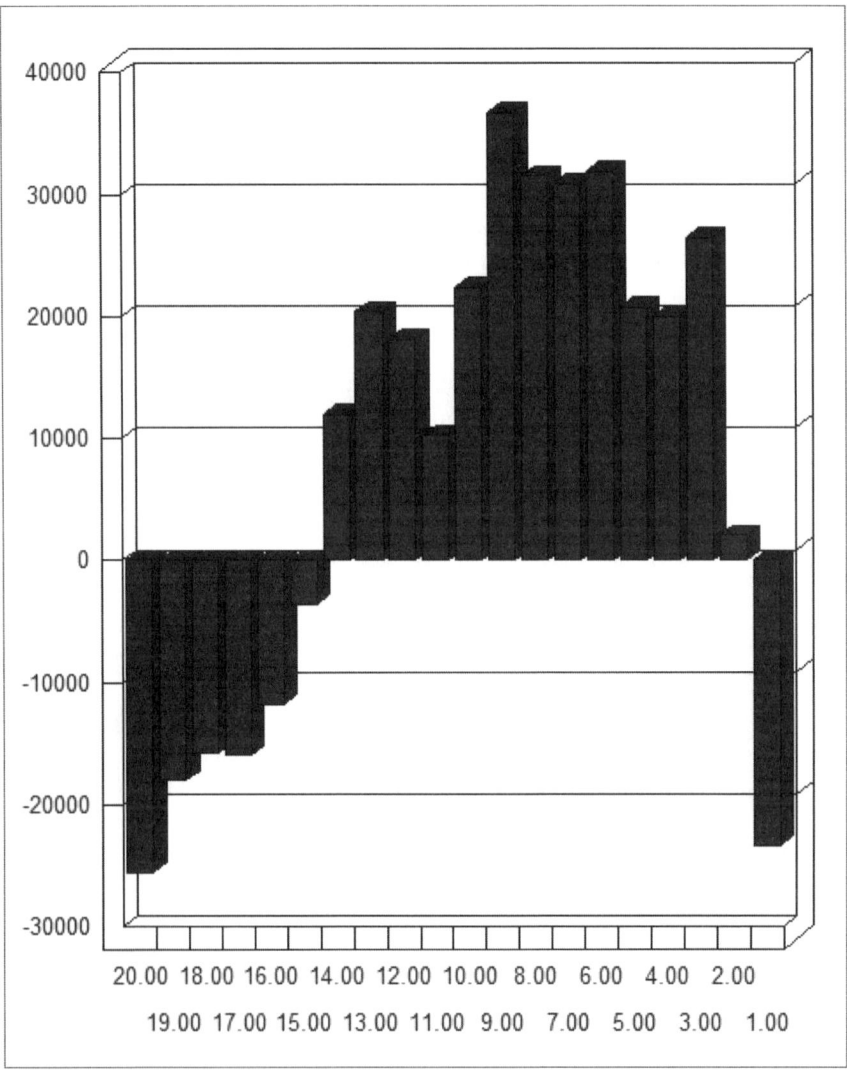

Abbildung: Bollinger Pullback – Optimierung Profit

Wenn wir diese Auswertung betrachten, erscheint es auf den ersten Blick, als ob wir die Periodendauer nur ein wenig ändern müssten, um zumindest beim Profit ein wesentlich besseres Ergebnis zu erzielen. Wie man erkennen kann, liegt ein starkes Performancemaximum bei einer Einstellung von neun. Doch könnte es sich dabei auch um einen reinen Ausreißer nach oben handeln. Deshalb werfen wir noch einen Blick auf die Drawdownauswertung:

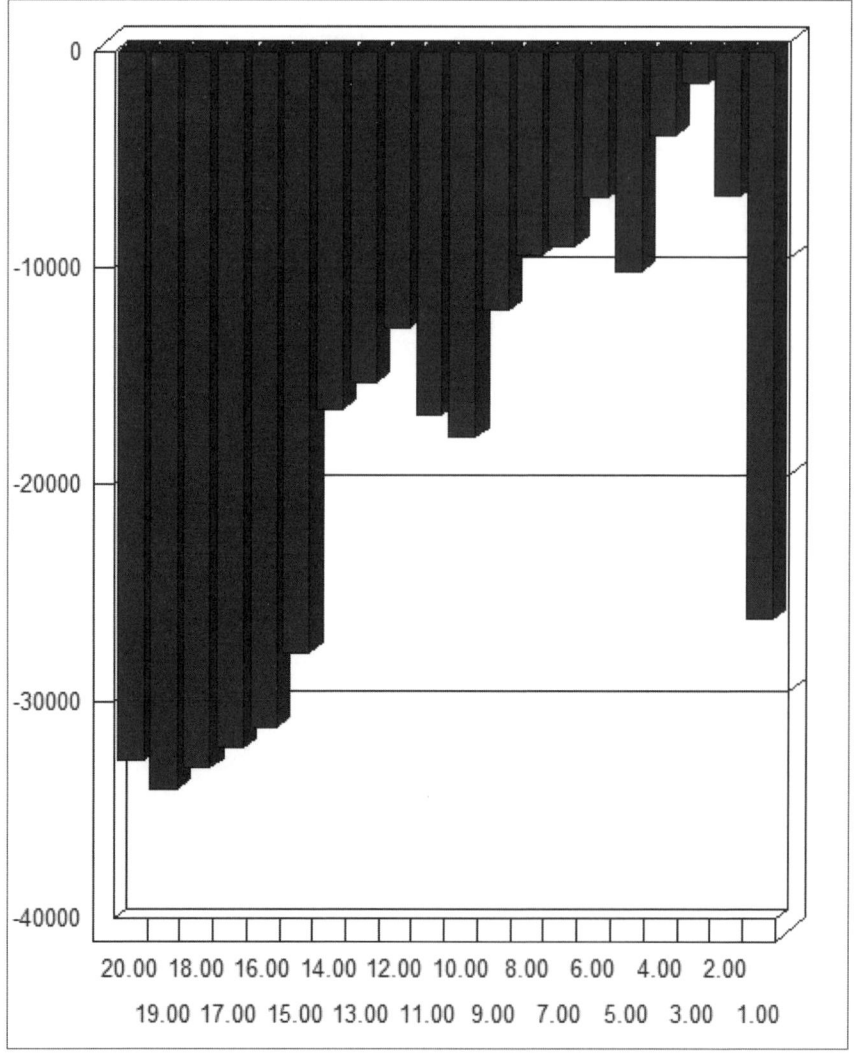

Abbildung: Bollinger Pullback – Optimierung Drawdown

Die Betrachtung der Drawdownauswertung lässt jedoch vermuten, dass eine kleinere Periode wesentlich vorteilhafter wäre. Da das unserer Profitauswertung widerspricht, müssen wir, um zu einer Entscheidung zu kommen, noch die Auswertung der AverageTrades hinzuziehen:

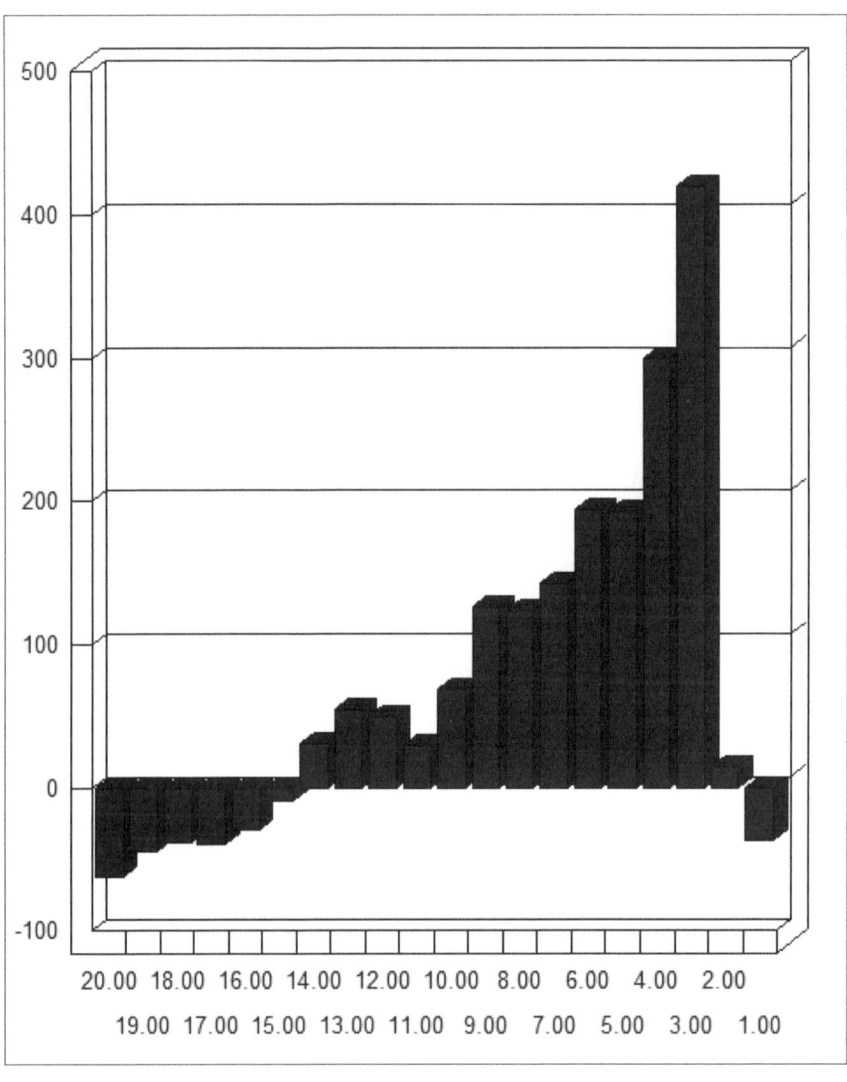

Abbildung: Bollinger Pullback – Optimierung AVG

Hier finden wir dann die Bestätigung dafür, dass es besser wäre, die Periode eher noch zu verkleinern anstatt höher zu setzen. Wir wählen also unter Berücksichtigung aller drei Auswertungen den Wert sechs. Dieser Wert scheint sich überall im Mittelfeld zu bewegen und kein Extrem darzustellen. So vermeiden wir eine Überoptimierung. Das Verhalten des Systems mit diesem Wert zeigt sich in folgenden Grafiken:

Performance Summary: All Trades

Total Net Profit	$31.865,00	Open position P/L	$0,00
Gross Profit	$83.095,00	Gross Loss	($51.230,00)
Total # of trades	164	Percent profitable	71,34%
Number winning trades	117	Number losing trades	47
Largest winning trade	$2.797,50	Largest losing trade	($4.640,00)
Average winning trade	$710,21	Average losing trade	($1.090,00)
Ratio avg win/avg loss	,65	Avg trade (win & loss)	$194,30
Max consec. Winners	15	Max consec. losers	3
Avg # bars in winners	17	Avg # bars in losers	43
Max intraday drawdown	($6.742,50)		
Profit Factor	1,62	Max # contracts held	1
Account size required	$6.742,50	Return on account	472,60%

Abbildung: Bollinger Pullback – Performance Report 2

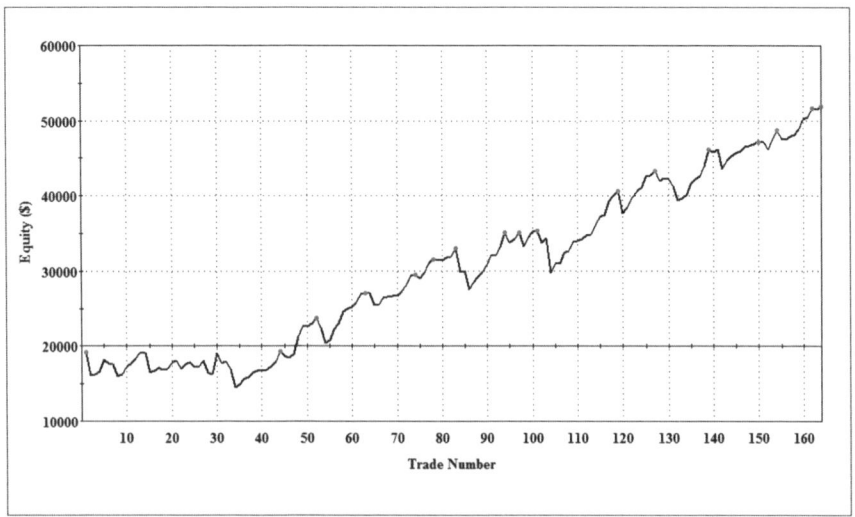

Abbildung: Bollinger Pullback – Long-Term-Equity-Kurve 2

Wie wir eindeutig sehen können, hat die oben erarbeitete Variation der RSI-Periode das System deutlich verbessert. Der Drawdown wurde fast gedrittelt. Es werden nur noch rund halb so viele Trades wie zuvor generiert, was auch den Average Trade sehr positiv beeinflusst hat. Besonders erfreulich ist natürlich, dass die Performance um fast 50 Prozent zugelegt hat.

Modifikationen des Systems

Ausgehend von der eben erarbeiteten Systemvariante wollen wir versuchen, die Systemqualität noch auf andere Weise zu verbessern. Da offensichtlich immer noch zu oft Fehlsignale generiert werden, verschärfen wir die Einstiegskriterien für die Trades. Wir wollen damit erreichen, dass wir zwar weniger, dafür aber effizienter traden. In der folgenden Modifikation des Systems muss nicht nur das Close des aktuellen Bars aus dem Bollingerband herausgetreten sein, sondern auch das letzte und vorletzte Close. Damit erreichen wir, das ein kurzzeitiges, unmotiviertes Herausschießen des Kurses aus dem Band keinen Trade auslöst. Eine Order wird also erst dann platziert, wenn das Heraustreten aus dem Bollingerband eine eindeutige Bewegung ist. Der Tradestation Code wurde dahingehend verändert:

IF c <= BollingerBand(c, 15, -1.5) and

   c[1] <= BollingerBand(c, 15, -1.5)[1] and

   c[2] <= BollingerBand(c, 15, -1.5)[2] and

   RSI(c, 10) > 30 Then buy market;

   IF c >= BollingerBand(c, 15, 1.5) and

   c[1] >= BollingerBand(c, 15, 1.5)[1] and

   c[2] >= BollingerBand(c, 15, 1.5)[2] and

   RSI(c, 10) < 60 Then sell market;

IF RSI(c, 10) crosses below 70 Then Exitlong market;

IF RSI(c, 10) crosses above 35 Then Exitshort market;

Die folgenden Grafiken zeigen das Ergebnis dieses modifizierten Systems:

Performance Summary: All Trades

Total Net Profit	$46.700,00	Open position P/L	$0,00
Gross Profit	$78.240,00	Gross Loss	($31.540,00)
Total # of trades	115	Percent profitable	73,04%
Number winning trades	84	Number losing trades	31
Largest winning trade	$2.985,00	Largest losing trade	($3.752,50)
Average winning trade	$931,43	Average losing trade	($1.017,42)
Ratio avg win/avg loss	,92	Avg trade (win & loss)	$406,09
Max consec. Winners	11	Max consec. losers	3
Avg # bars in winners	31	Avg # bars in losers	63
Max intraday drawdown	($5.727,50)		
Profit Factor	2,48	Max # contracts held	1
Account size required	$5.727,50	Return on account	815,36%

Abbildung: Bollinger Pullback – Performance Report 3

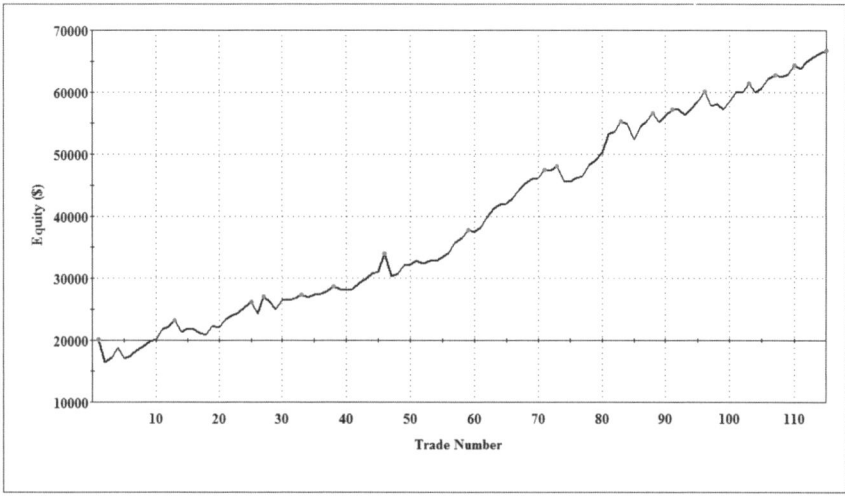

Abbildung: Bollinger Pullback – Long-Term-Equity-Kurve 3

Wir erzielen mit dieser kleinen Änderung eine sehr deutliche Reduzierung des Drawdowns bei gleichzeitiger Vergrößerung der Performance. Außerdem lässt sich aus der Long-Term-Equity-Kurve eine äußerst stabile Gewinnentwicklung erkennen. Im Vergleich zu der Parametervariation hat diese Maßnahme deutlich besser gegriffen. Das Fazit ist also, dass in diesem Fall eine Verschärfung der Einstiegskriterien der verbesserten Einstellung der Parameter weit überlegen ist.

Gesamtbewertung und Ausblick

Eine sinnvolle Erweiterung des Systems könnte darin bestehen, die aktuelle Trendrichtung zu ermitteln – beispielsweise durch DMIPlus und DMIMinus – und nur Trades in Richtung des Trends zuzulassen.

▶ Adaptive Bollinger

Ein Pullbacksystem nur auf Bollingerbändern aufzusetzen ist nicht oft von Erfolg gekrönt. Beim System „Adaptive Bollinger" werden deshalb die klassischen Bollingerbänder verändert und adaptive gestaltet.

Statt des Close – wie beim herkömmlichen Bollingerband – verwenden wir adaptive gleitende Durchschnitte als Berechnungsgrundlage.

Systemidee

Die Grundidee des Systems ist im Gegensatz dazu wieder klassisch. Es wird verkauft, sobald das Close das obere der adaptierten Bollingerbänder durchstößt, und es wird umgekehrt gekauft, sobald das untere der adaptierten Bollingerbänder durchstoßen wird. Das obere Band verwendet, wie bereits erwähnt, als Berechnungsgrundlage den adaptiven gleitenden Durchschnitt der letzten zehn Höchstwerte. Analog dazu verwendet das untere Band zur Berechnung den adaptiven gleitenden Durchschnitt der letzten zehn Lows. Für unsere Beispiele haben wir den Eurostoxx Future im 120-Minuten-Raster herangezogen. Die gezeigten Werte haben die Basis von zehn Euro / Punkt, und die Accountgröße liegt bei 15 000 Euro. Als Testdaten verwenden wir die Periode von Januar 2001 bis November 2004.

Systembeschreibung

Der Einstieg in den Handel folgt einer einfachen Regel: Wir steigen long ein, sobald der Kurswert das untere Bollingerband durchstößt. Es wird dann damit gerechnet, dass sich der Kurs wieder erholt und mit Gewinn wieder verkauft werden kann.

Eine Short-Position eröffnen wir, sobald das obere Bollingerband nach oben durchstoßen wird. Zwischen Kauf und Verkauf liegt somit im besten Fall eine attraktive Spanne, die einen guten Profit verspricht.

Der zugehörige Tradestation Code, mit dem dieses System verwirklicht wird, sieht nun folgendermaßen aus:

```
if c > BollingerBand(adapma(H,10),40,3)
    then sell market;
if c < BollingerBand(adapma(L,10),40,-3)
    then buy market;
```

Ein Beispiel eines solchen Trades können Sie in der folgenden Grafik sehen:

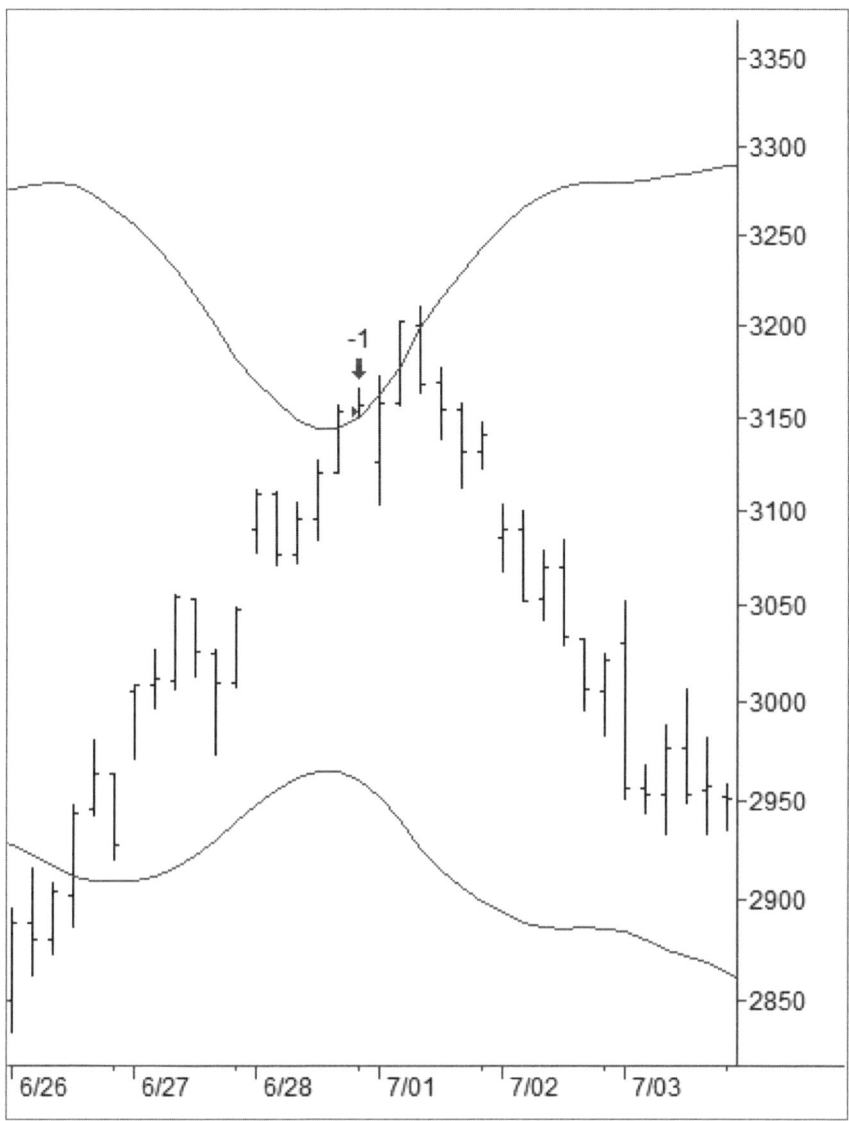

Abbildung: Adaptive Bollinger – Beispieltrade

Wie aus dem beschriebenen Prinzip zu erwarten war, tradet das System nur sehr sporadisch, da die Bollingerbänder nur selten durchstoßen werden. Mit gut 40 Trades im Betrachtungszeitraum liegt die Tradehäufigkeit des Systems nur leicht unter einem Trade pro Monat. Auf folgendem Bild lässt sich dieses Verhalten gut nachvollziehen:

Abbildung: Adaptive Bollinger – Chart 1

Nun wollen wir einmal betrachten, wie die Performance des Systems aussieht:

Performance Summary: All Trades

Total Net Profit	$28.220,00	Open position P/L	$450,00
Gross Profit	$48.430,00	Gross Loss	($20.210,00)
Total # of trades	41	Percent profitable	68,29%
Number winning trades	28	Number losing trades	13
Largest winning trade	$8.130,00	Largest losing trade	($4.150,00)
Average winning trade	$1.729,64	Average losing trade	($1.554,62)
Ratio avg win/avg loss	1,11	Avg trade (win & loss)	$688,29
Max consec. Winners	6	Max consec. losers	2
Avg # bars in winners	84	Avg # bars in losers	230
Max intraday drawdown	($14.060,00)		
Profit Factor	2,40	Max # contracts held	1
Account size required	$14.060,00	Return on account	200,71%

Abbildung: Adaptive Bollinger – Performance Report

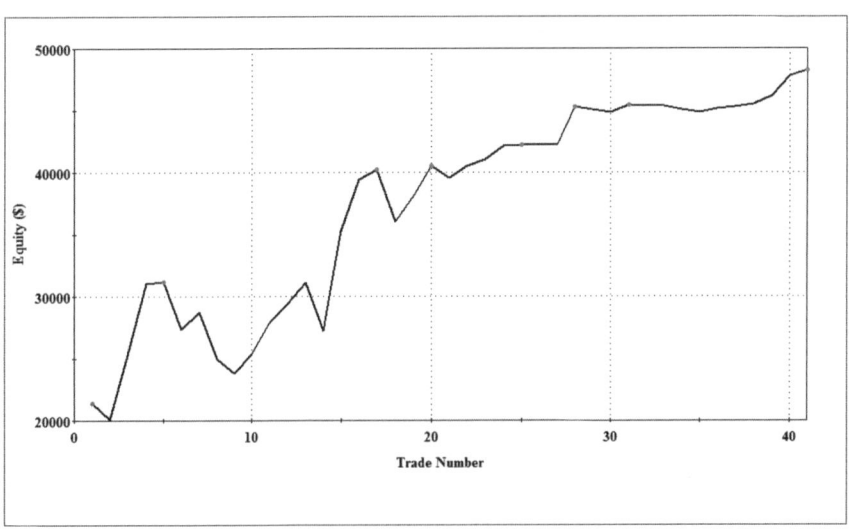

Abbildung: Adaptive Bollinger – Long-Term-Equity-Kurve

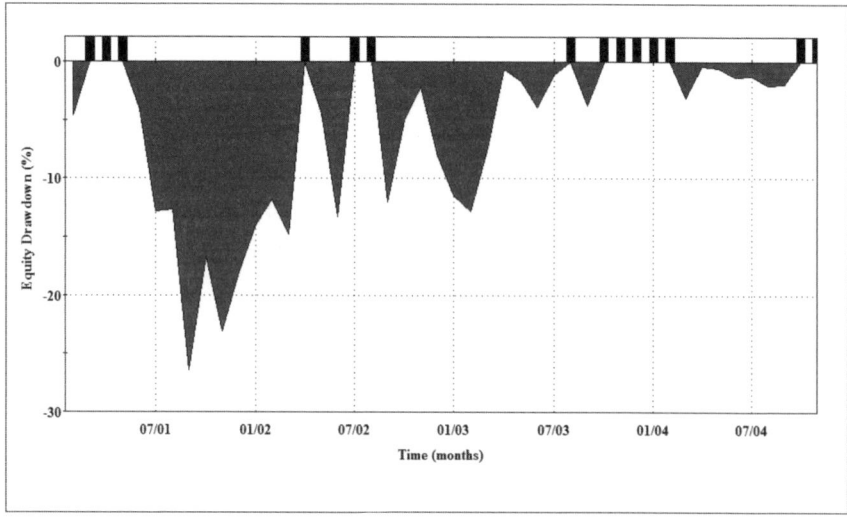

Abbildung: Adaptive Bollinger – Underwater Equity

Obwohl nur ein einziger Indikator verwendet wurde, performt das System sehr positiv. Daran lässt sich das Potenzial adaptiver Ansätze erkennen. Wenn man jedoch die Auswertungen genauer betrachtet, erkennt man auch einen Nachteil des Systems. Der Drawdown ist mit ungefähr 50 Prozent der Rendite entschieden zu hoch. Daran muss noch gearbeitet werden, um das System zu optimieren und für den tatsächlichen Einsatz tauglich zu machen.

Modifikationen des Systems

Es liegt nahe, das System versuchsweise mit einem Stop zu ergänzen, damit der Performanceverlauf glatter und zugleich der maximale Drawdown verringert wird. Wir fügen diesesmal einen Trailing Stop hinzu. Der Tradestation Code wird um folgende Zeile ergänzt:

setdollartrailing(MM * BigPointValue);

Zunächst einmal führen wir, wie gewohnt, eine Testreihe durch, um die passende Einstellung für unseren Trailing Stop zu ermitteln. Wir testen in einem Bereich von 50 bis 300 Punkten und sehen uns das Resultat an:

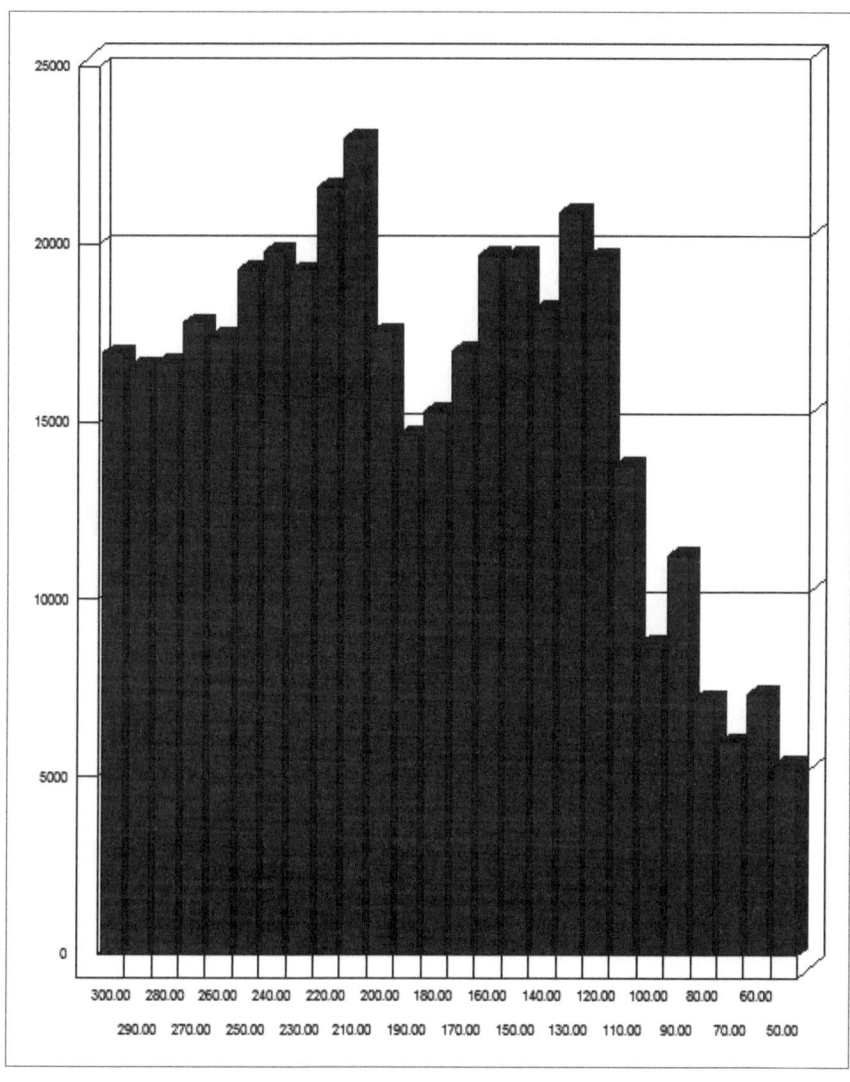

Abbildung: Adaptive Bollinger – Optimierung Profit

Der ideale Stop liegt unter dem Gesichtspunkt des maximalen Profits bei über 200 Punkten.

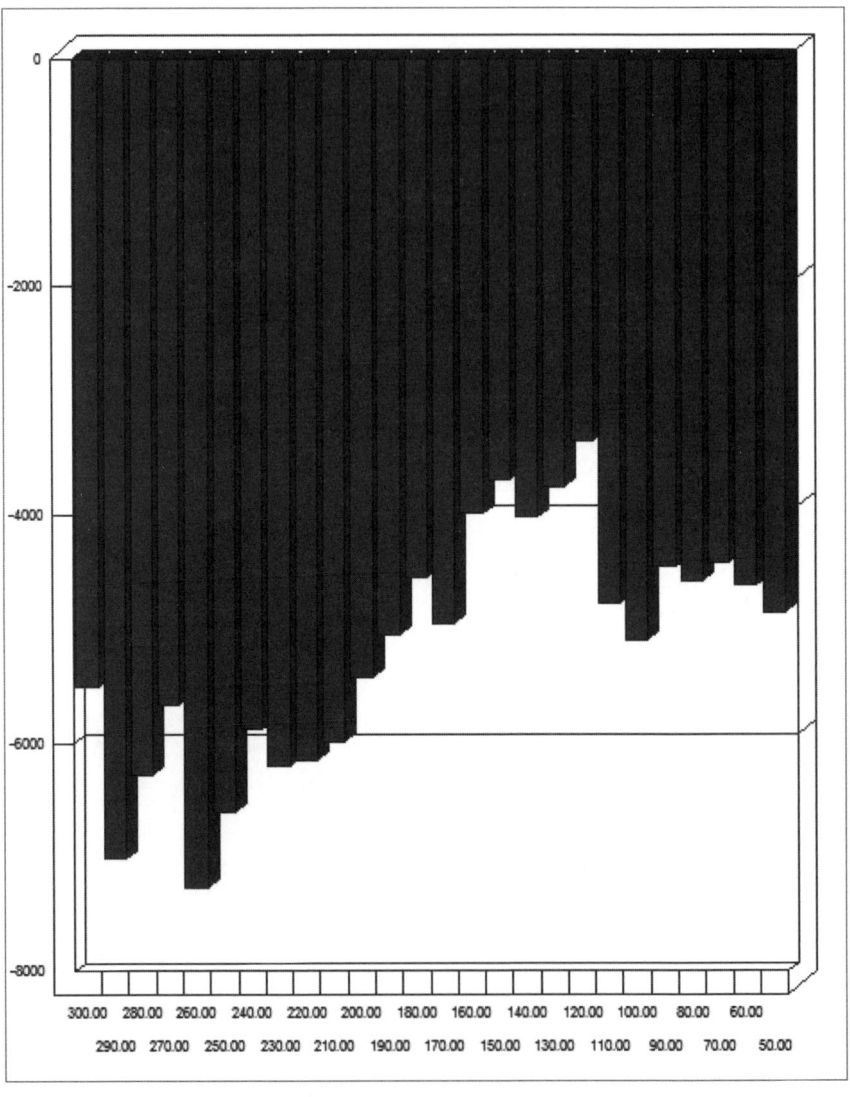

Abbildung: Adaptive Bollinger – Optimierung Drawdown

Aus der Auswertung lässt sich erkennen, dass sich auf der Suche nach einem geringen maximalen Drawdown ein Stop von 120 Punkten anbieten würde. Wie sieht es jedoch mit den anderen Werten aus, zum Beispiel dem Average Trade, der unter einer solchen Maßnahme leiden könnte:

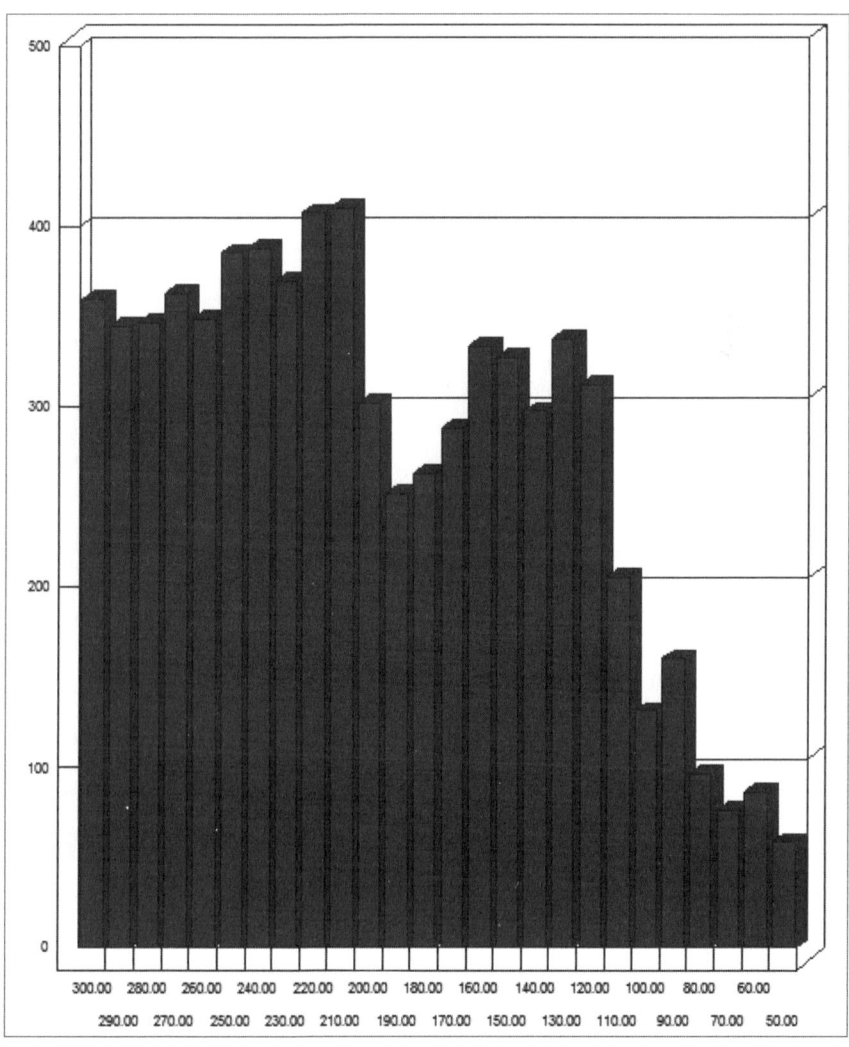

Abbildung: Adaptive Bollinger – Optimierung AVG

Es zeigt sich, dass mit einem Trailing Stop im Bereich von 120 Punkten auch der Average Trade noch groß genug ist. Deshalb entscheiden wir uns für diesen Bereich. Da der niedrigste Drawdown bei 120 Punkten liegt, sind wir vorsichtig und wählen einen Nachbarn aus. Wir legen den Trailing Stop bei 130 Punkten fest, was im eher konservativen Bereich liegt, und sehen uns das Resultat an:

Performance Summary: All Trades

Total Net Profit	$20.920,00	Open position P/L	$450,00
Gross Profit	$38.310,00	Gross Loss	($17.390,00)
Total # of trades	62	Percent profitable	61,29%
Number winning trades	38	Number losing trades	24
Largest winning trade	$3.370,00	Largest losing trade	($1.230,00)
Average winning trade	$1.008,16	Average losing trade	($724,58)
Ratio avg win/avg loss	1,39	Avg trade (win & loss)	$337,42
Max consec. Winners	8	Max consec. losers	4
Avg # bars in winners	54	Avg # bars in losers	40
Max intraday drawdown	($3.750,00)		
Profit Factor	2,20	Max # contracts held	1
Account size required	$3.750,00	Return on account	557,87%

Abbildung: Adaptive Bollinger – Performance Report 2

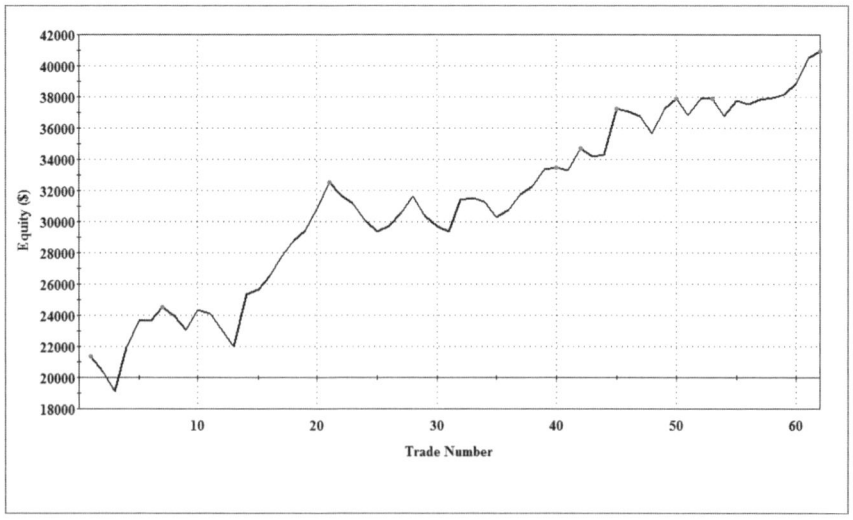

Abbildung: Adaptive Bollinger – Long-Term-Equity-Kurve 2

Das Ergebnis kann sich durchaus sehen lassen. Wir können uns über einen geringen Drawdown und eine konstante Gewinnentwicklung freuen. Damit ist der Einsatz des Trailing Stops als Erfolg zu werten.

Gesamtbewertung und Ausblick

Das System handelt eher selten und ist daher wohl am besten als Beimischung für größere Portfolios einzusetzen. Obwohl das System nicht per Limit Order, sondern Market einsteigt, ist es zu den Gegentrend-Systemen zu rechnen und kann daher eine gute Ergänzung zu rein trendfolgenden Ansätzen sein.

▶ Crossing Standard

Das hier beschriebene System „Crossing Standard" ist für den Handel in Eurostoxx-Markt ausgelegt. Der Eurostoxx ist zu einem der beliebtesten Märkte an der Eurex geworden. Er ist durch eine kleine Kontraktgröße und eine hohe Liquidität gekennzeichnet, was ihn für viele Trader sehr attraktiv macht.

Systemidee

Ähnlich wie bei anderen Systemen, die zum Beispiel mit den Bollinger-bändern arbeiten, konstruieren wir hier ein Pullbacksystem. Dieses nimmt eine Gegenposition ein, nachdem der Kurs ein Band durchsto-ßen hat, das um einen gleitenden Durchschnitt gebildet wurde. Dieses Band bilden wir durch die Berechnung der Standardabweichung, die wir um einige Bars nach hinten verschieben, um mehr Ruhe in die Signalgenerierung zu bringen. Unser Testsystem arbeitet mit dem Eurostoxx Future im 120-Minuten-Raster. Die Größe beträgt 10 Euro / Punkt, und die Accountgröße wurde mit 20 000 Euro festgesetzt. Wir verwenden Testdaten von Januar 2001 bis November 2004.

Systembeschreibung

Der Einstieg in eine Long-Position erfolgt, wenn das aktuelle Close das untere Band der Standardabweichung durchstößt. Wir wechseln auf short, wenn das aktuelle Close das obere Band der Standardabweichung durchstößt. Der zugehörige Tradestation Code spiegelt dieses einfache Verfahren wider:

if c crosses below (average(c,9)- 2*stddevx(c,25))[5] then buy market;

if c crosses above (average(c,9)+ 2*stddevx(c,25))[5] then sell market;

Analog zu Systemen, die auf einem ähnlichen Prinzip beruhen, tradet das System nur rund zwei- bis dreimal pro Monat. Es gehört zur Klasse der Swingtradingsysteme, die vor allem in Märkten ohne klare Trends performen. Das Tradingverhalten können Sie folgendem Screenshot entnehmen:

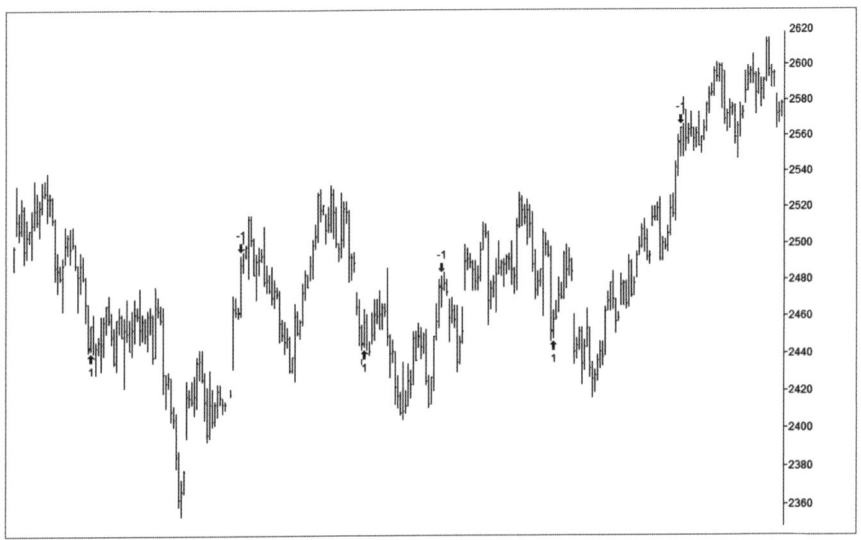

Abbildung: Crossing Standard – Chart 1

Nun sehen wir uns im Folgenden die Auswertung des Systems in einigen Grafiken an:

Performance Summary: All Trades

Total Net Profit	$14.670,00	Open position P/L	$230,00
Gross Profit	$62.270,00	Gross Loss	($47.600,00)
Total # of trades	132	Percent profitable	64,39%
Number winning trades	85	Number losing trades	47
Largest winning trade	$2.400,00	Largest losing trade	($4.550,00)
Average winning trade	$732,59	Average losing trade	($1.012,77)
Ratio avg win/avg loss	,72	Avg trade (win & loss)	$111,14
Max consec. Winners	6	Max consec. losers	3
Avg # bars in winners	25	Avg # bars in losers	68
Max intraday drawdown	($13.390,00)		
Profit Factor	1,31	Max # contracts held	1
Account size required	$13.390,00	Return on account	109,56%

Abbildung: Crossing Standard – Performance Report

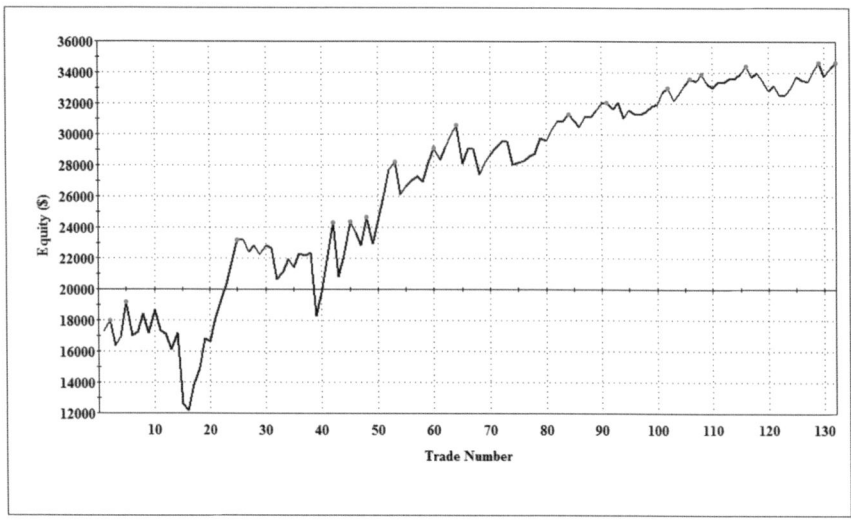

Abbildung: Crossing Standard – Long-Term-Equity-Kurve

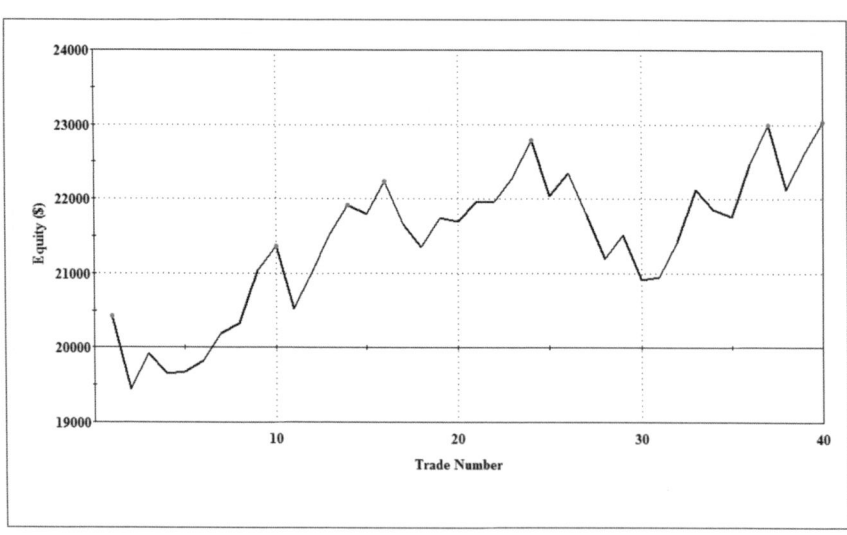

Abbildung: Crossing Standard – Short-Term-Equity-Kurve

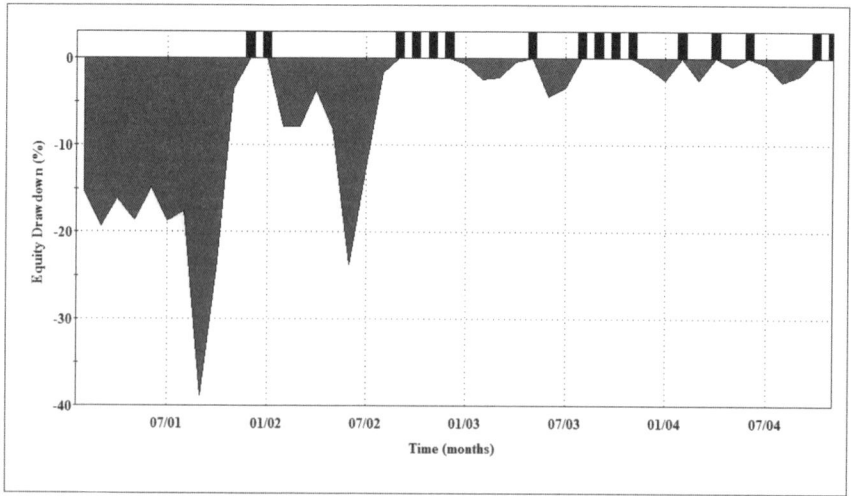

Abbildung: Crossing Standard – Underwater Equity

Modifikationen des Systems

Um uns vor Verlusten zu schützen und definierte Gewinne zu erwirtschaften, fügen wir zwei Stops ein. Das System müsste sich dadurch insgesamt wesentlich ruhiger verhalten. Der Tradestation Code wird folgendermaßen verändert:

setprofittarget(PT * bigpointvalue);

setstoploss(MM * BigPointValue);

Wir führen für die beiden Stops in gewohnter Weise eine Testreihe durch, um gute Einstellungen zu finden. Zuerst testen wir den Profitstop im Bereich von zehn bis 200 Punkten und erhalten folgende Daten:

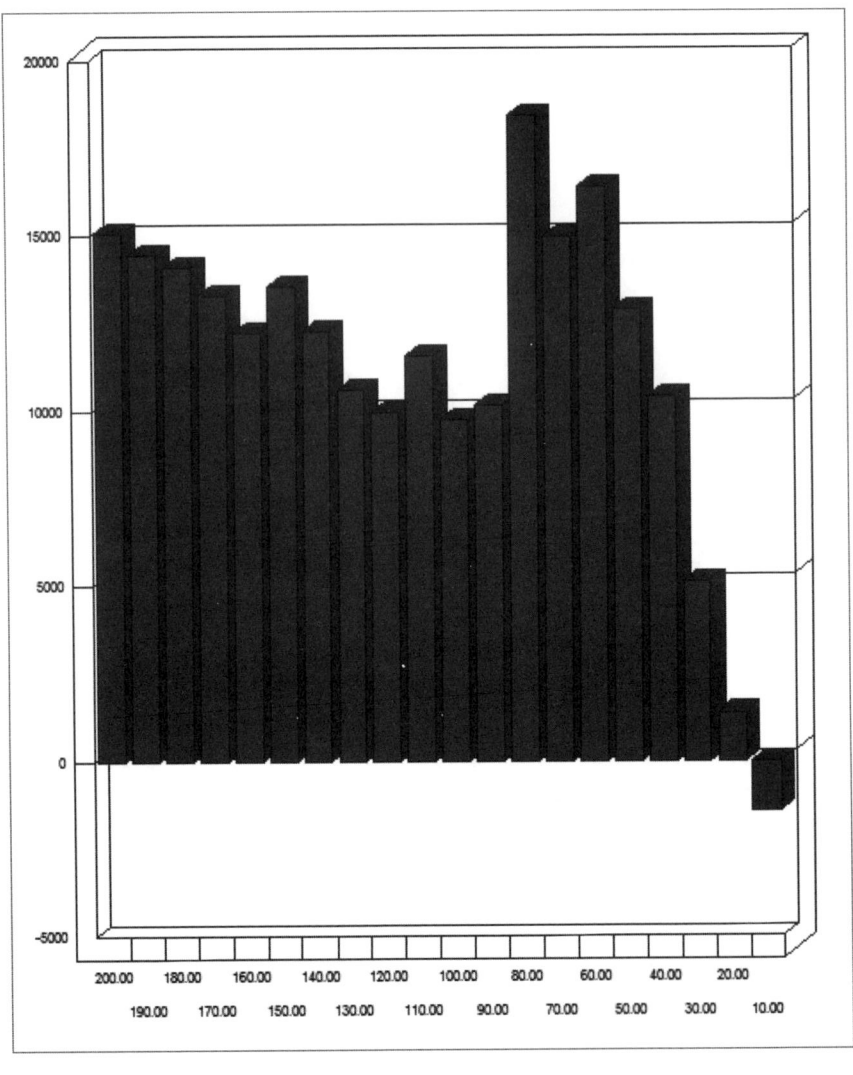

Abbildung: Crossing Standard – Optimierung Profit

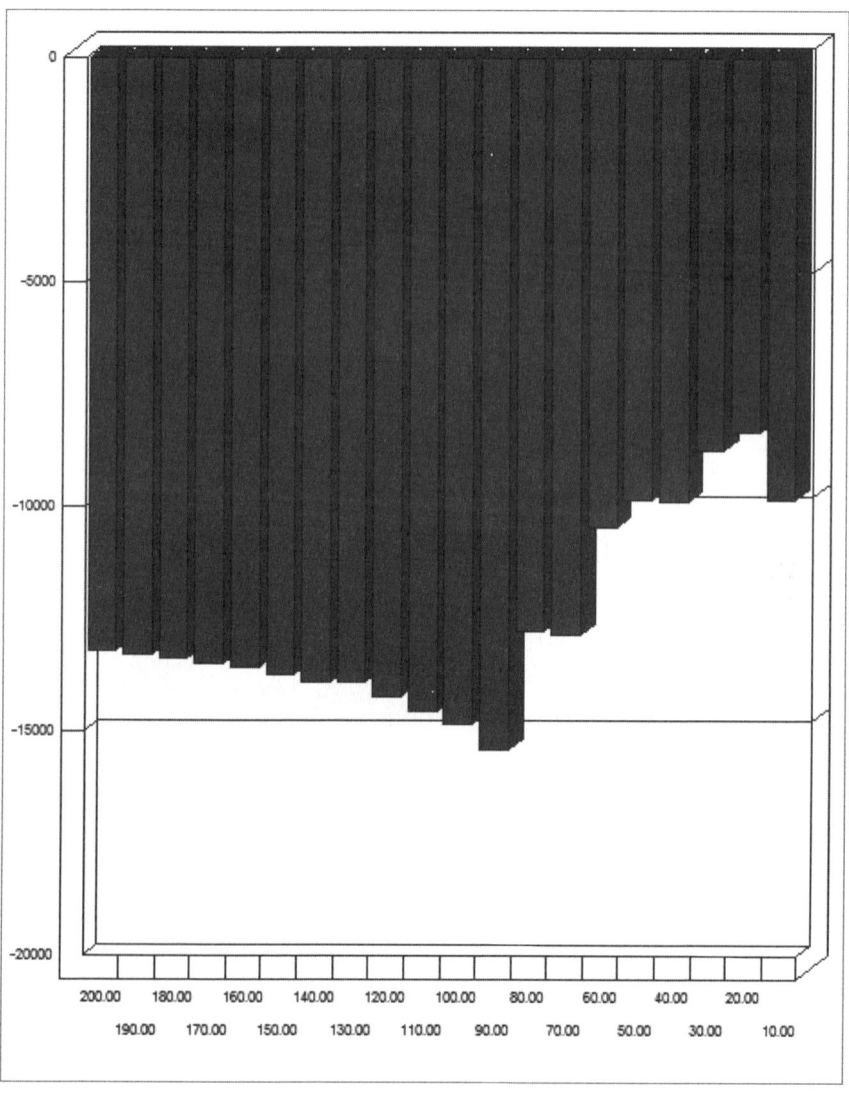

Abbildung: Crossing Standard – Optimierung Drawdown

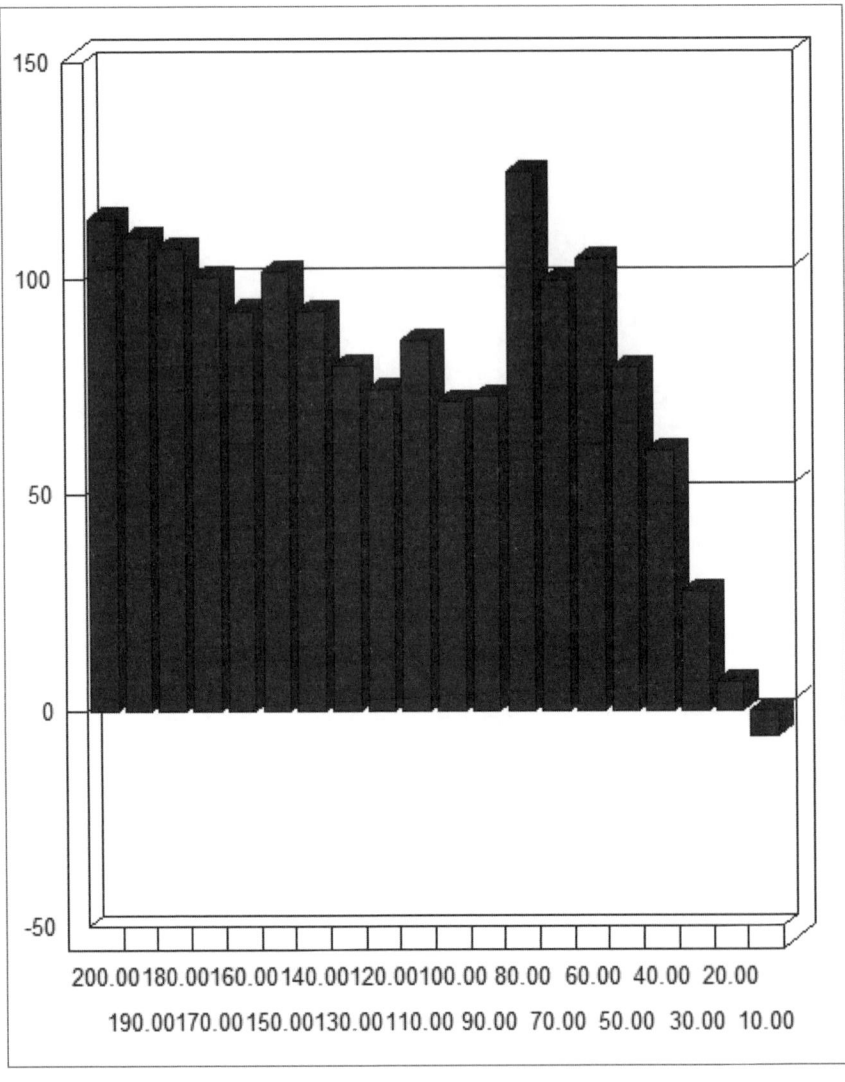

Abbildung: Crossing Standard – Optimierung AVG

Der ideale Wert für den Profit Target Stop scheint 80 zu sein. Da es nach Sichtung aller Optimierungsreports aber so aussieht, als ob dies auch nur ein statistischer Ausreißer sein könnte, wählen wir den Wert

70. Als Nächstes suchen wir nach den besten Einstellungen für den Verluststop und testen dazu Werte im Bereich von zehn bis 200 Punkten.

Beim Verluststop scheint nun der günstigste Wert im Bereich um 180
Punkten zu liegen. Da dieser Wert aber allzu optimal aussieht, sind wir
skeptisch und wählen einen Nachbarwert. Wir legen deshalb den Verluststop schon auf 170 Punkte fest, um dadurch auf der sicheren Seite
zu sein. Letztendlich setzen wir beide Stops mit den ermittelten Werten
um und erhalten eine durchaus passable Equity-Kurve. Die anfängli-
chen negativen Spitzen sind geglättet, und damit ist auch der Drawdown wesentlich geringer:

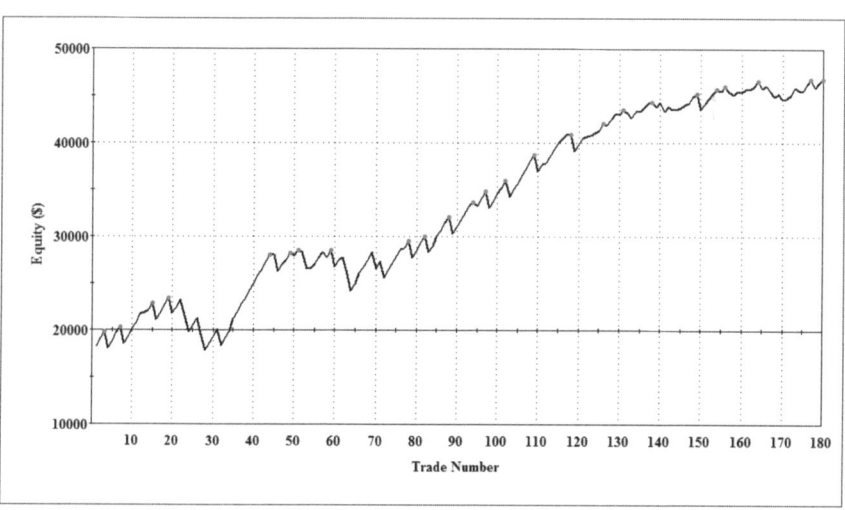

Abbildung: Crossing Standard – Equity-Kurve

Gesamtbewertung und Ausblick

Nach Einfügen des Verluststops und eines Profit Target Stops sieht das
System gelungen aus. Die Eckwerte sind durchweg als gut zu bezeichnen, und man könnte sogar daran denken, die Accountgröße unter diesen Umständen auf 15 000 Euro zu verringern.

▶ FDAX % Pullback

Beim FDAX %Pullback handelt es sich um ein trendfolgendes System mit einer Gegentrendkomponente, die dazu dient, kurzfristige Intraday-Trends einzufangen. Das System ist ein gutes Beispiel dafür, wie verschiedene Standardindikatoren in ihrem Gebrauch frei interpretiert und eingesetzt werden können. Das vorgestellte Handelssystem gebraucht %R in der klassischen Form als Oszillator. In der Interpretation der überkauften und überverkauften Bereiche weicht es allerdings vom Standard ab.

Dieser Indikator wurde von Larry Williams in seinem Buch „How I made One Million Dollars" ausführlich beschrieben. Es handelt sich letztendlich um eine Kombination der Stochastik und des Relative Strength Index (RSI). Die Stärke dieses Indikators liegt darin, in einem an sich trendlosen Markt die oszillierenden Schwingungen in die Überkauft- und Überverkauft-Bereiche zu erkennen und für den Handel nutzbar zu machen. Originalerweise wird der %R in einem Wertebereich von 0 bis -100 ausgedrückt. Es gilt zu beachten, dass in einigen Chartprogrammen dieser Bereich jedoch mit Werten zwischen 100 und 0 ausgedrückt wird. Der Standard-Überkauft-Bereich liegt dort zwischen 80 und 100 und der Überverkauft-Bereich zwischen 0 und 20. Unser vorgestelltes System steigt in bestehende Trends erst dann ein, wenn der %R Oszillator bei herkömmlichem Gebrauch schon wieder eine Trendumkehr nahe legen würde. Dadurch werden in den meisten Fällen nur wirklich bestätigte Trends erfasst. Allerdings hat das auch den Nachteil, dass es erst relativ spät in den schon laufenden Trend einsteigt. Das System geht von der Annahme aus, dass sich dieser einmal etablierte Trend fortsetzt und wir von ihm profitieren können.

Systemidee

Wir steigen in den Handel ein, indem wir in einem durch %R angezeigten „überkauften" Bereich kaufen, und verkaufen wieder in einem „überverkauften" Bereich. Diese Bereiche sind allerdings im hier vorgestellten System enger gefasst als die Standardeinstellungen von 20 und 80. Für einen ersten Test verwenden wir Schwellen von fünf und 95, wodurch das System Trades schon im Setup stark filtert. Eine Gegentrendkomponente kommt zusätzlich durch den Einstieg per Limit in das System. Ein geschickter Ausstieg ist ein wesentlicher Bestandteil des Systems und zwingend notwendig, um einen profitablen Handel zu tätigen. Durch den relativ späten Einstieg in einen bereits bestehenden Trend scheinen schnelle Gewinnmitnahmen angebracht. Ein wesentlicher Bestandteil des Exitkonzepts ist schon die Regel, offene Positionen Market on Close zu schließen. Unser Testsystem arbeitet mit dem DAX Future in 60-Minuten-Bars. Ein Punkt ist 25 Euro wert. Die Periode der verwendeten Testdaten ist der Zeitraum zwischen Januar 1997 und November 2004.

Systembeschreibung

Entsprechend der Systemidee kaufen wir mit einem Limit am Low des vorletzten Bars, wenn der Durchschnittswert von %R über dem festgesetzten Schwellenwert notiert. Verkauft wird wieder mit einem Limit am High des vorletzten Bars, wenn der Durchschnittswert von %R unter dem definierten Schwellenwert notiert. Außerdem setzen wir zur Absicherung des Gewinns einen Trailing Stop in Prozent vom letzten Close. Ein Exit Market on Close ist ebenfalls angebracht, um Gewinne abzusichern. Der Tradestation Code kann in folgenden Zeilen eingesehen werden:

```
Input: barsback(1), Length(20),lowprice(5), highprice(95),Prozent-
    trail(2);

IF Average (PercentR(Length),barsback) > highprice
    then buy low [1] limit;

IF Average (PercentR(Length),barsback) < lowprice
    then sell high [1] limit;

SetDollarTrailing(close/100*Prozenttrail* bigpointvalue);
setexitonclose;
```

In folgendem Screenshot, der einen Ausschnitt aus der Testperiode dar-
stellt, sehen Sie, wie sich das System im Handel verhält:

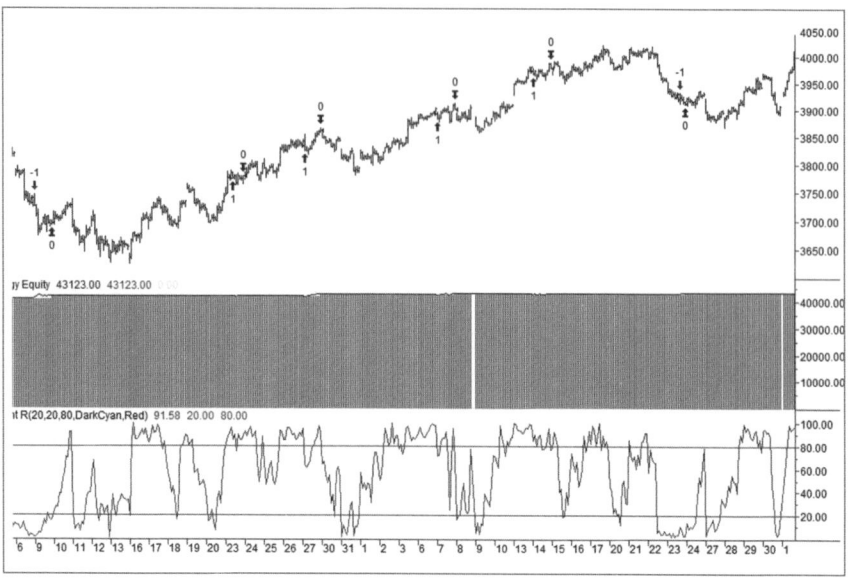

Abbildung: FDAX %R Pullback – Chart

Beim Blick auf den Chart stellen Sie schnell fest, dass das System auf
Spezialsituationen abgestimmt ist und nur darauf reagiert. Für passio-
nierte Trendtrader ist es nicht einfach, damit zurechtzukommen, dass
das System nur jeweils auf einen kleinen Ausschnitt des in der
Rückschau zu erkennenden Trends reagiert.

Die Performance des Handelssystems können Sie in folgenden Ab-
bildungen sehen:

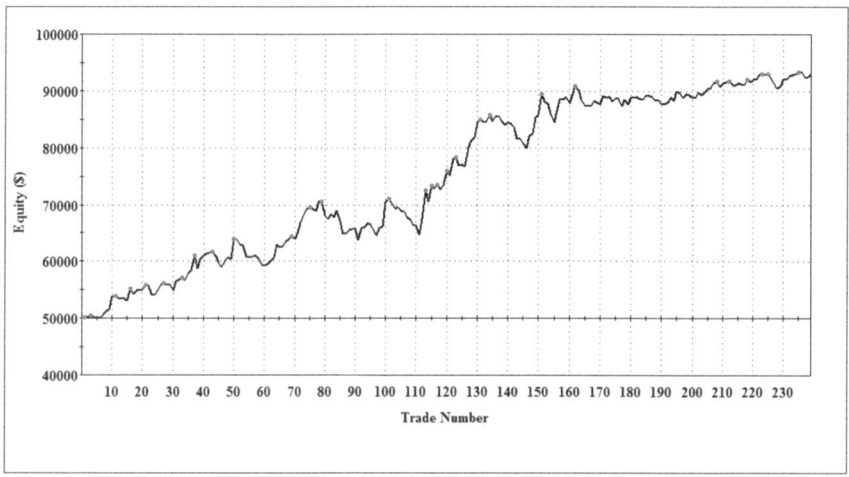

Abbildung: FDAX %R Pullback – Equity-Kurve

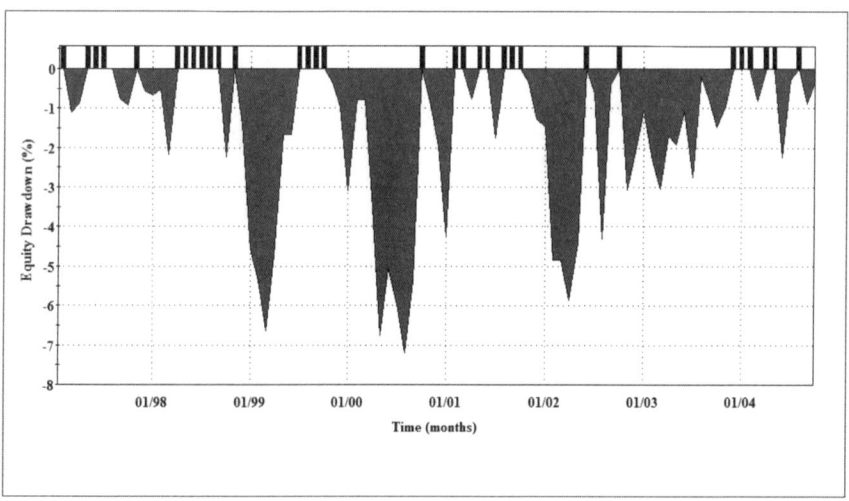

Abbildung: FDAX %R Pullback – Underwater Equity

Wichtige Einstellgrößen des Systems sind die Schwellenwerte des %R: Highprice und Lowprice. Wir versuchen, diese Parameter in einer Testreihe zu variieren. Dazu verwenden wir Werte zwischen eins und zehn beziehungsweise 90 und 99.

Nach den Testergebnissen erscheinen Einstellungen zwischen fünf und zehn für den unteren Schwellenwert beziehungsweise zwischen 95 und 98 für den oberen Wert interessant. Die Einstellmöglichkeiten über die Einstiegsschwelle des %R ergeben gute Möglichkeiten zur Anpassung an den Markt. Ein weiterer einfacher Filter wäre jedoch noch wünschenswert.

Modifikationen des Systems

Wir versuchen, das System weiter zu verbessern, und fügen eine verschärfte Einstiegsbedingung ein. Durch einen Multiplikator über die Range greift das Limit erst später als im ursprünglichen System. Dadurch sollen Trades mit höherer Erfolgswahrscheinlichkeit eingefangen werden. Im Folgenden zeigen wir den entsprechenden Tradestation Code:

```
Input: barsback(1), Length(20),lowprice(5), highprice(95), Prozent-
    trail(2),multi(0.1);

IF Average (PercentR(Length),barsback) > highprice
    then buy low [1] - range*multi limit;

IF Average (PercentR(Length),barsback) < lowprice
    then sell high [1] + range*multi limit;

SetDollarTrailing(close/100*Prozenttrail* bigpointvalue);

setexitonclose;
```

Wir testen nun den Multiplikator für den Einstieg über das Limit, um den optimalen Wert zu ermitteln. Dieser Multiplikator ist eine wichtige Einstellgröße, um die Weite des Pullbacks zu bestimmen, der zum Einstieg erreicht sein muss. Durch den Multiplikator wird allerding auch die Tradehäufigkeit bestimmt, und es ergibt sich ein Einfluss auf Profit,

Average Trade, Percent Profitable und andere Systemkennzahlen: Je größer wir den Wert für den Multiplikator wählen, desto weniger Trades werden durchschnittlich generiert. Unsere Testreihe arbeitet mit Multiplikatorwerten zwischen 0,1 und 1. Die Auswertung des veränderten Systems sehen Sie in folgenden Grafiken:

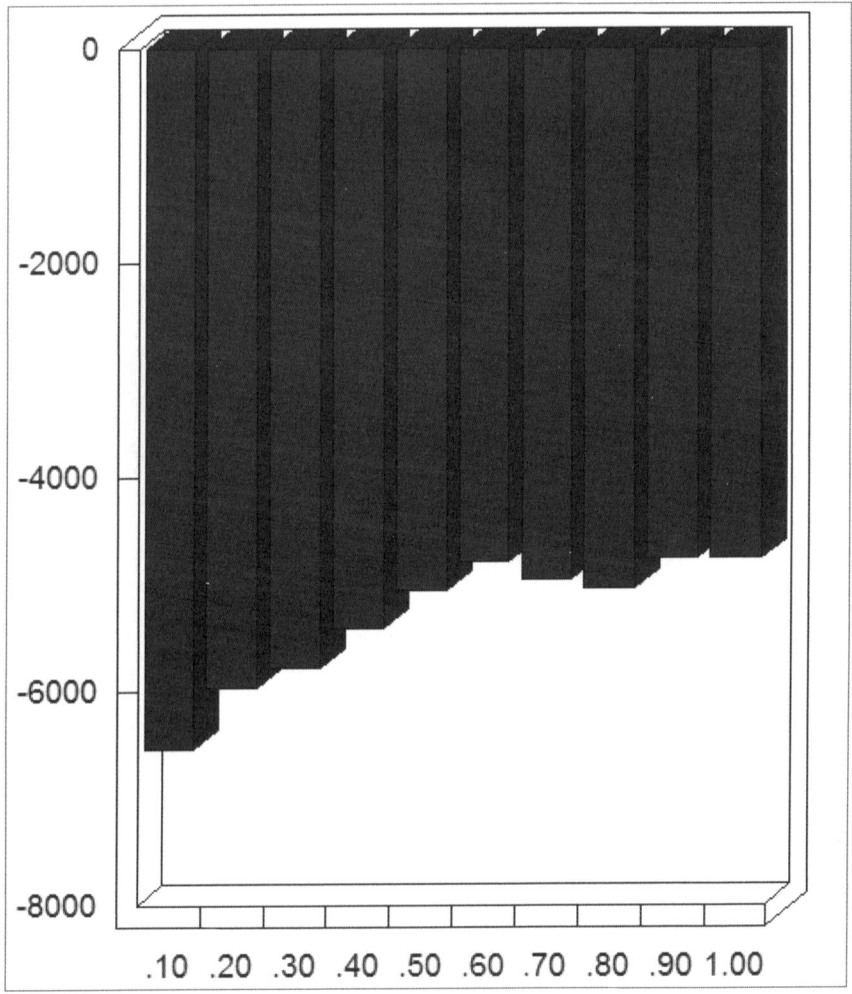

Abbildung: FDAX %R Pullback – Optimierung Drawdown mit Multiplikator

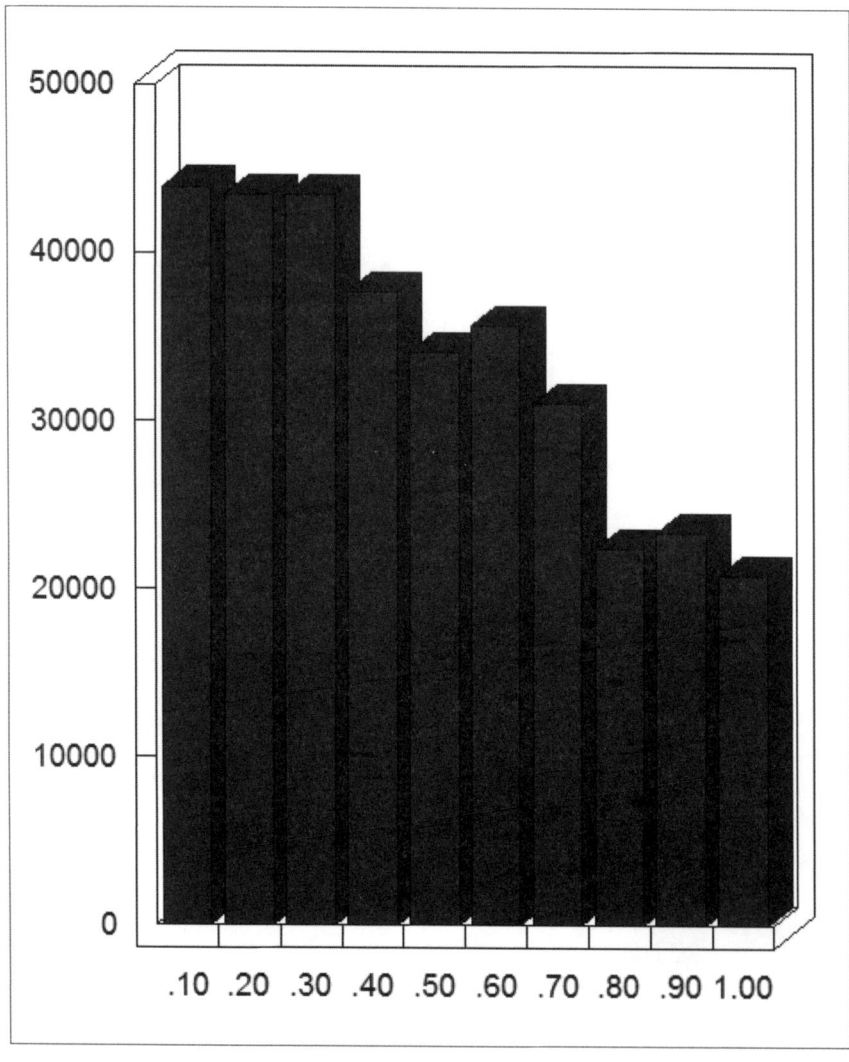

Abbildung: FDAX %R Pullback – Optimierung Net Profit mit Multiplikator

Aus den Optimierungs-Reports lässt sich erkennen, dass der Profit umso geringer ausfällt, je weiter der Zusatzfilter in Richtung eins eingestellt wird. Es handelt sich dabei ja auch um eine ganze Range, wo die Kurse über beziehungsweise unter den Einstieg im ursprünglichen System steigen beziehungsweise fallen müssen, bevor der Einstieg per Limit erfolgt. Die Optimierung zeigt, dass eine erhöhte Einstiegsschwelle durch einen weiter entfernten Limit-Preis die Konstanz der Ergebnisse erhöhen kann. Gleichzeitig wird hierdurch aber auch deutlich, dass die Tradehäufigkeit sinkt und der zu erwartende Gesamtgewinn zurückgeht.

Gesamtbewertung und Ausblick

Es scheint für Ihre eigenen Experimente durchaus lohnenswert, die Einstiegsregeln weiter zu verändern. Zum Beispiel wäre es einen Versuch wert, den Einstieg nur dann zuzulassen, wenn der Trend durch einen weiteren Indikator bestätigt ist. Für erste Versuche bietet sich zum Beispiel ein einfacher gleitender Durchschnitt oder ein Parabolic an.

▶ FDAX Gap Closer

Das Gap ist eine auch ohne Computer einfach zu erkennende und weithin beachtete Chartformation. Besonders populär ist die Annahme, dass das Gap früher oder später geschlossen wird, quasi um keine Lücke im Gesamtbild des Charts aufkommen zu lassen. Mit dem folgenden System beleuchten und überprüfen wir diese Annahme für den DAX Future.

Systemidee

Zunächst wollen wir betrachten, was ein „Gap" eigentlich ist. Ein Gap wird generell als die Lücke im Tageschart definiert, die zwischen dem Schlusskurs von gestern und der Eröffnung von heute auftritt. Diese Lücke kann sowohl nach oben als auch nach unten auftreten.

Wir gehen für das hier vorgestellte System von der Grundannahme aus, dass das Gap letztendlich geschlossen wird. Wir steigen also sofort zum Open des Markts in Gegenrichtung des Gaps ein. Um einen einfachen Filter zu etablieren, der den Handel erst ab einer bestimmten Gapgröße zulässt, definieren wir die Weite des Gaps über einen Prozentwert des letzten Close. Für den Ausstieg setzen wir einen einfachen Money Management Stop. Gewinne werden über ein chartbasiertes Profittarget gesichert. Das heißt, der Ausstieg erfolgt beim höchsten Close (exitlong) oder dem tiefsten Close (exitshort) der letzten X Tage. Für unser Testsystem verwenden wir FDAX daily Bars. Ein Punkt entspricht dabei 25 Euro. Als Startkapital statten wir das Account mit 50 000 Euro aus. Die Periode der verwendeten Testdaten reicht von Januar 1997 bis November 2004. Um Ungenauigkeiten der Testsoftware im Tageschart zu vermeiden, testen wir enge Stops im Intraday-Chart.

Systembeschreibung

Der Einstieg in den Handel erfolgt mit einer Long-Position, wenn das Open von heute um 1,5 Prozent kleiner ist als das Close von gestern. Mit einer Short-Position wird eröffnet, wenn das Open von heute um 1,5 Prozent größer ist als das Close von gestern. Zusätzlich setzen wir einen Money Management Stop von einem Prozent, um die Position vor Verlusten abzusichern. Der Austieg aus der Long-Position erfolgt dann mit einem Limit, das beim höchsten Close der letzten zehn Tage gesetzt wird. Aus der Short-Position steigen wir ebenfalls mit einer Gewinnrealisierung mit einem Limit beim tiefsten Close der letzten zehn Tage aus. Den Tradestation Code lautet wie folgt.

Input: multi(1.5), leng(10), mmstop(1.5);

If o of next bar < c - (c /100 multi) then buy on open;*

If o of next bar > c + (c /100 multi) then sell on open;*

Exitlong highest (c, leng) limit;

Exitshort lowest (c, leng) limit;

Setstoploss (c/100 bigpointvalue * mmstop);*

Wir machen einen Testlauf und betrachten uns dann die Performance des Systems.

Performance Summary: All Trades

Total Net Profit	$147.077,50	Open position P/L	$0,00
Gross Profit	$270.932,50	Gross Loss	($123.855,00)
Total # of trades	159	Percent profitable	32,70%
Number winning trades	52	Number losing trades	107
Largest winning trade	$17.985,00	Largest losing trade	($4.140,00)
Average winning trade	$5.210,24	Average losing trade	($1.157,52)
Ratio avg win/avg loss	4,50	Avg trade (win & loss)	$925,02
Max consec. Winners	4	Max consec. losers	8
Avg # bars in winners	2	Avg # bars in losers	1
Max intraday drawdown	($17.507,50)		
Profit Factor	2,19	Max # contracts held	1
Account size required	$17.507,50	Return on account	840,08%

Abbildung: FDAX Gap Closer – Performance Report

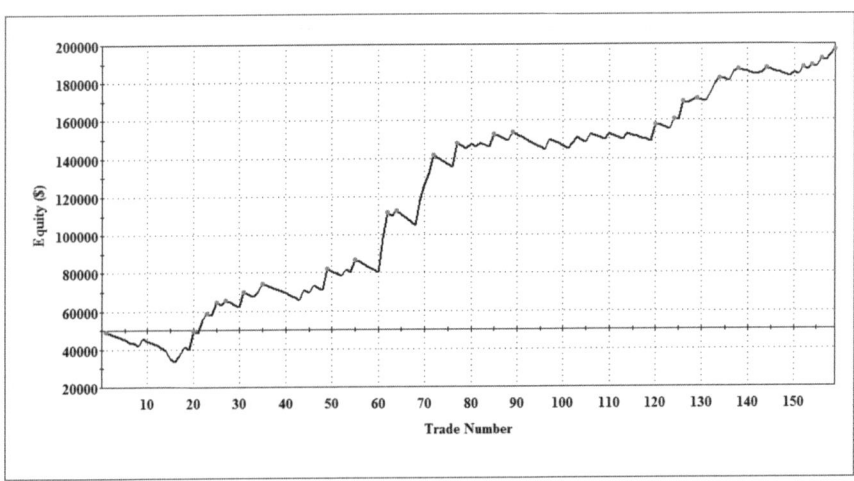

Abbildung: FDAX Gap Closer – Equity-Kurve

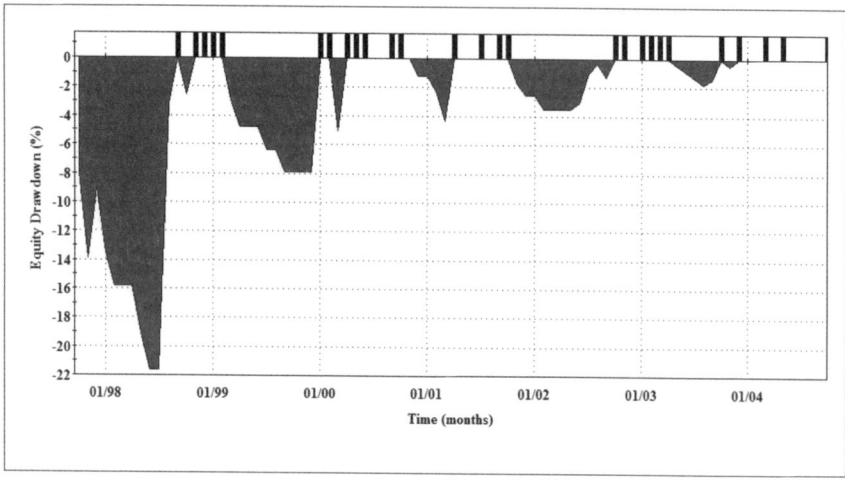

Abbildung: FDAX Gap Closer – Underwater Equity

Wie sich aus den Auswertungen erkennen lässt, kann man das Gap im FDAX während des Betrachtungszeitraums mit den gewählten Grundeinstellungen durchaus erfolgreich traden. Die drei Variablen des Systems haben allerdings einen großen Einfluss auf die Ergebnisse. Unterschiedliche Einstellungen für die Gapgröße wollen wir im nächsten Abschnitt beleuchten.

Die Größe des Gaps, auf welches das Handelssystem reagiert, hat entscheidenden Einfluss auf die Systemkennzahlen. Besonders den Drawdown sollten Sie hierbei im Auge behalten. Dieser wird nämlich beim Handeln von kleineren Gaps ohne zusätzliche Filter unverhältnismäßig groß.

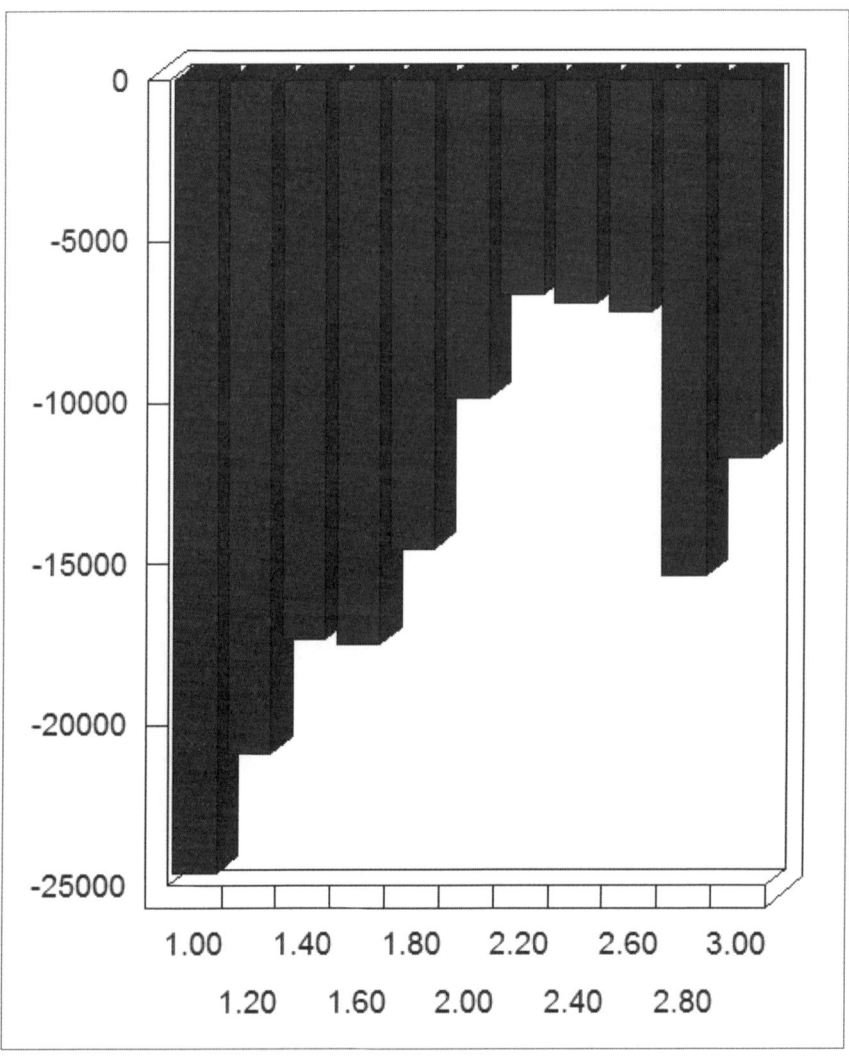

Abbildung: FDAX Gap Closer – Optimierung Drawdown

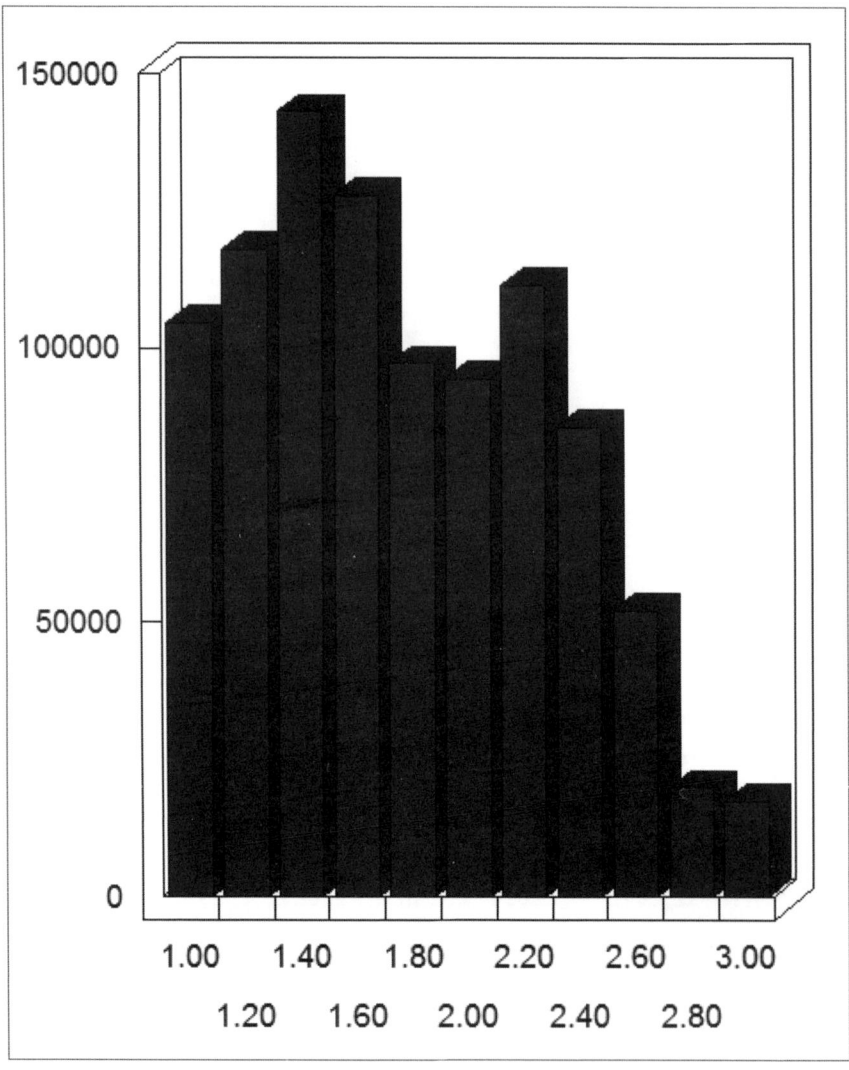

Abbildung: FDAX Gap Closer – Optimierung Profit

Im Testzeitraum erweisen sich Gapgrößen zwischen 1,5 und 2,5 Prozent als viel versprechend. Wie zu erwarten war, erhöht sich die Anzahl der Trades mit der Verkleinerung des prozentualen Wertes, den das Gap zum Einstieg aufweisen muss. Bei Werten nahe eins steigt der maximale Drawdown auf relativ hohe Werte. Nachdem einmal das zu handelnde Gap über einen Filter ausgewählt wurde, ist es die Ausstiegstechnik, die über Gewinn und Verlust entscheidet. Unterschiedliche, auch enger gezogene Stops können Sie testen, wenn Sie auf einen Intraday-Zeithorizont von beispielsweise Zehn-Minuten-Bars wechseln. Da Intraday-Gaps von mehr als einem Prozent des Kurswerts bei den meisten Werten höchst selten vorkommen, können Sie den Programmcode für die Einstiegssystematik unverändert beibehalten.

Modifikationen des Systems

Eine interessante Variation ergibt sich, wenn wir erst mit einem Tag Verspätung auf das Gap reagieren. Das heißt, das Gap ist zwischen dem Close von vorgestern und dem Open von gestern entstanden, aber erst zum Open von heute handeln wir in die Gegenrichtung dieses Gaps. Die Position wird mit einem großzügigen Trailing Stop von fünf Prozent abgesichert und Market on Close geschlossen. Im Tradestation Code sieht diese Variante folgendermaßen aus:

```
{FDAX dly}

Input: multi(3),daysback (1), DollarValue(5);

If o > c [daysback] + (c [1]/100* multi)
    then buy market;

If o < c [daysback] - (c [1]/100* multi)
    then sell market;

SetDollarTrailing(close/100*DollarValue* bigpointvalue);
setexitonclose;
```

Hier die Auswertung des veränderten Systems, das nun mit einem Tag Verspätung reagiert:

Performance Summary: All Trades

Total Net Profit	$37.217,50	Open position P/L	$0,00
Gross Profit	$84.895,00	Gross Loss	($47.677,50)
Total # of trades	78	Percent profitable	60,26%
Number winning trades	47	Number losing trades	31
Largest winning trade	$5.785,00	Largest losing trade	($4.485,00)
Average winning trade	$1.806,28	Average losing trade	($1.537,98)
Ratio avg win/avg loss	1,17	Avg trade (win & loss)	$477,15
Max consec. Winners	7	Max consec. losers	4
Avg # bars in winners	0	Avg # bars in losers	0
Max intraday drawdown	($10.955,00)		
Profit Factor	1,78	Max # contracts held	1
Account size required	$10.955,00	Return on account	339,73%

Abbildung: FDAX Gap Closer – Long Term Performance Report

Gesamtbewertung und Ausblick

Die Anwendung des Handelssystems auf den S&P Future auf Intraday-Bars könnte ebenfalls sehr viel versprechend sein, wie man aus den folgenden Grafiken ersehen kann.

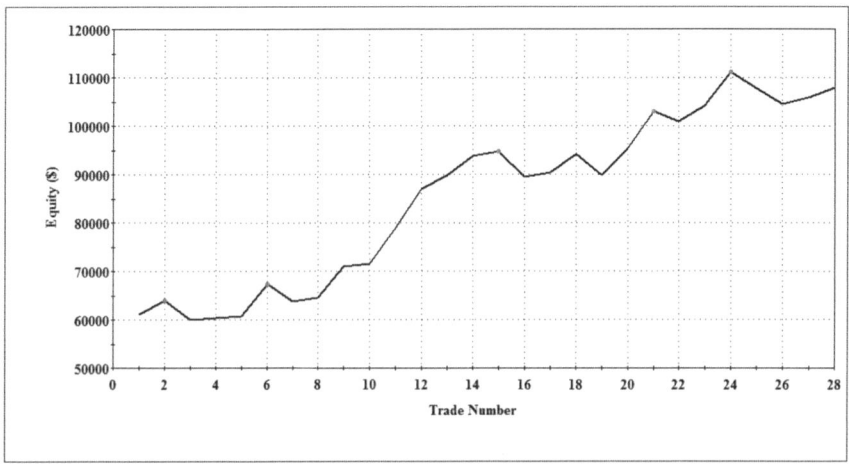

Abbildung: FDAX Gap Closer – S&P 60 Minuten Equity

Performance Summary: All Trades

Total Net Profit	$57.855,00	Open position P/L	$0,00
Gross Profit	$83.635,00	Gross Loss	($25.780,00)
Total # of trades	28	Percent profitable	75,00%
Number winning trades	21	Number losing trades	7
Largest winning trade	$11.085,00	Largest losing trade	($5.315,00)
Average winning trade	$3.982,62	Average losing trade	($3.682,86)
Ratio avg win/avg loss	1,08	Avg trade (win & loss)	$2.066,25
Max consec. Winners	8	Max consec. losers	2
Avg # bars in winners	5	Avg # bars in losers	4
Max intraday drawdown	($7.705,00)		
Profit Factor	3,24	Max # contracts held	1
Account size required	$7.705,00	Return on account	750,88%

Abbildung: FDAX Gap Closer – S&P 60 Minuten Performance Report

Wer das Gap im FDAX auf Tagesbasis traden möchte, braucht in einigen Marktphasen zuweilen die Geduld eines Tierfilmers, um aus-

149

sagekräftige Formationen einzufangen. Die Auswertungen legen jedoch nahe, dass sich es sich durchaus lohnen kann, nach entsprechenden Gelegenheiten auf der Lauer zu liegen.

Das vorgestellte System zeigt nur einen Ausschnitt aus den vielen Möglichkeiten, Gaps zu traden. Eine Anregung für weitere Varianten: Nehmen Sie sich Gaps vor, die zur Börseneröffnung schnell geschlossen wurden. Testen Sie nun, wie Sie intraday von einer Gegenreaktion in Richtung des ursprünglichen Gaps profitieren können.

FDAX Parabolic Swing

Dieses System bezieht seinen besonderen Charme aus seiner Einfachheit. Es verwendet einen Parabolic und einen Moving Average, um Trends zu erkennen. Außer einem sehr weit gefassten Money Management Stop werden keine weiteren Stops verwendet.

Systemidee

Der Parabolic wird von einem 50-Perioden-Moving-Average unterstützt, um den richtigen Einstiegszeitpunkt in eine Position zu erkennen. Die Position wird von Long auf Short und umgekehrt gewechselt, wenn die Richtung des Parabolic von einem Close in Trendrichtung oberhalb (Long-Signale) beziehungsweise unterhalb (Short-Signale) des gleitenden Durchschnitts unterstützt wird. Unser vorgestelltes Testsystem arbeitet auf dem FDAX. Ein Punkt entspricht dabei 25 Euro. Unser Startkapital beträgt 50 000 Euro. Wir verwenden Testdaten von Januar 1997 bis November 2004.

Systembeschreibung

Der Money Management Stop von fünf Prozent dient der Absicherung gegen größere Rückschläge und wurde so gewählt, dass er nicht oft berührt werden sollte. Hier der Tradestation Code:

Input: Leng(50),ACCFACTR(0.01), mmstop(5);

If c > average (c,Leng)

hen Buy Parabolic(ACCFACTR) Stop;

IF c < average (c,Leng)

then Sell Parabolic(ACCFACTR) Stop;

setstoploss(c/100*bigpointvalue*mmstop);

Das Tradeverhalten des Systems über den Betrachtungszeitraum erkennen Sie in folgender Grafik:

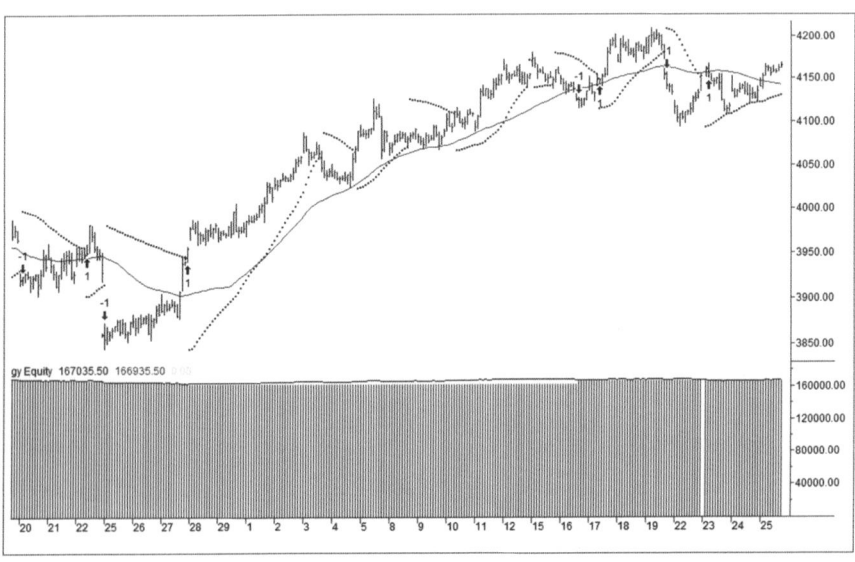

Abbildung: FDAX Parabolic Swing – Screenshot ACC Factor 0,01

Das System zeigt die typische Charakteristik eines Swing-Trading-Trendfolgers. Dabei werden längere Trends sicher eingefangen. Aber wir bekommen es auch mit den ebenso typischen Schwächen dieses Systemtyps zu tun. In den Schiebezonen entstehen viele Whipsaws, also kleinere Verlusttrades, die in der Summe das Gesamtergebnis empfindlich beeinträchtigen können, wie man aus folgenden Auswertungen erkennen kann:

Performance Summary: All Trades

Total Net Profit	$166.935,50	Open position P/L	$100,00
Gross Profit	$761.440,75	Gross Loss	($594.505,25)
Total # of trades	564	Percent profitable	39,18%
Number winning trades	221	Number losing trades	343
Largest winning trade	$20.246,00	Largest losing trade	($7.340,00)
Average winning trade	$3.445,43	Average losing trade	($1.733,25)
Ratio avg win/avg loss	1,99	Avg trade (win & loss)	$295,98
Max consec. Winners	4	Max consec. losers	8
Avg # bars in winners	61	Avg # bars in losers	16
Max intraday drawdown	($45.463,50)		
Profit Factor	1,28	Max # contracts held	1
Account size required	$45.463,50	Return on account	367,19%

Abbildung: FDAX Parabolic Swing – Performance Report ACC Faktor 0,01

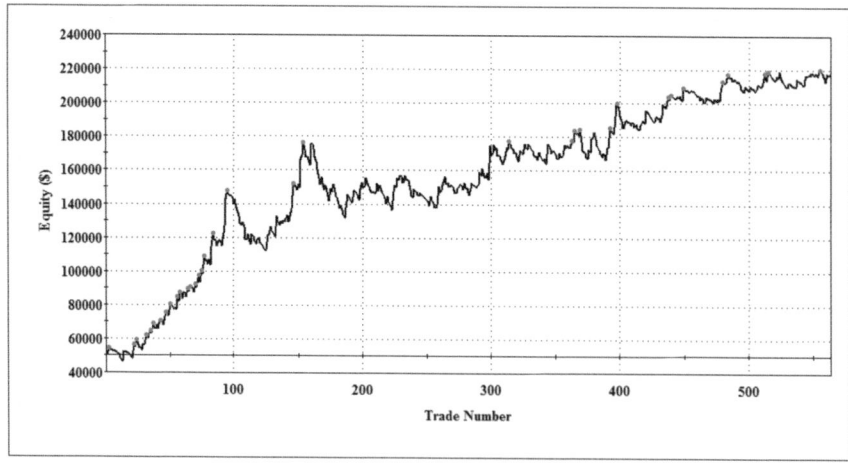

Abbildung: FDAX Parabolic Swing – Long-Term-Equity-Kurve ACC Faktor 0,01

Das System Parabolic Swing ist auf lange Markttrends und klare Richtungswechsel im Markt angewiesen. Schon jetzt wird deutlich, dass die Intraday Drawdowns einem Futurestrader nicht nur den verdienten Schlaf, sondern auch das ebenso wichtige Tradingkapital rauben können. Wir wollen uns auf der Suche nach möglichen Verbesserungen zunächst der Einstellung des Parabolic annehmen. Dazu optimieren wir den Akzelerationsfaktor des Parabolic zwischen den Werten 0,01 und 0,1.

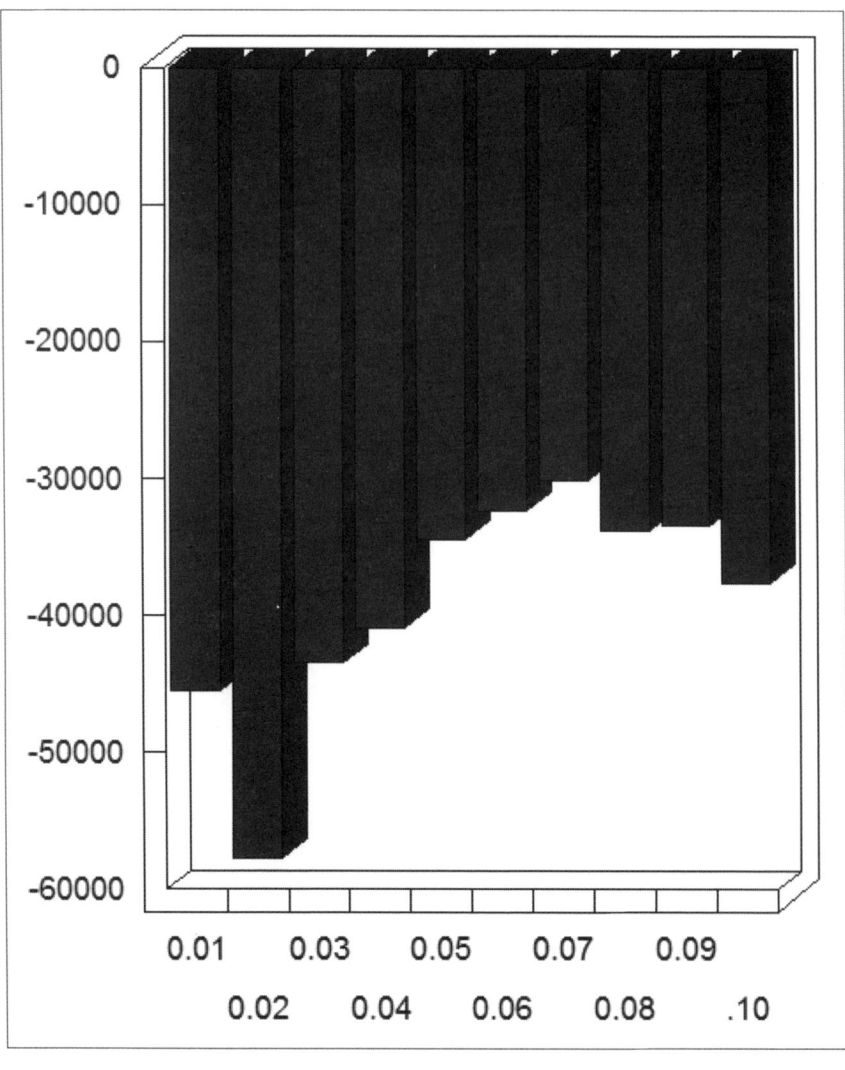

Abbildung: FDAX Parabolic Swing – Optimierung ACC Faktor Draw-down

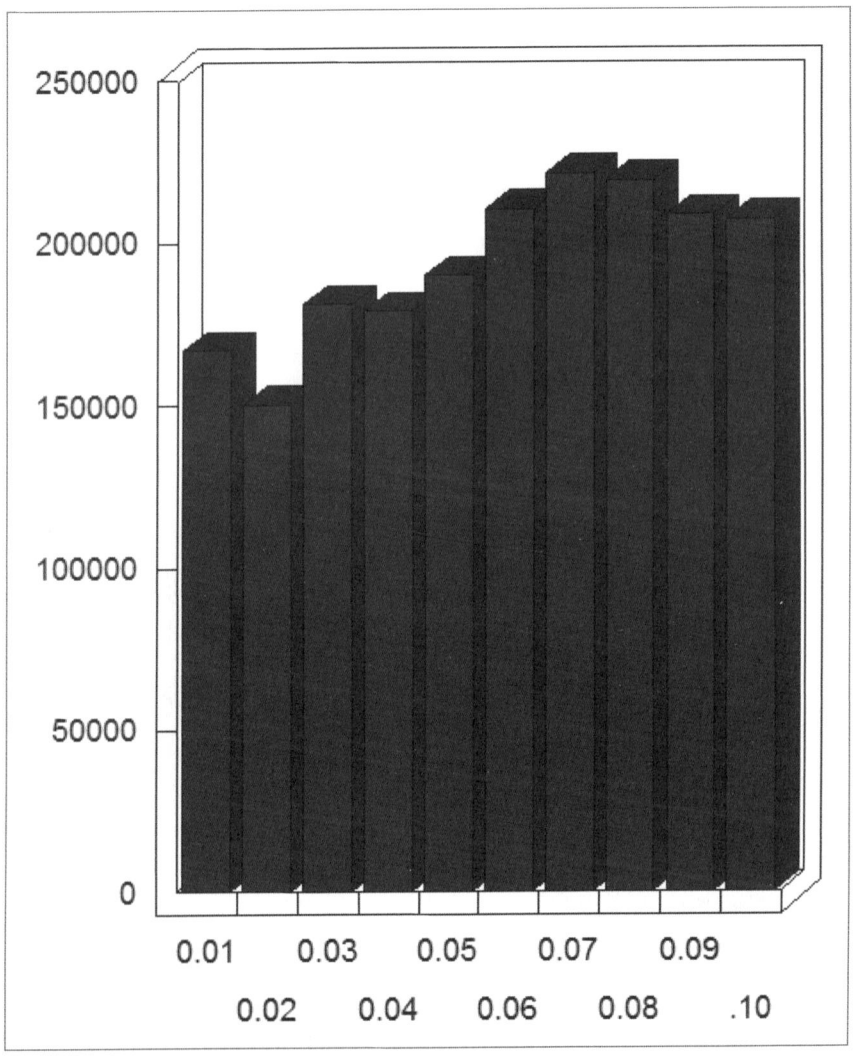

Abbildung: FDAX Parabolic Swing – Optimierung ACC Faktor Profit

Performance Summary: All Trades

Total Net Profit	$216.811,00	Open position P/L	$100,00
Gross Profit	$758.033,00	Gross Loss	($541.222,00)
Total # of trades	517	Percent profitable	41,39%
Number winning trades	214	Number losing trades	303
Largest winning trade	$20.089,75	Largest losing trade	($7.340,00)
Average winning trade	$3.542,21	Average losing trade	($1.786,21)
Ratio avg win/avg loss	1,98	Avg trade (win & loss)	$419,36
Max consec. Winners	6	Max consec. losers	11
Avg # bars in winners	63	Avg # bars in losers	19
Max intraday drawdown	($22.840,00)		
Profit Factor	1,40	Max # contracts held	1
Account size required	$22.840,00	Return on account	949,26%

Abbildung: FDAX Parabolic Swing – Performance Report ACC Faktor 0,07

Die Testreihe zeigt, dass der maximale Drawdown nicht in für normale Kontogrößen vertretbare Bereiche gesenkt werden kann. Jedoch lassen sich die Drawdown-Ergebnisse verbessern, wenn wir Werte um den Parabolic ACC Faktor 0,07 wählen. Die Erhöhung des ACC Faktors bewirkt einen schnelleren Seitenwechsel des Parabolic, macht ihn also empfindlicher.

Modifikationen des Systems

Der ACC Factor ist eines der Herzstücke von Parabolic-Systemen. Für eine erste Einschätzung ist es sehr hilfreich, den Parabolic als Indikator in unterschiedlicher Parametrisierung auf den Chart aufzuspielen.

Bei Swing-Systemen ist es in den meisten Fällen angebracht, für erste Testreihen einen kleinen, also weniger empfindlichen ACC Factor um 0,02 oder darunter zu wählen, um einen Eindruck von den großen Market-Swings zu bekommen. Die kontinuierliche Annäherung an den

Kursverlauf macht den Parabolic innerhalb eines trendfolgenden Ansatzes zu einer echten Alternative zum einfachen Moving Average.

Als wiederkehrenden Nachteil finden wir die Verluste in Seitwärtsbewegungen des Marktes. Um diese zu vermeiden, bieten sich Testreihen mit einem weiteren Filter an.

Gesamtbewertung und Ausblick

Wie für einen reinen Trendfolger nicht ungewöhnlich, hat das System seine Schwächen in Schiebezonen und trendlosen Märkten. Diese Charakteristik schlägt sich in einem maximalen Drawdown nieder, der so manches Traderkonto schon ruiniert hätte, bevor die Party so richtig losgeht.

▶ Regression Crossover (FDAX: XAverage)

Beim Regression Crossover für den FDAX handelt es sich um ein trendfolgendes System. Dieses System fordert vom Trader absolute Disziplin, da es nur mit einer Trefferquote unter 30 Prozent aufwarten kann. Außerdem ist vom Trader großes Vertrauen in große Trends gefordert.

Systemidee

Wir stellen das XAverage-System als Beispiel für eine einfache trendfolgende Annäherung an den Markt vor. Als Trigger für den Einstieg dient ein exponentieller Durchschnitt. Eine Position wird mit einem Bar-Filter darüber beziehungsweise darunter eröffnet. Ziel des Systems ist es, von mittelfristigen Trends zu profitieren, in die wir intraday einsteigen. Als Grundannahme für das System gehen wir davon aus, dass der Markt längere Trends ausbildet, die mit Hilfe des XAverage erkannt und genutzt werden können. Die zweite Annahme, die wir treffen müssen, ist, dass Verluste aus Seitwärtsphasen erfolgreich reduziert werden können. In unserem Testsystem verwenden wir den FDAX mit 60-Minuten-Bar. Ein Punkt entspricht 25 Euro. Die Testdaten werden aus der Periode von Januar 1997 bis November 2004 gebildet.

Systembeschreibung

Der Einstieg in die Position erfolgt, wenn das Close um eine definierte Anzahl von Punkten über dem 50er Exponentiellen Durchschnitt notiert. Dann wird eine Kauforder für das höchste Hoch der letzten zwei Bars platziert. Der Ausstieg erfolgt dann analog dazu, wenn das Close um eine definerte Anzahl von Punkten unter dem 50er Exponentiellen Durchschnitt notiert. Es wird dann zum tiefsten Tief der letzten zwei Bars verkauft. Zusätzlich werden Positionen mit Stops abgesichert. Wir schließen Long-Positionen sowie Short-Positionen beide Male mit einem Stop am 50er Exponentiellen Durchschnitt. Außerdem setzen wir noch zusätzlich einen Money Management Stop bei fünf Prozent des aktuellen Close. Im Folgenden sehen Sie den zugehörigen Tradestation Code für das XAverage System:

```
Input: daysback(2),leng(50), mmstop(5),poin(1);

If c > XAverage(c,leng) + poin point
    then buy highest(h, daysback) stop;

If c < XAverage(c,leng) - poin point
    then sell lowest (l, daysback) stop;

Exitlong XAverage(c,leng) stop;

Exitshort XAverage(c,leng) stop;

setstoploss(c/100* bigpointvalue*mmstop);
```

Daraus resultiert ein Systemverhalten, wie Sie es in folgendem Chart sehen können, in dem ein Ausschnitt der Trades dargestellt wird:

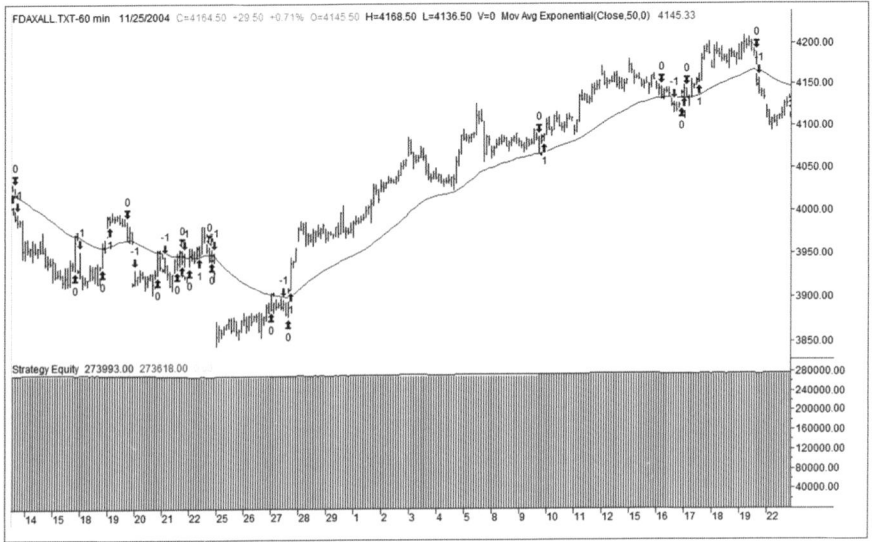

Abbildung: FDAX XAverage – Screenshot FDAX 60 min

Die Auswertung der Performance des Systems wird in folgenden Grafiken dargestellt:

TradeStation Strategy Performance Report - #Buch 30/30 EqT FDAXALL.TXT-60 min.

Performance Summary: All Trades

Total Net Profit	$273.618,00	Open position P/L	$375,00
Gross Profit	$846.131,00	Gross Loss	($572.513,00)
Total # of trades	1.288	Percent profitable	26,01%
Number winning trades	335	Number losing trades	953
Largest winning trade	$19.354,25	Largest losing trade	($3.977,50)
Average winning trade	$2.525,76	Average losing trade	($600,75)
Ratio avg win/avg loss	4,20	Avg trade (win & loss)	$212,44
Max consec. Winners	6	Max consec. losers	16
Avg # bars in winners	38	Avg # bars in losers	4
Max intraday drawdown	($23.265,25)		
Profit Factor	1,48	Max # contracts held	1
Account size required	$23.265,25	Return on account	1176,08%

Performance Summary: Long Trades

Total Net Profit	$168.315,75	Open position P/L	$375,00
Gross Profit	$440.829,50	Gross Loss	($272.513,75)
Total # of trades	642	Percent profitable	27,41%
Number winning trades	176	Number losing trades	466
Largest winning trade	$18.236,50	Largest losing trade	($3.977,50)
Average winning trade	$2.504,71	Average losing trade	($584,79)
Ratio avg win/avg loss	4,28	Avg trade (win & loss)	$262,17
Max consec. Winners	4	Max consec. losers	19
Avg # bars in winners	41	Avg # bars in losers	4
Max intraday drawdown	($22.442,00)		
Profit Factor	1,62	Max # contracts held	1

Abbildung: FDAX XAverage – Performance Report FDAX 60 min

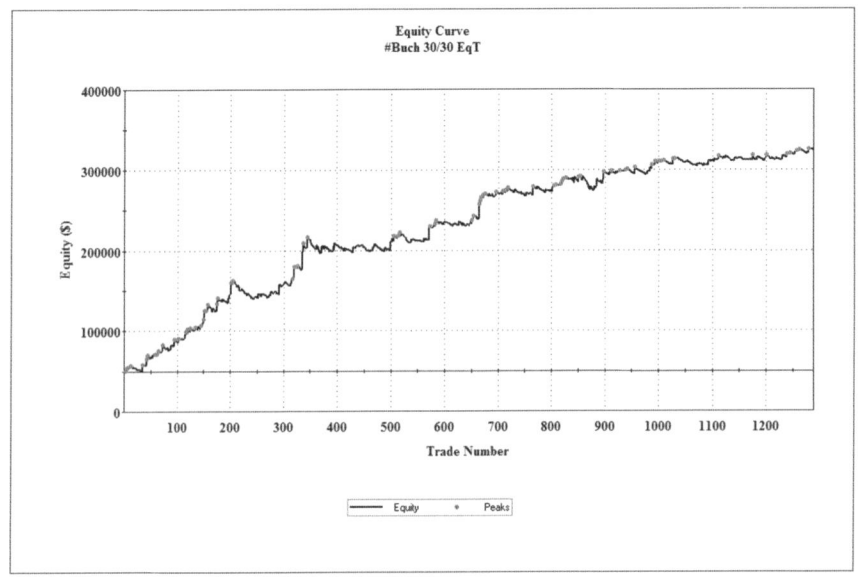

Abbildung: FDAX XAverage – Equity Kurve FDAX 60 min

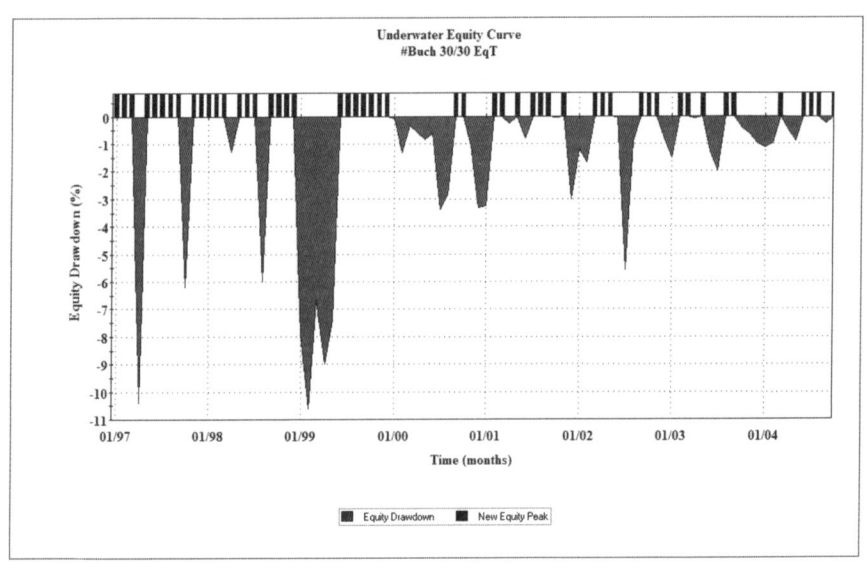

Abbildung: FDAX XAverage – Underwater Equity FDAX 60 min

Es lässt sich erkennen, dass das System durchaus passable Resultate liefert. Der Drawdown ist jedoch zeitweise sehr hoch.

Modifikationen des Systems

Wie verhält sich das System mit einem veränderten Zeithorizont und einer anderen Parametereinstellung? Wir wählen für diesen Test 30-Minuten-Bars und einen 100-Perioden-XAverage und betrachten die neuen Auswertungen des Systems.

TradeStation Strategy Performance Report - Buch XAV System FDAXALL.TXT-30 min. (02.01.1997-2

Performance Summary: All Trades

Total Net Profit	$283.617,75	Open position P/L	$462,50
Gross Profit	$924.676,00	Gross Loss	($641.058,25)
Total # of trades	1.761	Percent profitable	21,92%
Number winning trades	386	Number losing trades	1.375
Largest winning trade	$19.692,50	Largest losing trade	($4.015,00)
Average winning trade	$2.395,53	Average losing trade	($466,22)
Ratio avg win/avg loss	5,14	Avg trade (win & loss)	$161,05
Max consec. Winners	4	Max consec. losers	24
Avg # bars in winners	71	Avg # bars in losers	5
Max intraday drawdown	($31.485,50)		
Profit Factor	1,44	Max # contracts held	1
Account size required	$31.485,50	Return on account	900,79%

Performance Summary: Long Trades

Total Net Profit	$168.556,00	Open position P/L	$462,50
Gross Profit	$483.760,75	Gross Loss	($315.204,75)
Total # of trades	897	Percent profitable	23,19%
Number winning trades	208	Number losing trades	689
Largest winning trade	$18.701,00	Largest losing trade	($4.015,00)
Average winning trade	$2.325,77	Average losing trade	($457,48)
Ratio avg win/avg loss	5,08	Avg trade (win & loss)	$187,91
Max consec. Winners	4	Max consec. losers	29
Avg # bars in winners	74	Avg # bars in losers	5
Max intraday drawdown	($21.519,50)		
Profit Factor	1,53	Max # contracts held	1

Abbildung: FDAX XAverage – Performance Report FDAX 30 min

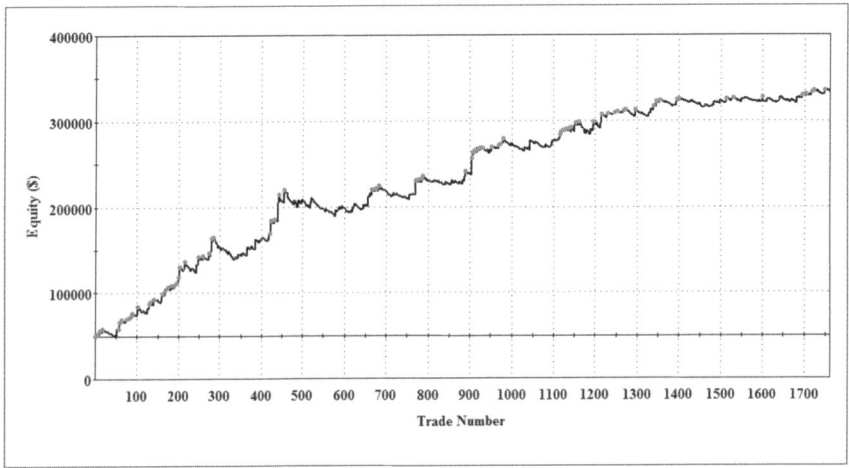

Abbildung: FDAX XAverage – Equity-Kurve FDAX 30 min

Der Versuch mit einem veränderten Zeithorizont zeigt, dass das System als recht stabil einzustufen ist. Mit Blick auf den maximalen Drawdown, der mit über 30 000 Euro sehr hoch ausfällt, sollten Sie das System jedoch nicht ungefiltert einsetzen.

Gesamtbewertung und Ausblick

Das System bietet sich für Tests mit weiteren Filtern und Stopvariationen an. Den Schwerpunkt sollten Sie hierbei auf Systemelemente legen, die das Trading in den unprofitablen Schiebezonen so weit wie möglich ausschließen. Dabei kommen wir wieder zu einer der Hauptaufgaben bei der Entwicklung von trendfolgenden Systemen zurück, profitable Trends möglichst frühzeitig zu erkennen und Seitwärtsbewegungen auszuklammern.

▶ S&P 500 Hook

Wann endet ein Trend, und wie erkennt man, dass die Trendrichtung wechselt? Diese Frage möchte wohl jeder Trader gern beantwortet wissen, um sein Trading zu optimieren. Joe Joss hat viel Applaus geerntet für seinen Ross-Hook, der manche Antworten gegeben hat. Dieser ist aber eher trendbestätigend und funktioniert im amerikanischen Markt auch nicht mehr so gut. Wir stellen hier ebenfalls einen „Haken" vor, der Trendwechsel im amerikanischen Markt signalisiert. Ähnliche Ansätze wurden bisher häufig von Daytradern in schnellen Märkten angewendet. Wir wenden das System jedoch mittelfristig an.

Systemidee

Die Idee des Systems ist simpel. Fällt der Markt seit einiger Zeit und beginnt dann zu steigen, steigt das System in eine Long-Position ein, da sich nach der Systemlogik dadurch eine Trendwende abzeichnet. Für die Short-Seite gilt für den Einstieg analog das gleiche Prinzip. Wichtig für das gute Funktionieren des Systems ist die Wahl des Zeithorizonts, den das System in die Vergangenheit zurückblickt. Es soll damit ein wirklicher Trendwechsel erkannt werden, sodass nicht der Einstieg in einer zwischenzeitlichen Erholungsphase stattfindet. Für unsere Tests und Auswertungen haben wir den S&P 500 Future im 120-Minuten-Raster und mit einer Größe von 250 Dollar / Punkt ausgewählt. Die Accountgröße beträgt 100 000 Dollar. Alternativ können Sie auch den 120-Minuten-Emini-Future mit 50 Dollar / Punkt mit einem Account von 20 000 Dollar verwenden. Die Testdaten sind aus der Zeitspanne vom August 1995 bis Oktober 2004.

Systembeschreibung

Einstieg in den Handel: Ist das aktuelle Close größer als das Close von vor drei Bars, und ist das Close von vor drei Bars kleiner als das Close von vor 15 Bars, und ist das Close von vor 15 Bars kleiner als das Close von vor 28 Bars, dann eröffnen Sie eine Long-Position zum nächsten Open.

Ausstieg aus der Position: Ist das aktuelle Close kleiner als das Close von vor drei Bars, und ist das Close von vor drei Bars größer als das Close von vor 15 Bars, und ist das Close von vor 15 Bars größer als das Close von vor 28 Bars, dann eröffnen Sie eine Short-Position zum nächsten Open.

Der zugehörige Tradestation Code sieht folgendermaßen aus:

IF Preis > Preis[3] and Preis[3] < Preis[15]

and Preis[15] < Preis[28] Then buy at Market;

IF Preis < Preis[3] and Preis[3] > Preis[15]

and Preis[15] > Preis[28] Then sell at Market;

Einen Beispieltrade für dieses System sehen Sie im folgenden Bild:

Abbildung: S&P 500 Hook – Beispieltrade

Bei einer Einstellung von 120-Minuten-Bars bildet eine Tagessitzung des S&P 500 gerade mal vier Bars aus. Bei den gewählten Einstellungen in unserem Beispiel schaut damit das System bis zu sieben Handelstage zurück, um seine Indikation zu erhalten. Das System tradet durchschnittlich zwei- bis dreimal pro Monat und hält die Position, bis ein Gegensignal auftritt. Damit kann man es als mittelfristiges Swingsystem bezeichnen.

Abbildung: S&P 500 Hook – Chart 1

Das System generierte im Betrachtungszeitraum einen Gewinn von rund 350 000 Dollar. Dies entspricht bei einer angenommenen Kontogröße von 100 000 Dollar einem jährlichen Ertrag von knapp 40 Prozent. Die detaillierten Auswertungen können Sie in den folgenden Bildern einsehen:

Performance Summary: All Trades

Total Net Profit	$345.840,00	Open position P/L	$5.250,00
Gross Profit	$972.540,00	Gross Loss	($626.700,00)
Total # of trades	277	Percent profitable	62,09%
Number winning trades	172	Number losing trades	105
Largest winning trade	$27.335,00	Largest losing trade	($36.615,00)
Average winning trade	$5.654,30	Average losing trade	($5.968,57)
Ratio avg win/avg loss	,95	Avg trade (win & loss)	$1.248,52
Max consec. Winners	12	Max consec. losers	5
Avg # bars in winners	24	Avg # bars in losers	46
Max intraday drawdown	($66.020,00)		
Profit Factor	1,55	Max # contracts held	1
Account size required	$66.020,00	Return on account	523,84%

Abbildung: S&P 500 Hook – Performance Report

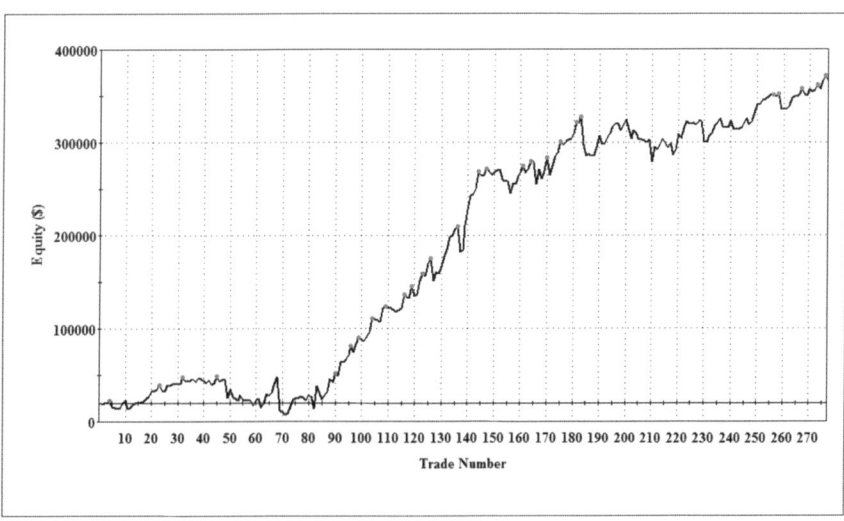

Abbildung: S&P 500 Hook – Long-Term-Equity-Kurve

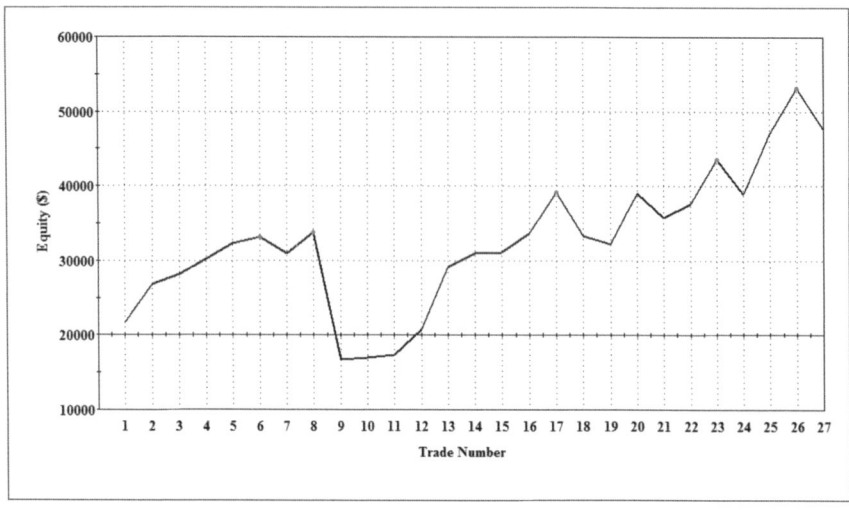

Abbildung: S&P 500 Hook – Short-Term-Equity-Kurve

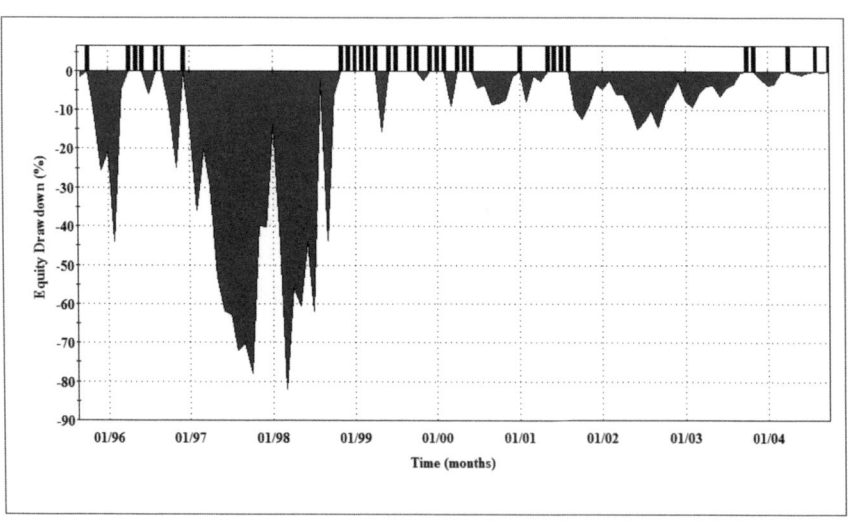

Abbildung: S&P 500 Hook – Underwater Equity

Was sich außerdem erkennen lässt, ist, das das System in seiner jetzigen Form einen relativ hohen Drawdown ausbildet. Außerdem wird der Gewinn nicht kontinuierlich genug erwirtschaftet. An beiden Punkten muss deshalb noch gearbeitet werden. Wir wollen versuchen, durch Stops die Performancekurve zu glätten, und fügen deshalb versuchsweise einen Trailing Stop hinzu:

setdollartrailing(PT * BigPointValue);

Wir machen einen Testdurchlauf, um uns einen Überblick zu verschaffen, welcher Trailing Stop im Bereich von fünf bis 50 Punkten geeignet erscheint. Die Auswertung können Sie im Folgenden sehen:

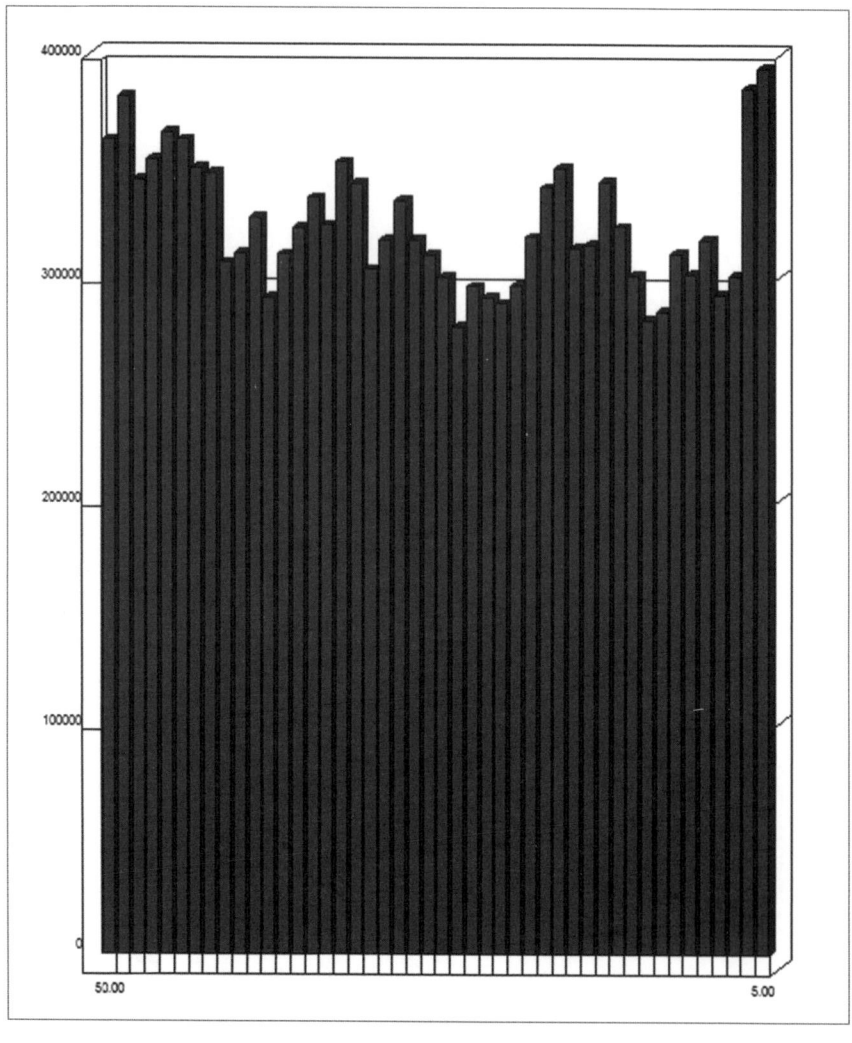

Abbildung: S&P 500 Hook – Optimierung Profit

Auf den ersten Blick scheint es, als ob ein sehr enger Trailing Stop von
fünf Punkten sehr gute Ergebnisse liefert. Aber Vorsicht! Hier täuscht
uns unsere Analysesoftware offensichtlich. Ein Blick in den Chart
zeigt, dass Ein- und Ausstiege zu häufig auf demselben Bar stattfinden.
Dadurch können trügerische Ergebnisse entstehen, die die Performance

künstlich schönen. Dieser Einfluss lässt jenseits von sieben Punkten nach. Außerdem gilt es noch den Drawdown in Betracht zu ziehen:

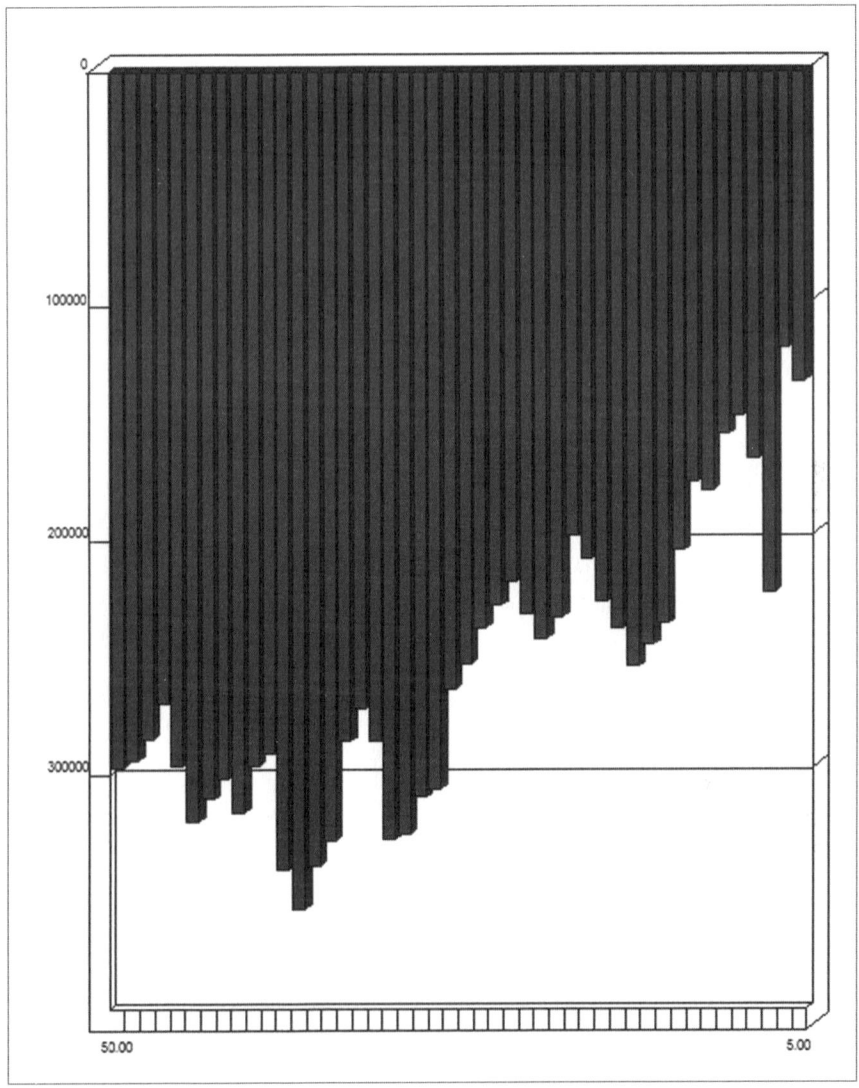

Abbildung: S&P 500 Hook – Optimierung Drawdown

Mit Blick auf die Drawdownauswertung wählen wir letztendlich einen Stop von zehn Punkten und machen einen erneuten Testlauf, um die Performance zu analysieren:

Performance Summary: All Trades

Total Net Profit	$305.087,50	Open position P/L	$5.450,00
Gross Profit	$1.185.225,00	Gross Loss	($880.137,50)
Total # of trades	920	Percent profitable	40,22%
Number winning trades	370	Number losing trades	550
Largest winning trade	$14.885,00	Largest losing trade	($16.790,00)
Average winning trade	$3.203,31	Average losing trade	($1.600,25)
Ratio avg win/avg loss	2,00	Avg trade (win & loss)	$331,62
Max consec. Winners	7	Max consec. losers	16
Avg # bars in winners	6	Avg # bars in losers	2
Max intraday drawdown	($30.910,00)		
Profit Factor	1,35	Max # contracts held	1
Account size required	$30.910,00	Return on account	987,02%

Abbildung: S&P 500 Hook – Performance Report 2

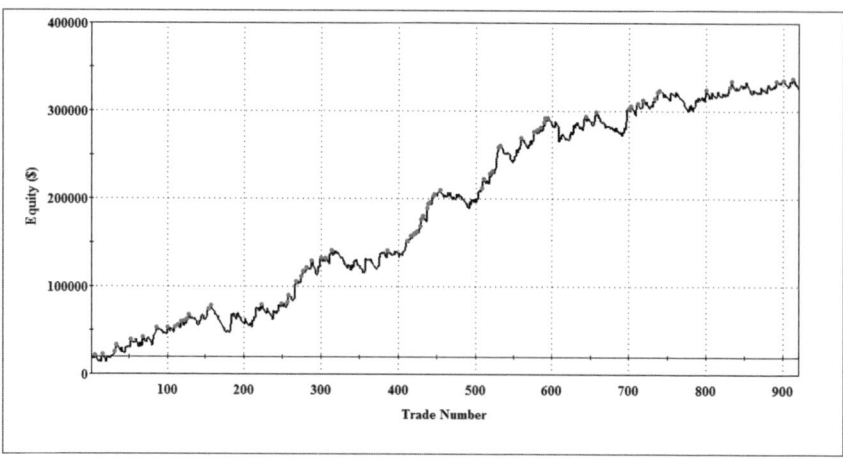

Abbildung: S&P 500 Hook – Long-Term-Equity-Kurve 2

Mit Hilfe des Trailing Stops ist es uns gelungen, die Kontinuität im Performanceverlauf deutlich zu verbessern. Den Drawdown konnten wir halbieren. Allerdings haben diese Verbesserungen auch ihren Preis. Wie sich erkennen lässt, ist die Tradehäufigkeit deutlich gestiegen. Das geht zu Lasten des durchschnittlichen Gewinntrades. Sollten die Nebenkosten durch Slippage und Gebühren die von uns angenommenen 40 Dollar deutlich überschreiten, ist ein so enger Trailing Stop nicht geeignet, und das System müsste nochmals angepasst werden.

Modifikationen des Systems

Der Einsatz des Trailing Stops hat zwar zu deutlichen Verbesserungen des Performanceverlaufs geführt, aber der Average Trade wurde doch ziemlich stark gedrosselt. Deshalb testen wir den Einsatz einer anderen Stoptechnik. Wir begrenzen versuchsweise die Haltedauer einer Position. Dazu fügen wir folgenden Stop in den Tradestation Code ein:

IF barssinceentry>xdays Then ExitLong at Market;

IF barssinceentry>xdays Then ExitShort at Market;

Damit schließen wir jede Position, die länger als in der in Wert „xdays" angegebenen Anzhl von Bars offen ist. Wie üblich soll uns eine Testreihe zeigen, in welchem Bereich „xdays" angesiedelt werden sollte. Wir testen über einen Bereich von einem bis 30 Bars und erhalten folgende Auswertungen:

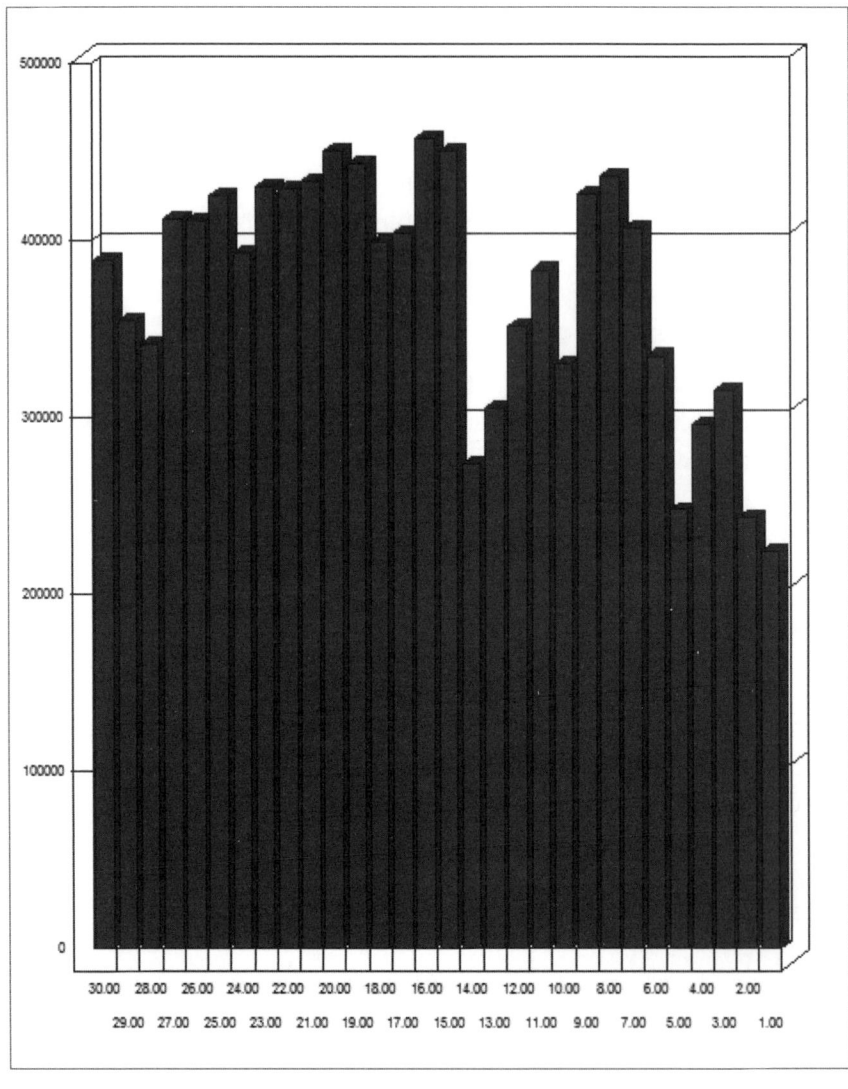

Abbildung: S&P 500 Hook – Optimierung Profit 2

Den Profitverlauf betrachtend, könnte man sich zunächst für einen Wert von 16 für „xdays" entscheiden. Doch scheint dieser positive Wert eher ein Ausreißer zu sein, wenn man sich die Nachbarwerte ansieht. Deshalb ziehen wir den Drawdownreport und den Optimierungsreport des Average Trade zur Entscheidung hinzu.

Hier lässt sich die Tendenz ablesen, dass der Wert für „xdays" eher etwas größer gewählt werden sollte. Wir wählen einen Wert von 21. Dieser liegt mitten in einem Bereich, der stabile Ergebnisse liefert.

Performance Summary: All Trades

Total Net Profit	$433.662,50	Open position P/L	$5.250,00
Gross Profit	$1.255.602,50	Gross Loss	($821.940,00)
Total # of trades	452	Percent profitable	49,34%
Number winning trades	223	Number losing trades	229
Largest winning trade	$27.335,00	Largest losing trade	($27.840,00)
Average winning trade	$5.630,50	Average losing trade	($3.589,26)
Ratio avg win/avg loss	1,57	Avg trade (win & loss)	$959,43
Max consec. Winners	8	Max consec. losers	11
Avg # bars in winners	19	Avg # bars in losers	16
Max intraday drawdown	($54.790,00)		
Profit Factor	1,53	Max # contracts held	1
Account size required	$54.790,00	Return on account	791,50%

Abbildung: S&P 500 Hook – Performance Report 3

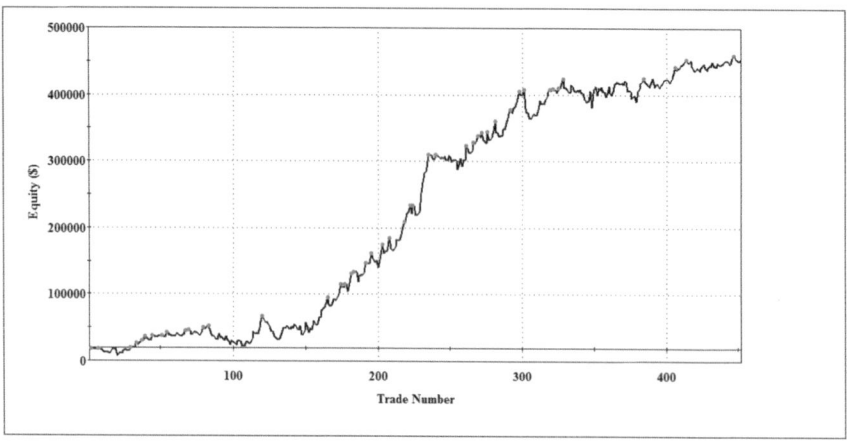

Abbildung: S&P 500 Hook – Long-Term-Equity-Kurve 3

Das Resultat ist durchaus als positiv zu betrachten. Zwar konnte der Drawdown nicht so deutlich vermindert werden, wie wir es uns gewünscht hätten. Trotz gestiegener Tradeanzahl verbessert sich jedoch das Gesamtergebnis, und der Average-Gewinntrade verringert sich kaum.

Gesamtbewertung und Ausblick

Die Tests mit verschiedenen Stops haben gezeigt, dass mit unterschiedlichen Stoptechniken das System deutlich zu verbessern ist. Experimentieren Sie deshalb am besten selbst mit verschiedensten Stoptechniken, um das System auf Ihr persönliches Traderprofil abzustimmen. Eine weitere Verbesserung könnte eine Änderung in der Art des Einstiegs in den Trade bringen. Steigen Sie versuchsweise zum Beispiel nicht „market" in den Handel ein, sondern versuchen Sie es einmal mit einem Stop am High des letzten Bars oder per Limit am Low des letzten Bars.

Das System „Hook" liefert eine gute Performance auf dem oft schwierig zu handelnden S&P 500. Für den schmaleren Geldbeutel bietet sich auch an, das System auf dem Emini zu traden.

▶ T-Bond Regression Crossover

Es gibt eine große Anzahl von Handelssystemen, deren Grundprinzip auf der Kreuzung zweier gleitender Durchschnitte beruht. Das System Regression Crossover nutzt ebenfalls diesen bewährten Ansatz. Allerdings setzen wir statt der Moving Averages die Kreuzung zweier linearer Regressionen ein, um Trades auszulösen. Die lineare Regression ist ein typisches Werkzeug der Statistik, das auf die Börsenanalyse übertragen wird.

Systemidee

Wie bei gleitenden Durchschntten wird ein Trade hier durch das Kreuzen der statistischen Linien ausgelöst. Für unser Testsystem haben wir den 60-Minuten-T-Bond mit einer Punktgröße von 1000 Dollar / Punkt ausgewählt. Die Accountgröße liegt bei 20 000 Dollar. Als Testperiode haben wir die Daten von Januar 2000 bis Oktober 2004 verwendet.

Systembeschreibung

Der Einstieg in den Handel erfolgt, wenn eine lineare Regression die andere nach oben kreuzt. Es wird dann eine Long-Position zum aktuellen Close eröffnet. Analog dazu erfolgt der Ausstieg, wenn eine lineare Regression die andere nach unten kreuzt. Dies ist das Signal, um eine Short-Position zum aktuellen Close zu eröffnen. Der Tradestation Code ist relativ einfach und benutzt lediglich die im Programm eingebaute Funktion der linearen Regression:

If LinearRegValue(c,48,0) crosses above

    LinearRegValue(c,30,0) Then buy on close;

If LinearRegValue(c,48,0) crosses below

    LinearRegValue(c,30,0) Then sell on Close;

Die folgende Grafik zeigt einen daraus resultierenden Beispieltrade:

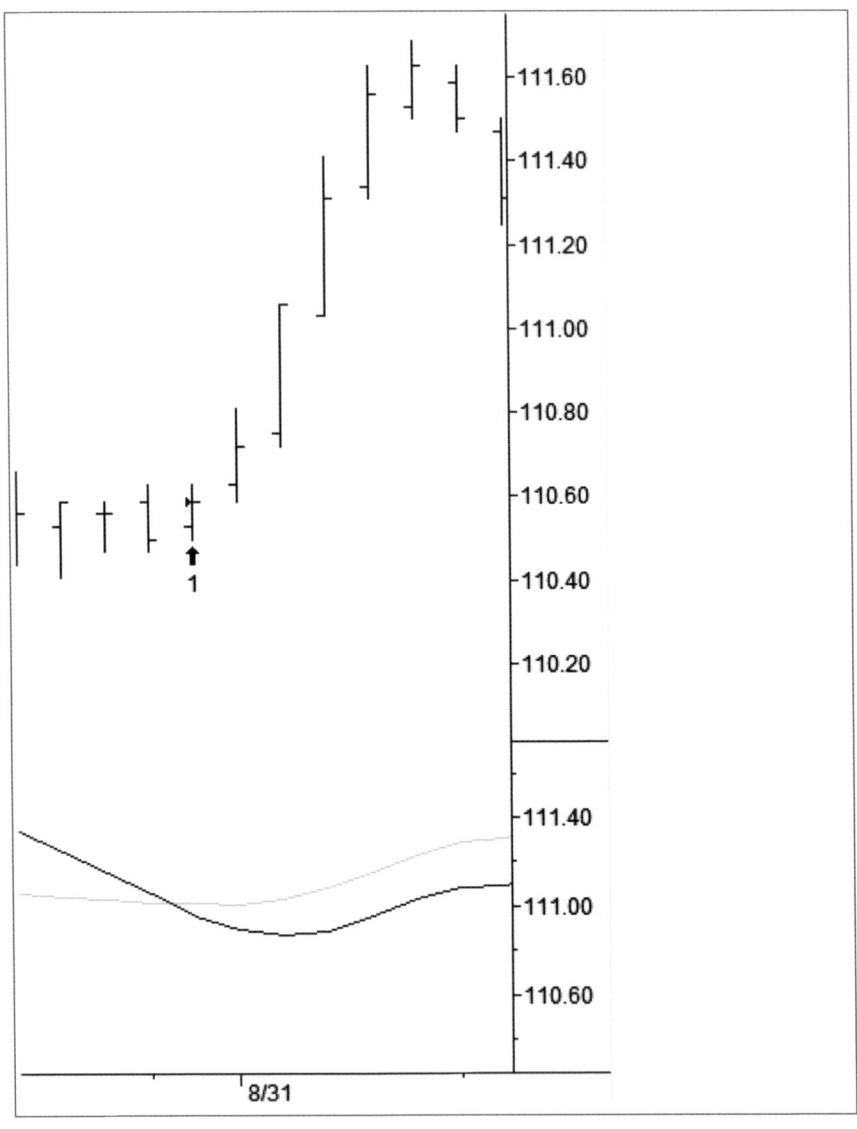

Abbildung: T-Bond Regression Crossover – Beispieltrade

Das System verhält sich wie ein Swingtrader, indem es versucht, die Wellenbewegung des Kursverlaufs zu handeln. Die Charakteristik des Systems lässt sich an folgendem Screenshot ablesen:

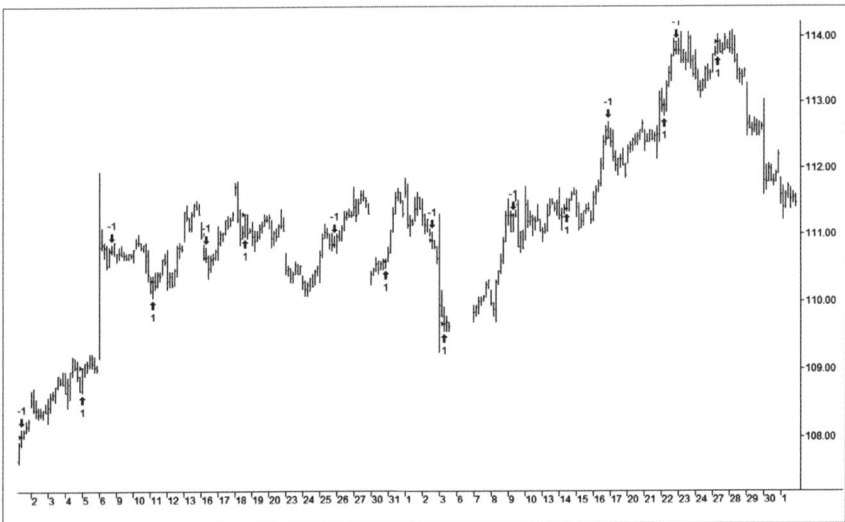

Abbildung: T-Bond Regression Crossover – Chart 1

Die daraus resultierenden Performanceauswertungen und Kurven können Sie im Folgenden sehen:

Performance Summary: All Trades

Total Net Profit	$61.200,00	Open position P/L	($2.440,00)
Gross Profit	$197.410,00	Gross Loss	($136.210,00)
Total # of trades	333	Percent profitable	63,36%
Number winning trades	211	Number losing trades	122
Largest winning trade	$4.650,00	Largest losing trade	($5.130,00)
Average winning trade	$935,59	Average losing trade	($1.116,48)
Ratio avg win/avg loss	,84	Avg trade (win & loss)	$183,78
Max consec. Winners	14	Max consec. losers	5
Avg # bars in winners	20	Avg # bars in losers	31
Max intraday drawdown	($14.040,00)		
Profit Factor	1,45	Max # contracts held	1
Account size required	$14.040,00	Return on account	435,90%

Abbildung: T-Bond Regression Crossover – Performance Report

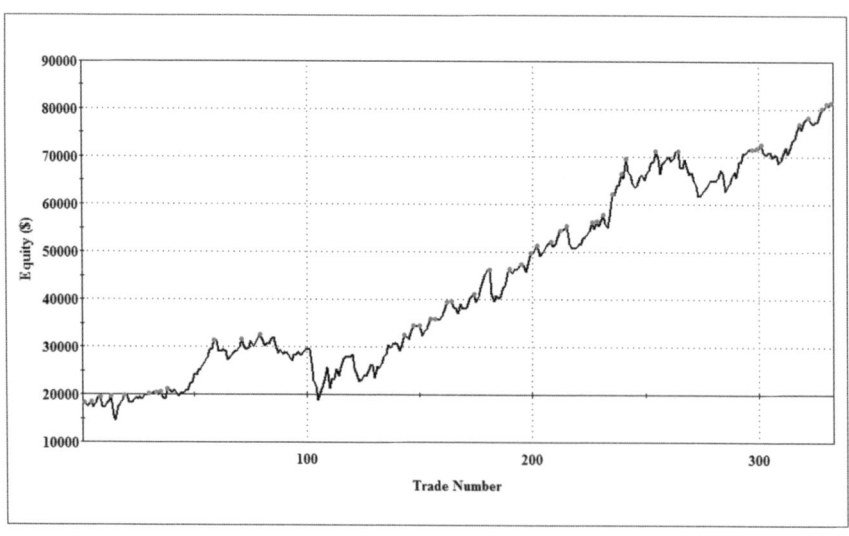

Abbildung: T-Bond Regression Crossover – Long-Term Equity-Kurve

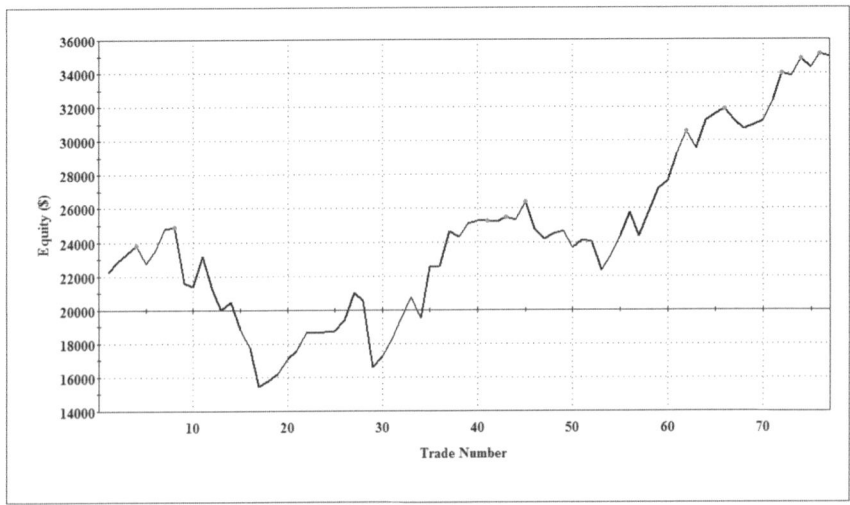

Abbildung: T-Bond Regression Crossover – Short-Term-Equity-Kurve

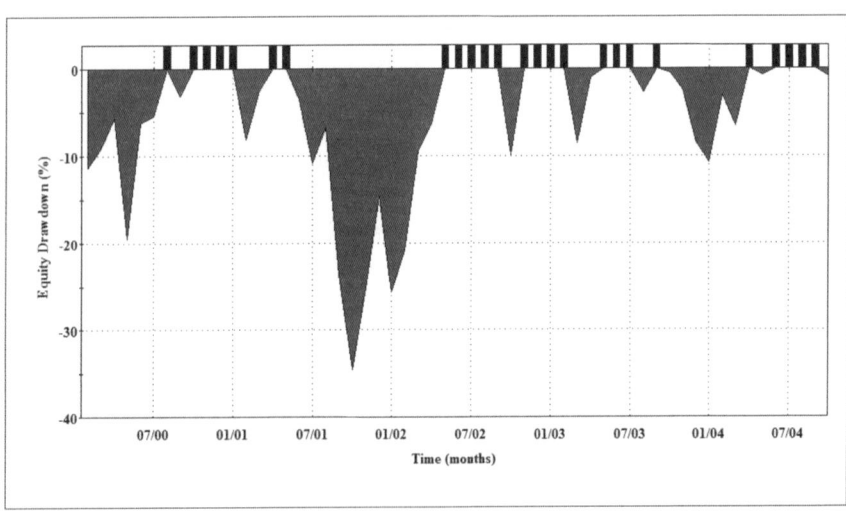

Abbildung: T-Bond Regression Crossover – Underwater Equity

Wie sich erkennen lässt, tradet das System ungefähr einmal pro Woche. Es erwirtschaftet erfreulicherweise ganz ohne Stops eine recht stabile

Performance. Was sich aber ebenfalls erkennen lässt, ist, dass der Drawdown noch relativ hoch ausfällt. Wir wollen deshalb versuchen, unterschiedliche lineare Regressionen für Auf- und Abwärtsbewegungen einzusetzen – aus der Annahme heraus, dass Auf- und Abbewegungen unterschiedlich dynamisch verlaufen. Wir ändern den Systemcode deshalb wie folgt ab:

If LinearRegValue(c,L1,0) crosses above

    LinearRegValue(c,L2,0) Then buy on close;

If LinearRegValue(c,L3,0) crosses below

    LinearRegValue(c,L4,0) Then sell on Close;

Statt der festen Werte wurden Variablen in den Testcode eingesetzt. Nacheinander testen wir die Parameter L1 bis L4 in einem Bereich von eins bis 60. Zu unserer Überraschung scheint es aber keine wirkliche Alternative zum Wertepärchen 48/30 zu geben.

Modifikationen des Systems

Nachdem wir also bei der Variation des Systems keine Verbesserung erzielen konnten, wollen wir noch Stops hinzufügen, die in keinem System fehlen sollten. Wir fügen deshalb einen Profitstop und einen Verluststop hinzu und ergänzen den Tradestation Code folgendermaßen:

*setprofittarget(PT * bigpointvalue);*

*setstoploss(MM * BigPointValue);*

Wie gewohnt, ermitteln wir durch Testreihen geeignete Werte für beide Stops. Zuerst testen wir den Verluststop in einer Testreihe von 0,1 bis 5 Punkten und erhalten folgende Auswertungen:

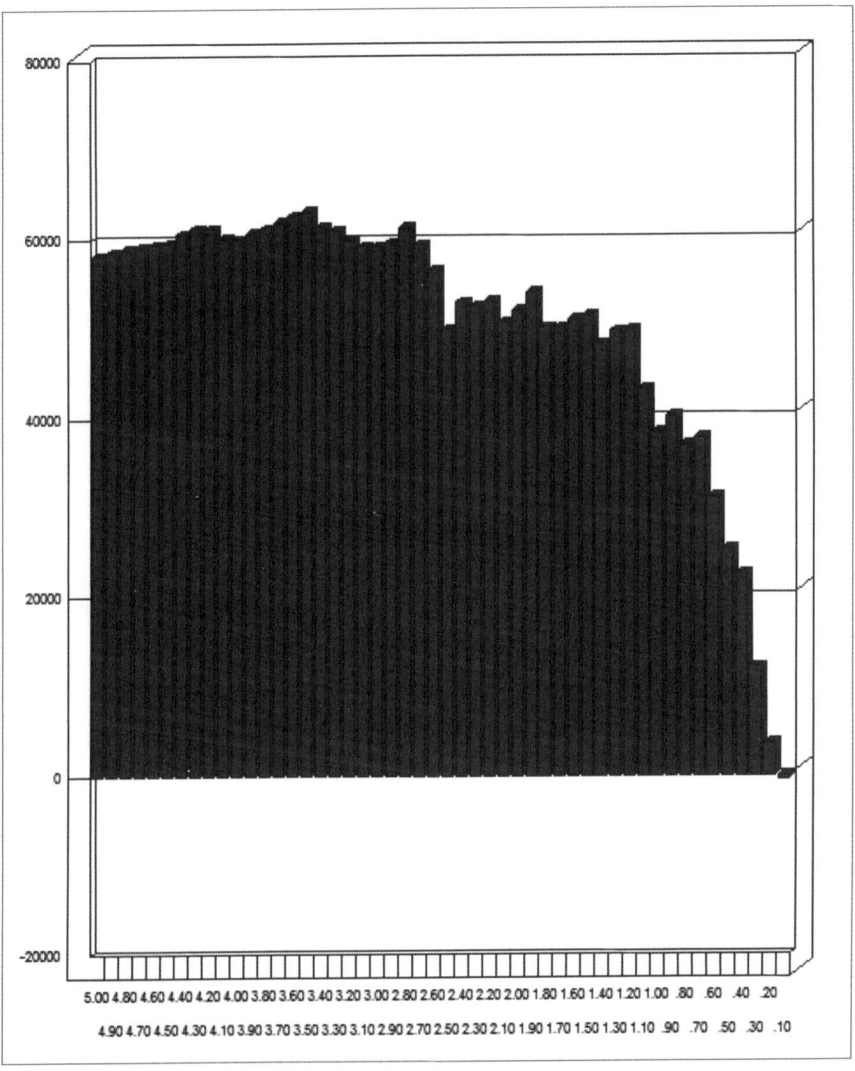

Abbildung: T-Bond Regression Crossover – Optimierung Profit

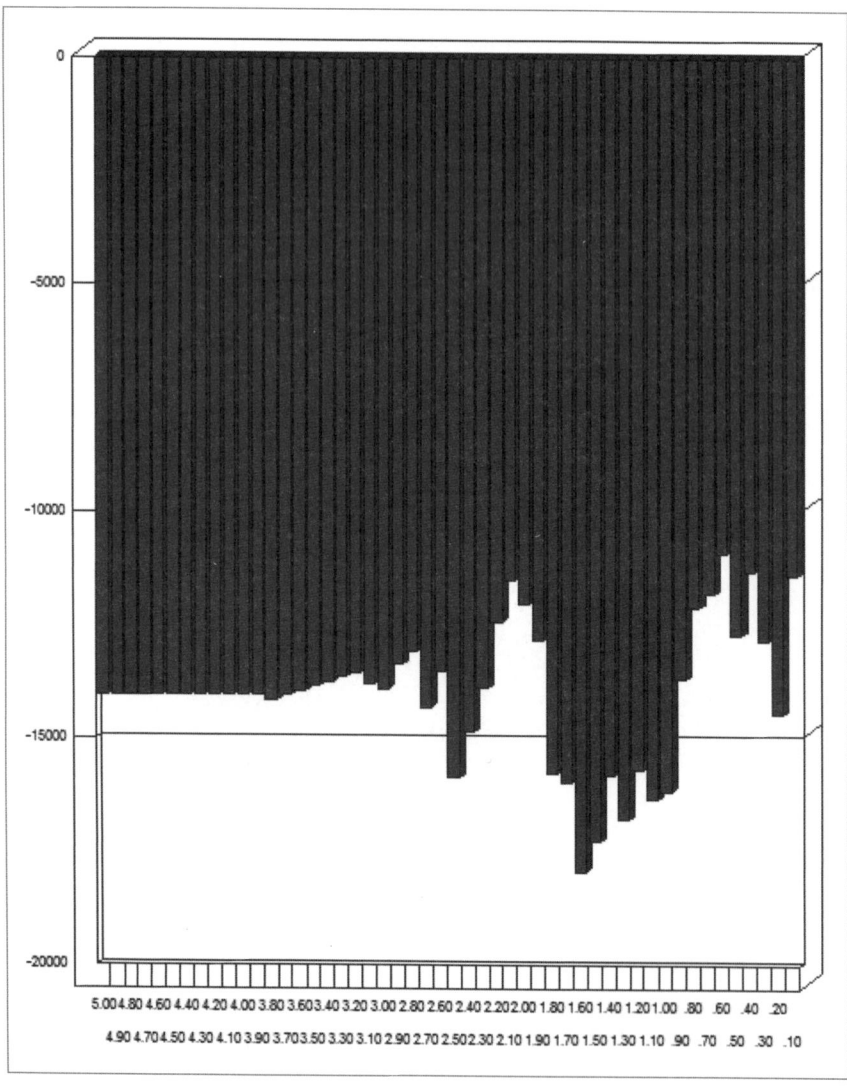

Abbildung: T-Bond Regression Crossover – Optimierung Drawdown

Wie sich erkennen lässt, signalisiert der Profitreport den besten Wert für einen Stop bei 3,5 Punkten. Da dies nicht nach einem Ausreißer aussieht und der Drawdown Report und der Average Trade Report auch keine Argumente dagegen liefern, legen wir den Verluststop also auf 3,5 Punkte fest.

Nun testen wir den Profitstop in einer Testreihe von 0,1 bis fünf Punkten.

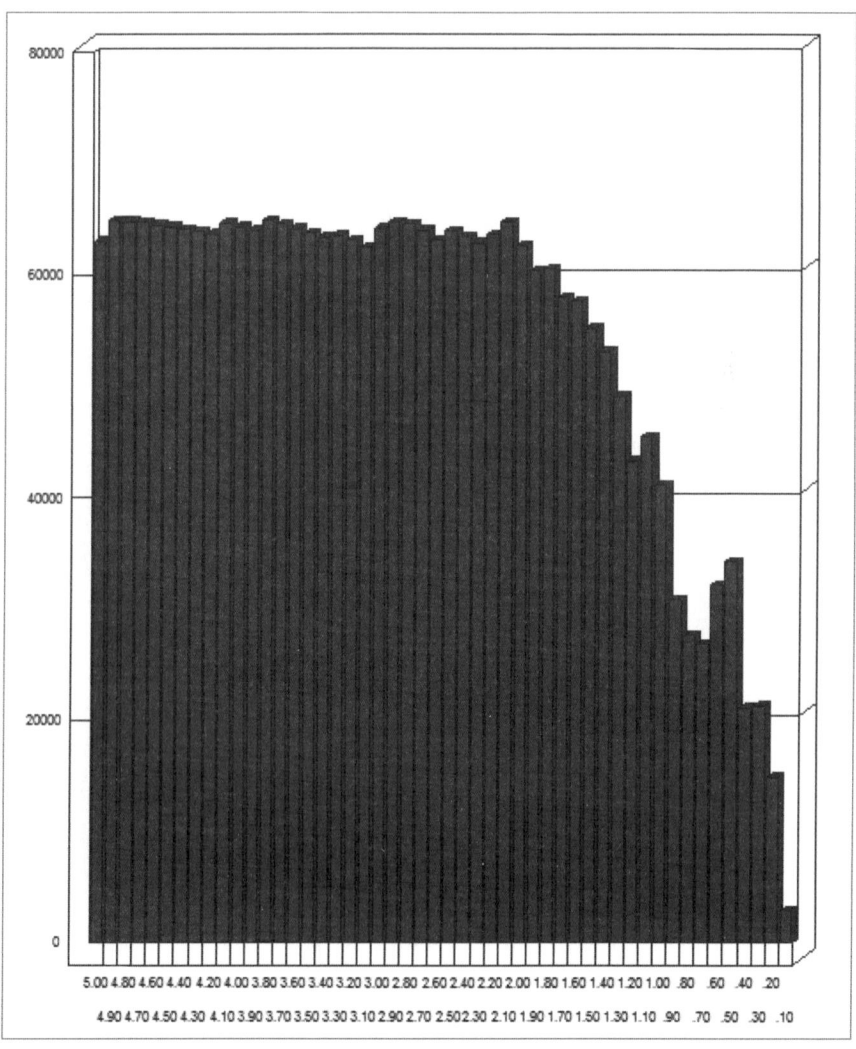

Abbildung: T-Bond Regression Crossover – Optimierung Profit 2

Die Auswertung der Testreihe zeigt deutlich, dass es so gut wie keinen Vorteil bringt, hier einen Profitstop einzufügen. Deshalb verzichten wir darauf. In ähnlichen Fällen können Sie alternativ in Erwägung ziehen, einen weit gefassten Profitstop zu wählen.

Gesamtbewertung und Ausblick

Das System arbeitet mit einem sehr einfachen Prinzip und nur einem Einstiegskriterium. Es ist sicher weitere Untersuchungen wert, ob durch Hinzugabe einer zweiten Einstiegsbedingung das System noch stabiler und treffsicherer gemacht werden kann. Auch ein Stabilitätstest auf weiteren Märkten bietet sich an. Abschließend lässt sich sagen, dass sich das System aufgrund der langen Dauer seiner Drawdownphasen sicher eher als Beimischung zu einem Systemportfolio eignet denn als Einzelsystem. Allemal ist es ein interessantes Experiment, ohne gängige technische Indikatoren auszukommen.

▸ T-Bond Soft RSI

Es gibt für den Börsenhandel inzwischen eine große Anzahl von Indikatoren. Nach unseren Erfahrungen sind jedoch manche dieser Indikatoren weniger für die Entwicklung von Handelssystem geeignet, andere wiederum umso mehr. Ein sehr nützlicher Indikator zur Entwicklung von Handelssystemen ist ein alter Bekannter, der schon an anderer Stelle erwähnt wurde: der „Relative Strength Index", kurz auch RSI genannt. Dieser steht beim folgenden Handelssystem im Mittelpunkt. Die klassische Anwendung des RSI ist die Indikation von Verkauft/Überkauft-Situationen, in denen dann eine Gegenposition aufgebaut werden kann. Wenn man sich aber den Kurvenverlauf des RSI betrachtet, stellt man eine gewisse Sprunghaftigkeit fest. Ist die Indikatorkurve zum Beispiel in den Überkauft-Bereich eingetreten, kann man beobachten, dass es innerhalb kürzester Zeit wieder zu einem Austritt aus dem Bereich kommt, gefolgt von einem kurzfristigen Wiedereintritt usw. Dadurch werden Fehlsignale (Whipsaws) produziert, die zu größeren Verlusten führen können. Diesen Mangel gilt es zu beheben.

Systemidee

Die Grundidee des Systems ist, dass wir sicherstellen wollen, dass sich der RSI definiert in einem Bereich befindet und die beschriebenen Sprünge nicht mehr auftreten. Deshalb wollen wir den Zeitpunkt erkennen, bei dem der RSI die Überkauft/Überverkauft-Zone bereits wieder sicher verlassen hat. Dieses „ruhige Fahrwasser" wollen wir dann zum Einstieg in den Handel nutzen. Für unsere Beispiele verwenden wir den T Bond im 60-Minuten-Raster, bei einer Punktgröße von 1000 Dollar / Punkt. Der Testaccount ist mit 25 000 Dollar ausgestattet. Wir verwenden eine Periode von Testdaten von Januar 2000 bis Oktober 2004.

Systembeschreibung

Für den Einstieg in den Handel wird als Kriterium verwendet, dass der RSI aus dem unteren Band bei 40 austritt und einer der letzten sieben Werte des RSI über der 40er-Marke gelegen hat. In diesem Fall wird eine Long-Position zum nächsten Open eröffnet. Der Wechsel von Long auf Short erfolgt, wenn der RSI aus dem oberen Band bei 60 austritt und einer der letzten sieben Werte des RSI unter 60 gelegen hat. In diesem Fall wird dann eine Short-Position zum nächsten Open eröffnet. Der Tradestation Code für diese Mechanismen sieht folgendermaßen aus:

```
if RSI(Close, 18) Crosses Above 40

    AND Highest(RSI(Close, 18), 7)[1] > 40

    then buy market;

if RSI(Close, 18) Crosses Below 60

    AND Lowest(RSI(Close, 18), 7)[1] < 60

    then sell market;
```

Folgende Grafik zeigt einen Beispieltrade:

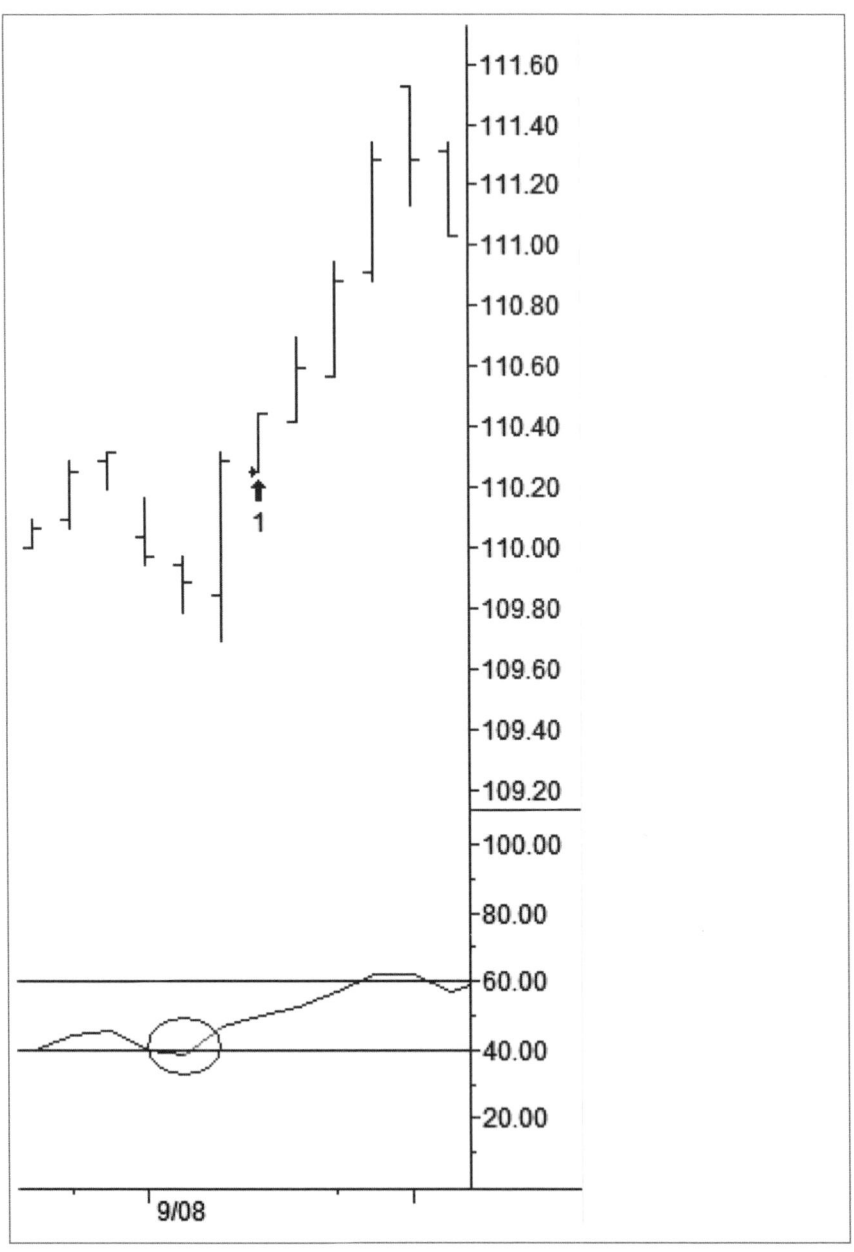

Abbildung: T-Bond Soft RSI – Beispieltrade

Das System führt im Betrachtungszeitraum rund 120 Trades aus. Das sind etwa zwei Trades pro Monat.

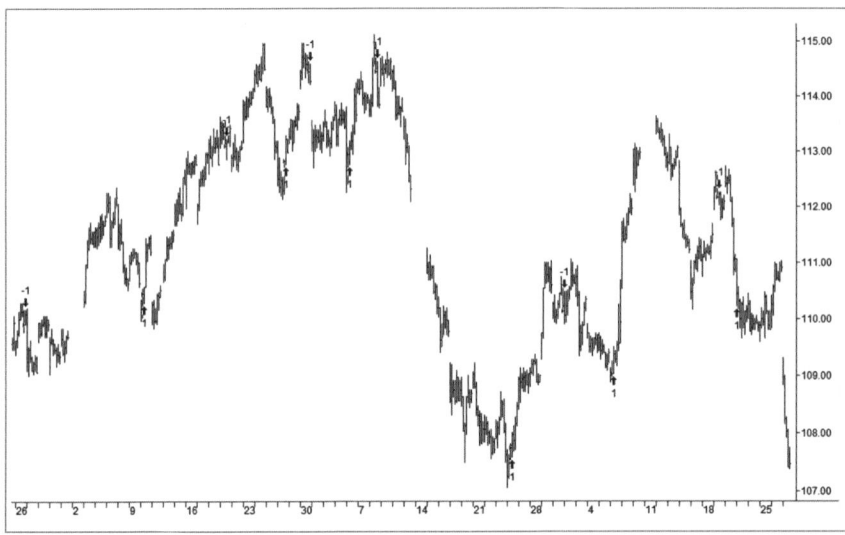

Abbildung: T-Bond Soft RSI – Chart 1

Im Folgenden sehen Sie die Auswertung der Performance des beschriebenen Systems:

Performance Summary: All Trades

Total Net Profit	$69.280,00	Open position P/L	($410,00)
Gross Profit	$134.480,00	Gross Loss	($65.200,00)
Total # of trades	124	Percent profitable	72,58%
Number winning trades	90	Number losing trades	34
Largest winning trade	$6.990,00	Largest losing trade	($9.360,00)
Average winning trade	$1.494,22	Average losing trade	($1.917,65)
Ratio avg win/avg loss	,78	Avg trade (win & loss)	$558,71
Max consec. Winners	10	Max consec. losers	4
Avg # bars in winners	46	Avg # bars in losers	111
Max intraday drawdown	($18.190,00)		
Profit Factor	2,06	Max # contracts held	1
Account size required	$18.190,00	Return on account	380,87%

Abbildung: T-Bond Soft RSI – Performance Report

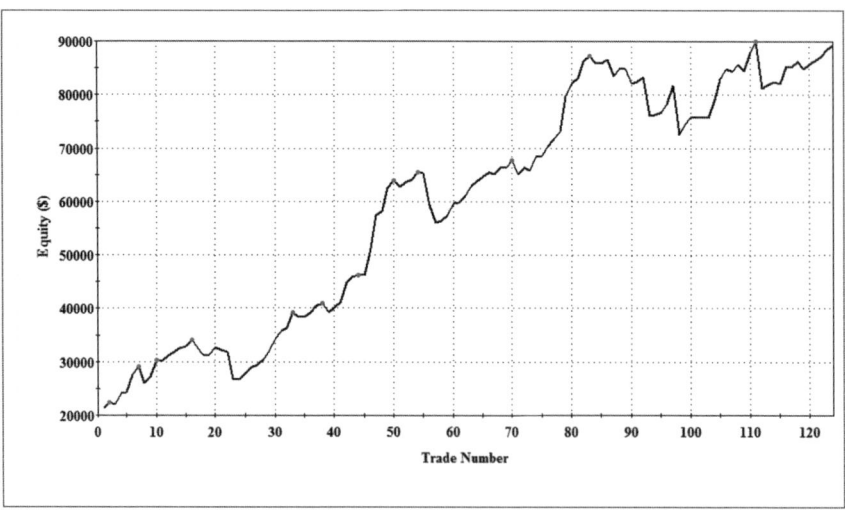

Abbildung: T-Bond Soft RSI – Long-Term-Equity-Kurve

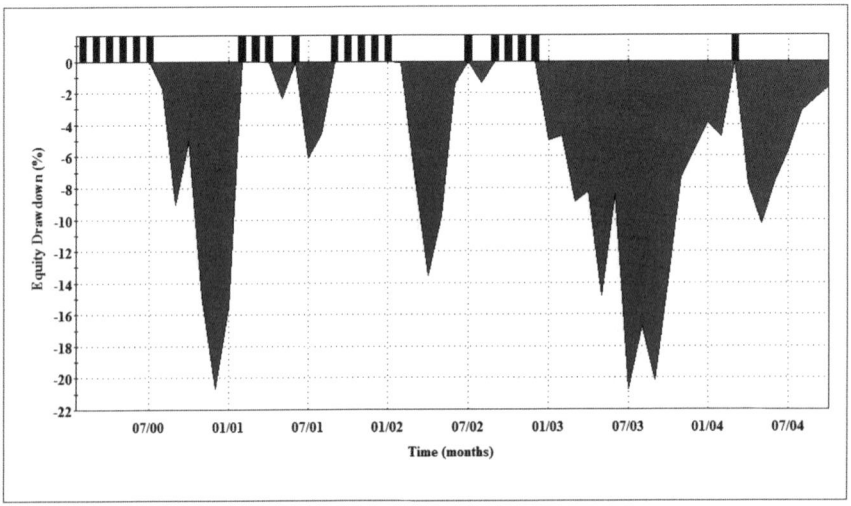

Abbildung: T-Bond Soft RSI – Underwater Equity

Wie sich aus den Auswertungen sehen lässt, verfügt das System über einen komfortabel großen Average Trade. Damit fallen Gebühren und Slippage für diese Trades nicht sehr stark ins Gewicht, was sehr erfreulich ist. Allerdings, wie sich ebenfalls erkennen lässt, ist der Drawdown dieses Systems relativ hoch. Allein im letzten Jahr der Betrachtung stand ein Drawdown von über 10 000 Dollar einem Gewinn von 11 000 Dollar gegenüber. Diese Situation muss also noch verbessert werden, was wir im Folgenden versuchen wollen. Ein Test soll zunächst zeigen, ob die Grenzen des RSI mit 40 und 60 korrekt gewählt sind oder ob hier noch Verbesserungspotenzial besteht. Dafür führen wir zwei Testreihen durch, in denen wir die Untergrenze von 20 bis 60 und die Obergrenze von 40 bis 80 variieren. Wie man aus den folgenden Auswertungen sehen kann, sind die Ergebnisse überraschend: Während die Obergrenze, also der Initiator für Shorttrades, im Optimierungsreport mit dem Wert 59 statt 60 praktisch bestätigt wird, bekommen wir als günstigste Untergrenze den Wert 49 ausgewiesen.

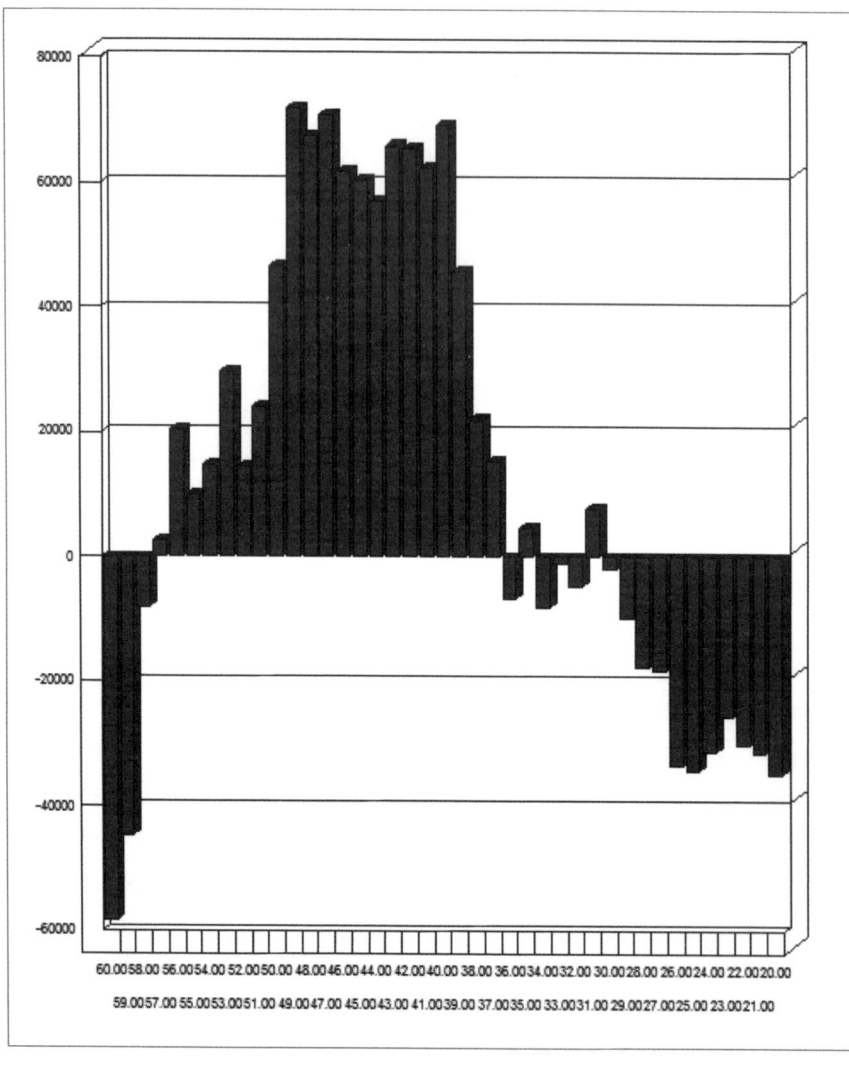

Abbildung: T-Bond Soft RSI – Optimierung RSI Untergrenze - Profit

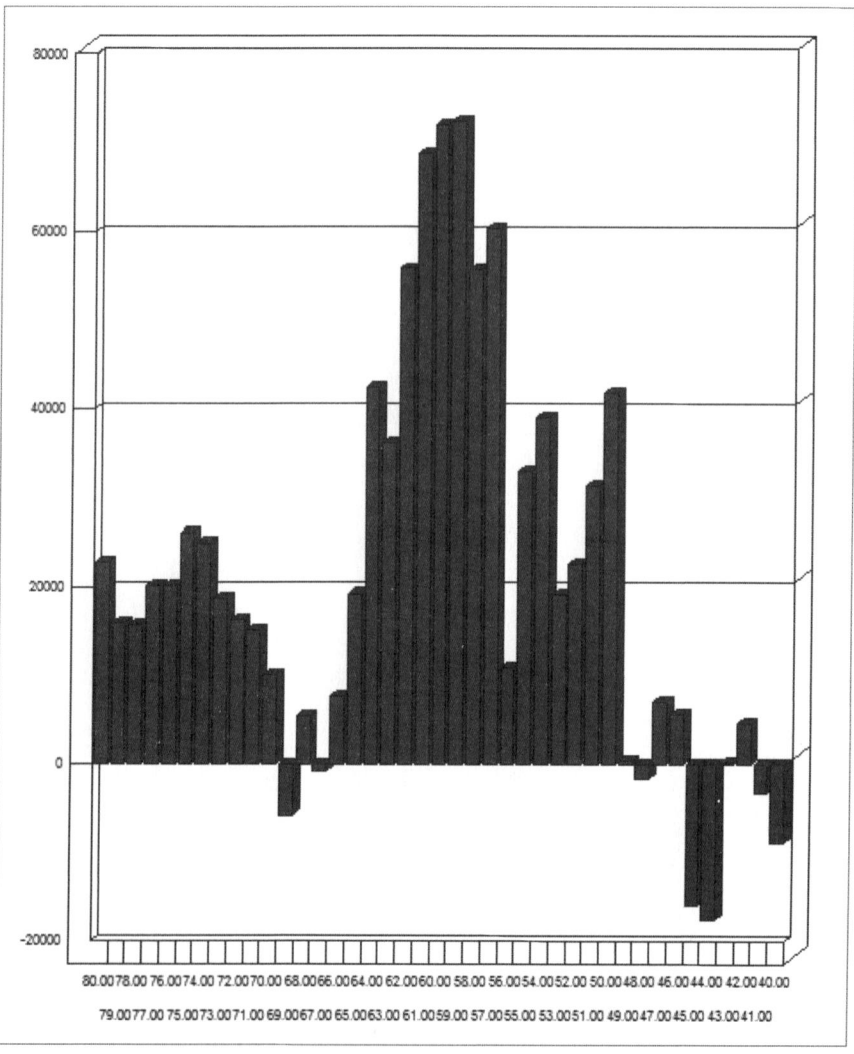

80.00 78.00 76.00 74.00 72.00 70.00 68.00 66.00 64.00 62.00 60.00 58.00 56.00 54.00 52.00 50.00 48.00 46.00 44.00 42.00 40.00

79.00 77.00 75.00 73.00 71.00 69.00 67.00 65.00 63.00 61.00 59.00 57.00 55.00 53.00 51.00 49.00 47.00 45.00 43.00 41.00

Abbildung: T-Bond Soft RSI – Optimierung RSI Obergrenze - Profit

Die Frage stellt sich, ob wir nun die Untergrenze auf den ermittelten Wert 49 setzen sollen. Zunächst erscheint das nahe liegend. Wenn man sich den T-Bond im Betrachtungszeitraum jedoch genauer anschaut, ist zu erkennen, dass er im gleichen Zeitraum von 90 auf zwischenzeitlich über 120 Punkte gestiegen ist. Dies ist ein deutlicher Langzeit-Aufwärtstrend. Durch die Verschiebung der Untergrenze nach oben hat unsere Testreihe diesem Umstand Rechnung getragen, der RSI hielt sich häufiger in diesem Bereich auf. Dadurch wurden auch mehr Trades generiert. Unter der Annahme eines andauernden Aufwärtstrends könnte man nun diese Einstellung wählen. Im Falle eines zu erwartenden Abwärtstrends würde das System so jedoch mit hoher Wahrscheinlichkeit versagen. Wir belassen die Untergrenze deshalb bei 40.

Modifikationen des Systems

Da das System über die Einstiegs- und Ausstiegskriterien nicht optimiert werden konnte, stellt sich die Frage, ob es noch andere Wege gibt, Verbesserungen einzubringen. Das System arbeitet zurzeit ganz ohne Stop. Hier gibt es sicherlich noch Potenzial, das man erschließen kann. Deshalb erproben wir den Einsatz eines Trailing Stops, der zum einen Verluste begrenzen und zum anderen Gewinne sichern soll. Der Tradestation Code wird dazu folgendermaßen verändert:

setdollartrailing(PT * bigpointvalue);

Wie gewohnt, führen wir eine Testreihe durch, um einen geeigneten Trailing Stop zu ermitteln. Wir testen den Bereich von eins bis fünf Punkten und erhalten folgende Auswertungen:

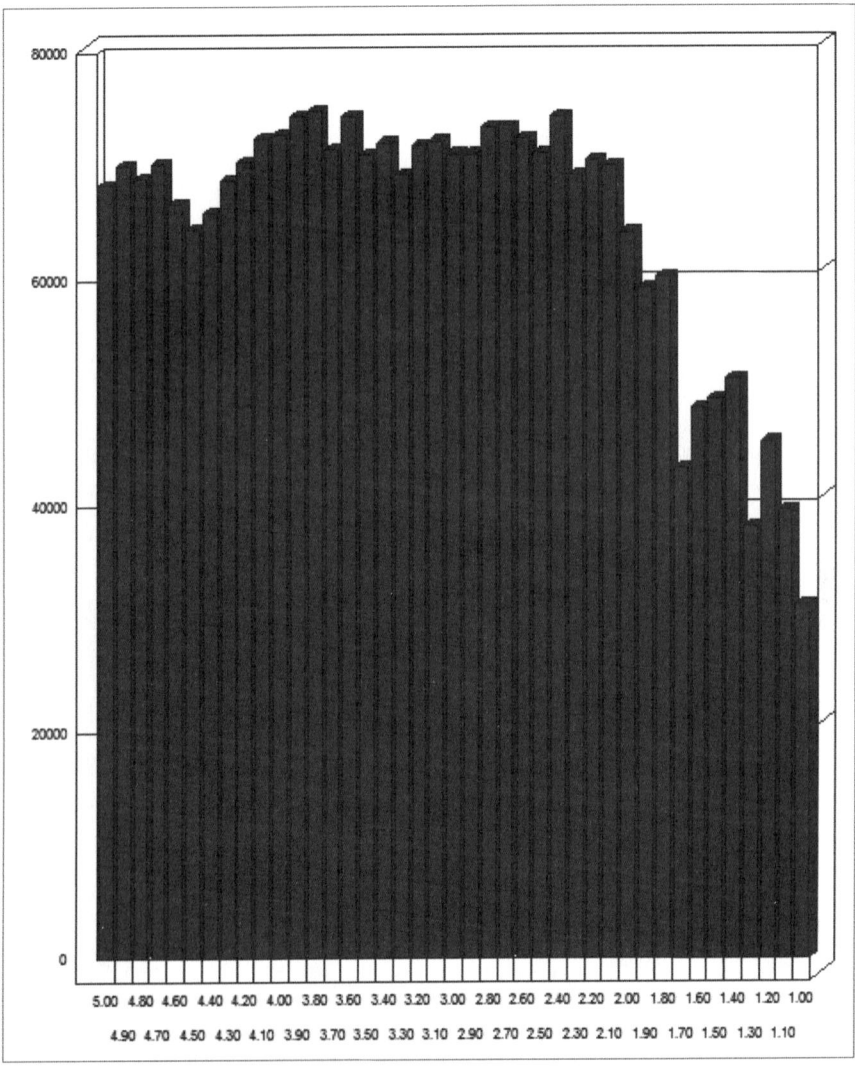

Abbildung: T-Bond Soft RSI – Optimierung Trailing Stop in Punkten - Profit

Der Profitreport signalisiert zwei Bereiche, die geeignet scheinen: Werte im Bereich von vier Punkten und Werte im Bereich von 2,5 Punkten scheinen geeignet. Wir konsultieren den Drawdown Report.

195

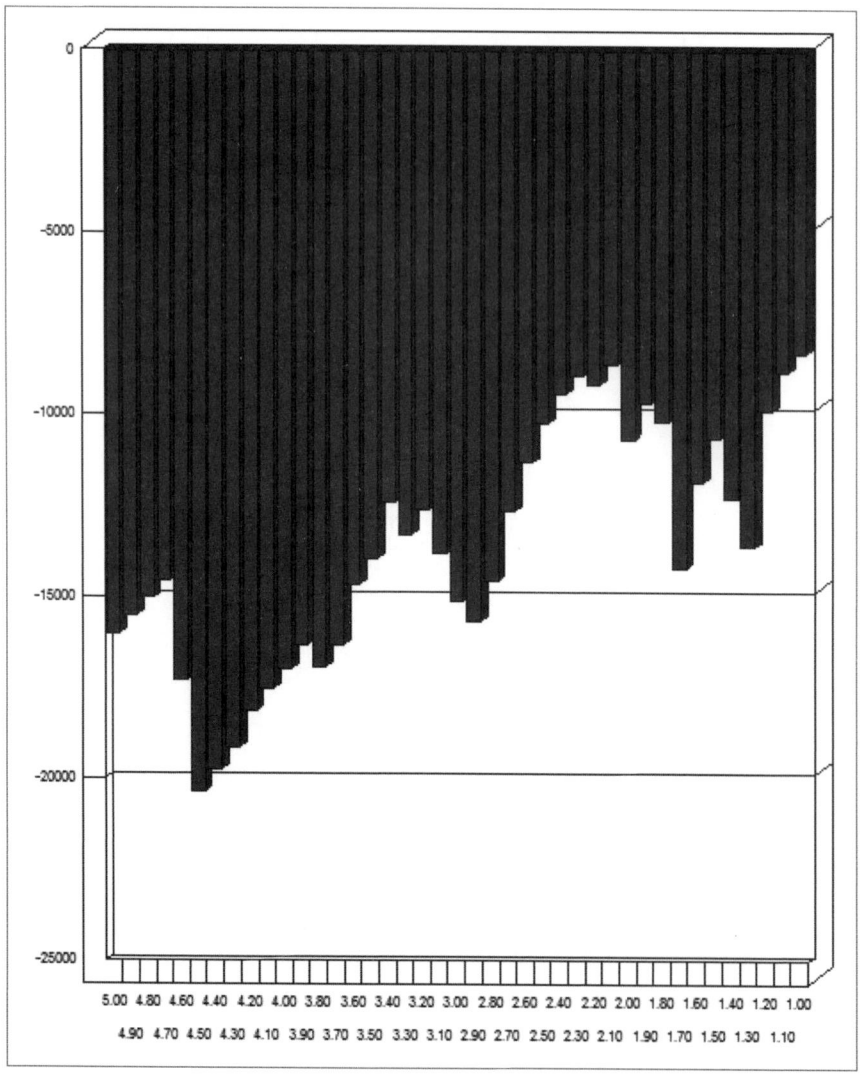

Abbildung: T-Bond Soft RSI – Optimierung Trailing Stop in Punkten - Drawdown

Der Drawdown Report weist eindeutig den kleineren Bereich als den besseren aus. Sicherheitshalber werfen wir noch einen Blick auf die Entwicklung des Average Trades:

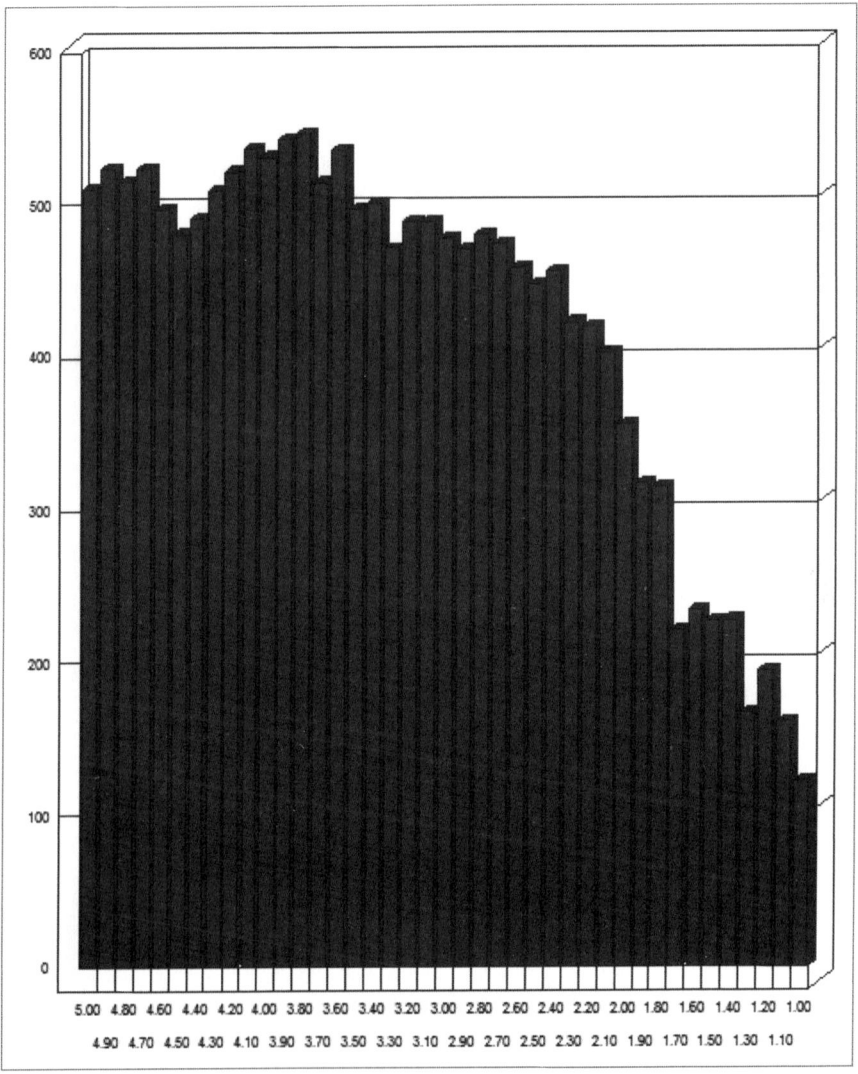

Abbildung: T-Bond Soft RSI – Optimierung Trailing Stop in Punkten - Average Trade

Die endgültige Entscheidung gestaltet sich jedoch schwierig. Der Average Trade Report weist den weiteren Stop als den besseren aus, was wir eigentlich nicht erwartet hätten. Um eine sicher Entscheidung treffen zu können, sichten wir deshalb die beiden unten gezeigten Performance-kurven, die sich aus den Werten ergeben. Ihr Verlauf hilft uns eventuell bei der Entscheidung.

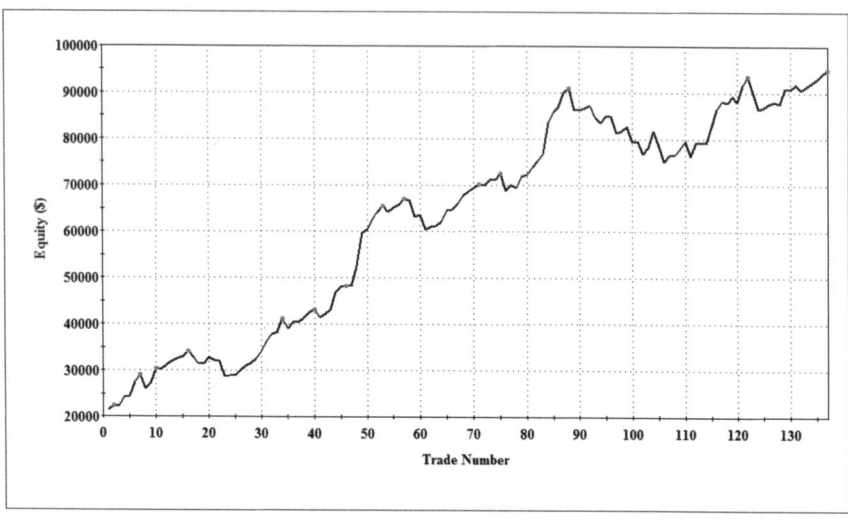

Abbildung: T-Bond Soft RSI – Equity-Kurve weiter Trailing Stop

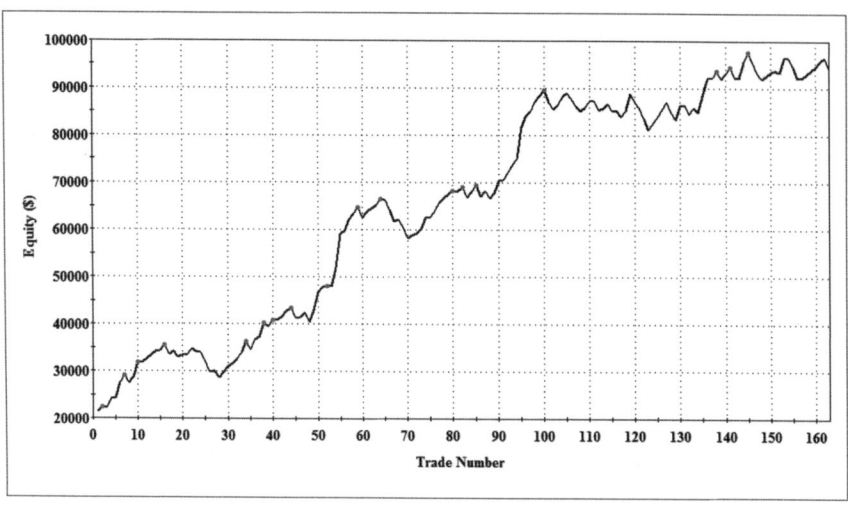

Abbildung: T-Bond Soft RSI – Equity-Kurve enger Trailing Stop

Wie man deutlich erkennen kann, ist der Performanceverlauf mit enge-
rem Trailing Stop deutlich schwankungsärmer. Zudem ist der maximale Drawdown wesentlich geringer als mit anderen Einstellungen. Damit
ist die Entscheidung für den engeren Trailing Stop bei einem Wert von
2,4 Punkten gefallen. Die aus diesen neuen Einstellung ermittelte Performance sehen Sie in der folgenden Abbildung:

Performance Summary: All Trades

Total Net Profit	$74.390,00	Open position P/L	$2.530,00
Gross Profit	$153.330,00	Gross Loss	($78.940,00)
Total # of trades	163	Percent profitable	66,87%
Number winning trades	109	Number losing trades	54
Largest winning trade	$6.990,00	Largest losing trade	($2.440,00)
Average winning trade	$1.406,70	Average losing trade	($1.461,85)
Ratio avg win/avg loss	,96	Avg trade (win & loss)	$456,38
Max consec. Winners	12	Max consec. losers	4
Avg # bars in winners	37	Avg # bars in losers	45
Max intraday drawdown	($9.430,00)		
Profit Factor	1,94	Max # contracts held	1
Account size required	$9.430,00	Return on account	788,87%

Abbildung: T-Bond Soft RSI – Performance Report 2

Gesamtbewertung und Ausblick

Nach Hinfügen des Trailing Stops verfügt das System letzendlich über
akzeptable Eckwerte, wie sich aus den letzten Auswertungen erkennen
lässt. In diesem Fall könnte man sogar die Accountgröße wieder auf
20 000 Dollar senken, da der Drawdown wesentlich verkleinert wurde
und das System einen guten Erfolg im wirklichen Einsatz verspricht.

Wenn Sie mit dem Handelsprinzip dieses Systems experimentieren
wollen, versuchen Sie auch einmal, statt des RSI andere oszillierende
Indikatoren einzusetzen.

Wir haben Ihnen in diesem Kapitel eine Auswahl von Handelssystemen vorgestellt. Dabei ging es uns vor allem darum, Sie mit den verschiedenen Arten von Systemen vertraut zu machen. Außerdem haben wir Ihnen anhand unserer Beispiele gezeigt, welche Stärken und Schwächen die jeweiligen Systeme haben. Gerade wegen dieser Unterschiede eignet sich das eine oder andere System besonders gut für bestimmte Börsenwerte, ist aber für andere Werte nur bedingt tauglich. Wir überlassen es nun Ihnen, mit den vorgestellten Systemen zu experimentieren, sie für verschiedene Börsenwerte zu testen und anzupassen. In unseren Beispielen haben wir Ihnen dafür ebenfalls das Handwerkszeug zur Verfügung gestellt, indem wir Ihnen Schritt für Schritt gezeigt haben, wie man Testreihen aufbaut, die Ergebnisse bewertet und daraufhin Änderungen in den Systemen vornimmt. Wir raten Ihnen, darüber hinaus immer auch die Robustheit Ihres Handelsansatzes zu testen, indem Sie ihn auf die verschiedensten Märkte und Zeithorizonte aufspielen. Unser Anliegen ist, Ihnen zu zeigen, wie man eine „Axt schärft" und damit umgeht. Wir wünschen Ihnen nun viel Erfolg beim „Bäume fällen".

Equity Trading

▶ Was ist Equity Trading?

„System Equity" bezeichnet die Kapitalentwicklung Ihres Handelssystems. Equity Trading benutzt diese System Equity als Chart. Hierauf werden Handelssysteme aufgespielt, um daraus eine Bewertung des Ursprungssystems abzuleiten. Das Ursprungssystem generiert die Signale, nach denen Sie Long- oder Short-Positionen aufnehmen beziehungsweise glattstellen. Das daraufgesetzte Sekundärsystem bewertet dann die Equity des Ursprungssystems.

Equity Trading kann eine wertvolle Hilfe sein, wenn Handelssysteme – aus welchen Gründen auch immer – nicht mehr die gewünschten Ergebnisse liefern. Im einfachsten Fall können Sie Equity Trading wie einen Money Management Stop einsetzen – nur dass Sie in diesem Fall nicht einen einzelnen Trade, sondern ein ganzes Handelssystem absichern. Wenn alles nach Plan läuft, schalten Sie so ein System ab, bevor es größere Verluste produziert.

Im Folgenden wollen wir zunächst die Ursprungssysteme vorstellen, auf die die Equity-Trading-Systeme angewendet werden. Bei der Auswahl der Ursprungssysteme haben wir versucht, Beispiele für unterschiedliche typische Equity-Verläufe zu finden. Später stellen wir Equity-Trading-Systeme vor, die jeweils auf die Ursprungssysteme aufgespielt werden. Um Ihnen die Arbeit zu erleichtern, stellen wir Ihnen auf der beiliegenden CD-ROM ein Programm zur Verfügung, das aus den EXCEL-Auswertungen der Tradestation die Equity herausliest und daraus ASCII-Daten generiert. Diese können Sie dann in Ihre Chartsoftware einlesen und als Chart darstellen.

▶ Ursprungssystem 1

Im ersten, sehr einfachen Primärsystem setzen wir zwei gleitende Durchschnitte mit unterschiedlicher Periode ein. Schneiden sich die Moving Averages, ist das ein Signal zum Long- beziehungsweise Short-Einstieg.

{ Ursprungssystem 2 Simple MA}

Input: Length_1(2), Length_2(50), mmstop(3);

IF Average (c, Length_1) > Average (c, Length_2)
then buy h stop;

IF Average (c, Length_1) < Average (c, Length_2)
then sell l stop;

setstoploss(c/100 bigpointvalue*mmstop);*

Wie sich aus dem Tradestation Code sehen lässt, kauft das System mit einem Stop am letzten Hoch, wenn der Average mit der Länge 2 über dem 50er-Average notiert. Für den Short-Entry wird die Regel umgekehrt, und der Stop wird auf dem letzten Low platziert. Offene Positionen werden sodann mit einem Stop Loss abgesichert. Dieses Testsystem wird auf den FDAX mit 30-Minuten-Bars angewendet.

Den Performance Report des Systems sehen Sie in der unten abgebildeten Grafik. Wie sich erkennen lässt, erhalten wir einen sehr hohen Drawdown von über 30 000 Euro und nur einen sehr geringen Profitfaktor. In dieser Form ist es also eher ein Alptraum als ein handelbares

System. Wir haben jedoch dieses System als Ursprungssystem für das Equity Trading ausgewählt, weil es die Charakteristik vieler backgetesteter Systeme zeigt. Zunächst steigt die Gewinnkurve relativ gleichmäßig an, um dann an einem bestimmten Punkt abzuknicken. Oft fällt dieser Punkt bezeichnenderweise mit dem realen Einsatz des Systems zusammen. Das kann zum einen ein klares Zeichen für eine Überoptimierung sein, oder aber der Knick ist einfach auf eine Veränderung des Marktes zurückzuführen. Welche Begründung auch immer für einen Knick des Systems in die Verlustzone zutreffen mag, soll uns nicht weiter interessieren. Wir wollen die Equity-Kurven der Ursprungssysteme in diesem Kapitel von der rein technischen Seite untersuchen.

TradeStation Strategy Performance Report - Buch MA Simple FDAXALL.TXT-30 min. (02.01.1997-25.1

Performance Summary: All Trades

Total Net Profit	$176.675,00	Open position P/L	$487,50
Gross Profit	$1.049.260,00	Gross Loss	($872.585,00)
Total # of trades	1.230	Percent profitable	32,20%
Number winning trades	396	Number losing trades	834
Largest winning trade	$12.360,00	Largest losing trade	($6.940,00)
Average winning trade	$2.649,65	Average losing trade	($1.046,26)
Ratio avg win/avg loss	2,53	Avg trade (win & loss)	$143,64
Max consec. Winners	5	Max consec. losers	12
Avg # bars in winners	68	Avg # bars in losers	14
Max intraday drawdown	($33.822,50)		
Profit Factor	1,20	Max # contracts held	1
Account size required	$33.822,50	Return on account	522,36%

Abbildung: Ursprungssystem 1 „Simple Highest" Performance Report

Abbildung: Ursprungssystem 1 „Simple Highest" Equity-Kurve

▶ Ursprungssystem 2

Als zweites Ursprungssystem, auf das wir Equity-Systeme aufspielen wollen, haben wir das FDAX-5C-System ausgewählt. Der Name des Systems hat seinen Ursprung in der Besonderheit des Ausstiegs aus einem Trade, den das System nach fünf aufeinander folgenden Closes vornimmt. Den Tradestation Code sehen Sie im Folgenden.

{Ursprungssystem 5c buy c10}

INPUT: leng(10);

buy highest (c, leng) stop;
IF c < c[1] and c[1] < c[2]
*   and c[2] < c[3] and c[3] < c[4]*
*   then exitlong market;*

Das System steigt in eine Position ein, indem es mit einem Stop am höchsten Close der letzten zehn Bars kauft. Der Ausstieg erfolgt, wie beschrieben, nach fünf aufeinander folgenden fallenden Closes. Aufgespielt haben wir es für diesen Test auf den FDAX mit 60-Minuten-Bars. Wir haben dieses sehr volatile System hier aufgenommen, um zu untersuchen, wie die folgenden Equity-Trading-Systeme mit teilweise starken Schwankungen und längeren Drawdownphasen umgehen. Die Equity-Kurve sowie einen Screenshot des Handelsverhaltens sehen Sie in den folgenden Grafiken:

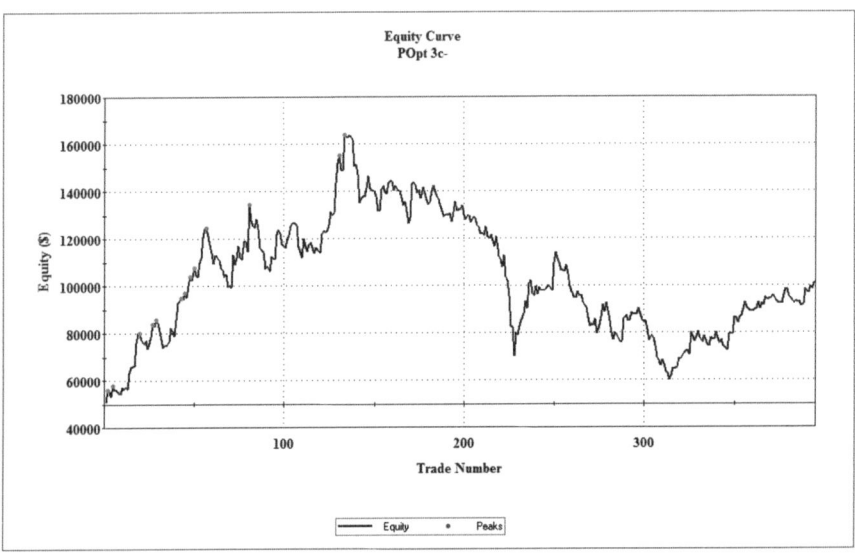

Abbildung: Ursprungssystem 2 „FDAX-5C" Equity-Kurve

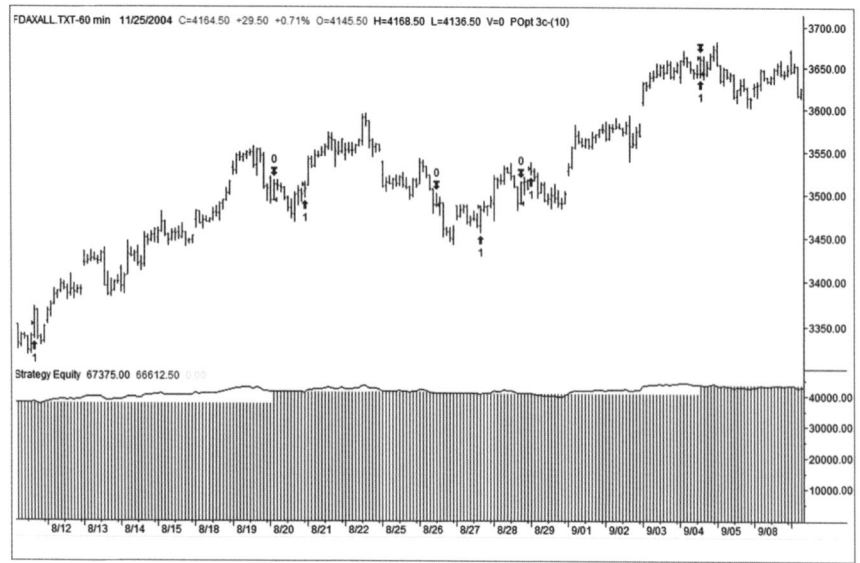

Abbildung: Ursprungssystem 2 „FDAX-5C" Screenshot

▶ Ursprungssystem 3

Als drittes Ursprungssystem dient uns das System „Parabolic Swing", das wir bereits ausführlich in Kapitel 3 vorgestellt haben.

▶ Equity-Trading-Systeme

Highest Channel

Die Funktionsweise diese Systems ist sehr einfach. Um den Equity-Verlauf wird ein Channel der höchsten und der niedrigsten X Schlussstände gebildet. Unterschreitet die Equity den niedrigsten Schlusskurs der letzten 50 Performance-Notierungen, wird der Handel des Systems ausgesetzt. Ein Wiedereinstieg in das System erfolgt erst, wenn die Equity den höchsten Schlussstand der letzten 50 Notierungen überschritten hat. Den Tradestation Code sehen sie hier:

{EquityTrading: Highest Channel}

INPUT: Length1(50), Length2(50);

buy highest (c, Length1) stop;
exitlong lowest (c, Length2) stop;

Anwendung auf Ursprungssystem 1

Wendet man nun dieses „Highest Channel"-Equity-System auf das Ursprungssystem 1 an, erhält man folgende Auswertung:

TradeStation Strategy Performance Report - Buch EQT Highest Cha U2SIMP~1.TXT-1 min. (01.01

Performance Summary: All Trades

Total Net Profit	$141.905,00	Open position P/L	$0,00
Gross Profit	$145.780,00	Gross Loss	($3.875,00)
Total # of trades	6	Percent profitable	83,33%
Number winning trades	5	Number losing trades	1
Largest winning trade	$46.902,50	Largest losing trade	($3.875,00)
Average winning trade	$29.156,00	Average losing trade	($3.875,00)
Ratio avg win/avg loss	7,52	Avg trade (win & loss)	$23.650,83
Max consec. Winners	5	Max consec. losers	1
Avg # bars in winners	153	Avg # bars in losers	15
Max intraday drawdown	($10.810,00)		
Profit Factor	37,62	Max # contracts held	1
Account size required	$10.810,00	Return on account	1312,72%

Abbildung: Ursprungssystem 1 mit „Highest Channel" Equity-System - Performance

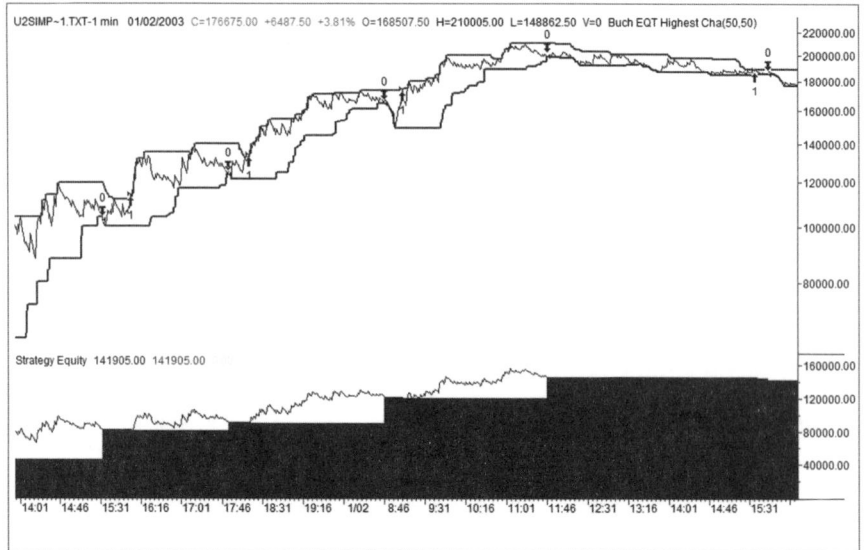

Abbildung: Ursprungssystem 1 mit „Highest Channel" Equity-System – Equity Curve

Das Sekundärsystem erkennt die einsetzende Drawdownphase der letzten Trades des Ursprungssystems. Während der vorherigen Gewinnphase fahren wir mit dem Equity Trading geringfügig schlechter als ohne. Die Wiedereinstiege sind gegenüber einem „Buy and Hold" des Primärsystems leicht verzögert. Diese minimalen entgangenen Gewinne nehmen wir jedoch gerne in Kauf, um den größeren Drawdown des Primärsystems nicht real erleiden zu müssen.

Anwendung auf Ursprungssystem 2

Nun spielen wir das Equity-System „Highest Channel" einmal auf das FDAX-5C-Primärsystem auf. Die Performance und einen Screenshot sehen Sie in den folgenden Grafiken:

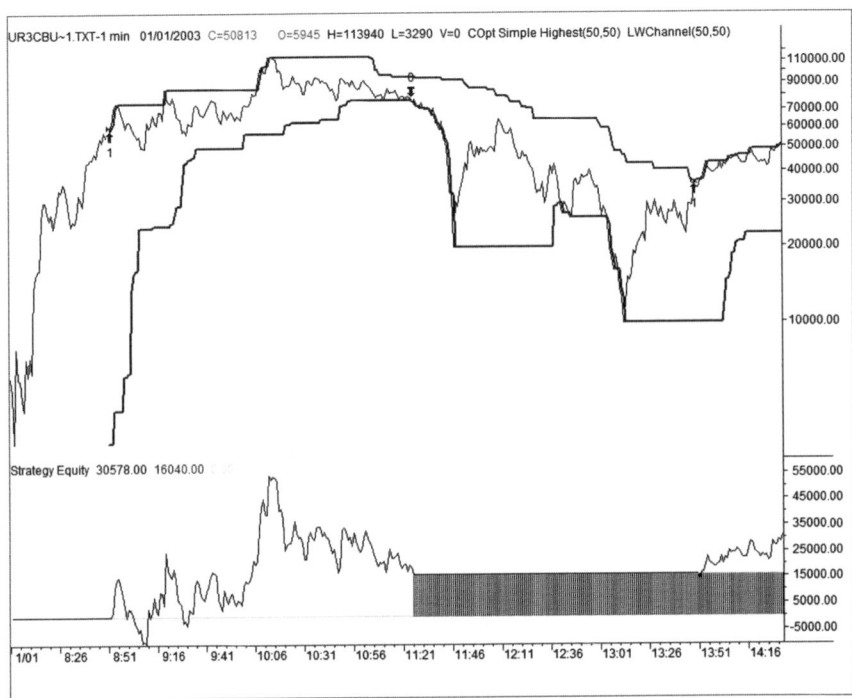

Abbildung: Ursprungssystem 2 mit „Highest Channel" Equity-System – Equity Curve

TradeStation Strategy Performance Report - COpt Simple Highest UR3CBU~1.TXT-1 min.

Performance Summary: All Trades

Total Net Profit	$16.040,00	Open position P/L	$14.538,00
Gross Profit	$16.040,00	Gross Loss	$0,00
Total # of trades	1	Percent profitable	100,00%
Number winning trades	1	Number losing trades	0
Largest winning trade	$16.040,00	Largest losing trade	$0,00
Average winning trade	$16.040,00	Average losing trade	$0,00
Ratio avg win/avg loss	100,00	Avg trade (win & loss)	$16.040,00
Max consec. Winners	1	Max consec. losers	0
Avg # bars in winners	154	Avg # bars in losers	0
Max intraday drawdown	($10.545,00)		
Profit Factor	100,00	Max # contracts held	1
Account size required	$10.545,00	Return on account	152,11%

Abbildung: Ursprungssystem 2 mit „Highest Channel" Equity-System – Perfomance

Man sieht in den Auswertungen, dass der Channel sich nahezu optimal an den ersten Ausstiegspunkt annähert. Nach der Drawdownphase des Ursprungssystems erfolgt der Wiedereinstieg in den laufenden Aufwärtstrend der Equity. Insgesamt gesehen ist das ein brauchbarer Ansatz, der sich gut an den aktuellen Verlauf der Equity anpasst. Ein entscheidendes Kriterium für den Erfolg ist jedoch, ob es Ihnen gelingt, die Weite des Channels an die Schwankungsbreite der Equity anzupassen. Die optimale Weite des Channels sollten Sie für Ihre Systeme durch ausreichende Tests ermitteln. Mit zu schnellen Ausstiegen über das Sekundärsystem vernichten Sie unter Umständen die beste Performance des Ursprungssystems.

In diesem Beispiel zeigt sich eine Besonderheit in der Anwendung des Equity Tradings: Wie bei Handelssystemen, die Sie auf normale Charts aufsetzen, benötigen Sie auch beim Equity Trading einen gewissen Vorlauf am Anfang des Charts. Dieser beträgt in unserem Fall 50 Trades (50 Bars), da das System auf die letzten 50 Closes zurückblickt. Was in normalen Kursreihen meistens nicht ins Gewicht fällt, kann im Equity Trading die Performance entscheidend verzerren. Um das Problem zu umgehen, können Sie für das Sekundärsystem eine Regel definieren, die den Einstieg in eine Long-Position auf dem ersten Bar erzwingt. Sie müssen sich jedoch darüber im Klaren sein, dass die Systemregeln innerhalb des Vorlaufs (in unserem Fall 50 Bars) nicht greifen.

Anwendung auf Ursprungssystem 3

Wir wenden nun das Sekundärsystem mit der Grundeinstellung des 50er Channels auf das dritte Ursprungssystem, den Parabolic Swing, an und betrachten die Auswertungen:

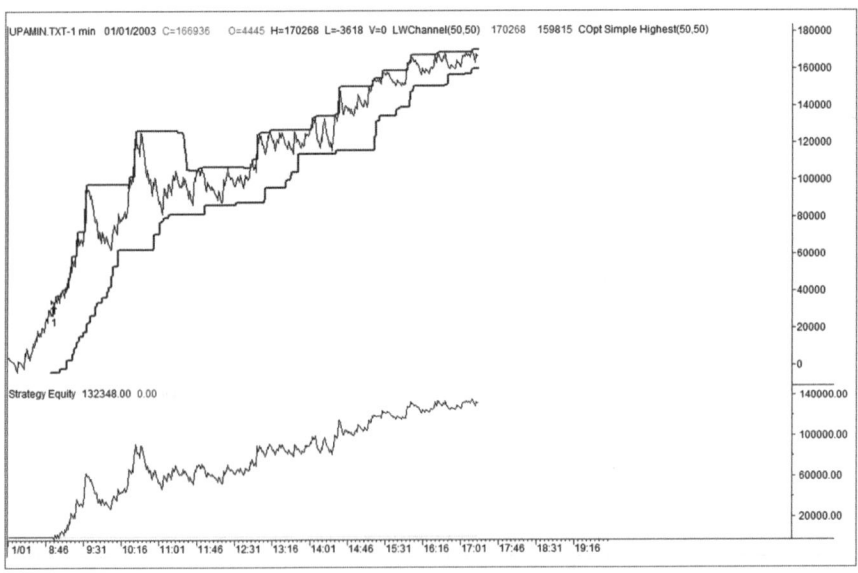

Abbildung: Ursprungssystem 3 mit „Highest Channel" Equity-System 50er-Channel

Wie man erkennen kann, greift der 50er-Channel bei diesem Ursprungssystem überhaupt nicht. Das ist aber zunächst durchaus als positiv zu bewerten, da so die Gefahr von Verlusten durch unnötiges Aussetzen des Systems umgangen wird. Zum weiteren Test fassen wir den Channel des Equity-Systems enger und setzen ihn für Einstieg und Ausstieg auf den Wert 40. Dadurch ergibt sich ein Verhalten, das wir in folgender Grafik sehen können:

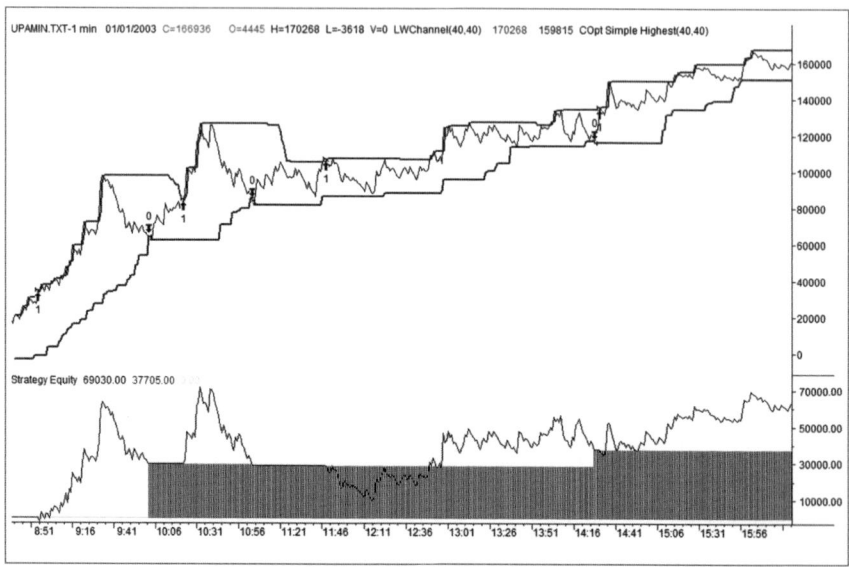

Abbildung: Ursprungssystem 3 mit „Highest Channel" Equity-System 40er-Channel

Wir müssen feststellen, dass die meisten Ausstiege hier auf einem ungünstigen Niveau geschehen. Offensichtlich räumt diese Einstellung der Equity nicht genügend Spielraum für Schwankungen ein.

Bewertung des Systems Highest Channel

Das System hat sich im Testlauf über die drei Equities stabil gezeigt. Aus- und Einstiege werden durch den Channel an den Verlauf der Equity angepasst. Das heißt, wenn die Equity abflacht, wird auch der Channel enger. Auf diese Weise passen sich die Niveaus ähnlich wie bei einem Trailing Stop an den Chartverlauf an.

Zu beachten ist, dass der Channel einen Vorlauf benötigt und deshalb der Anfang der Equity nicht bewertet wird. Sie könnten zwar eine Regel einbauen, dass das System gleich zum ersten Bar der Equity einsteigt. Da allerdings der Exit-Channel ebenfalls einen Vorlauf benötigt, um sich zu bilden, wäre in den entsprechenden ersten Bars kein systemkonformer Exit möglich. Sie sollten deshalb darauf achten, dass sich die zu bewertende Equity aus einer möglichst langen Kursreihe zusammensetzt.

Der kritische Punkt bei diesem System ist die Wahl der richtigen Länge des Channels. Es steht Ihnen die ganze Bandbreite offen. Sie können das Primärsystem schon nach dem tiefsten Close der letzten zehn Trades aussetzen lassen oder aber für die Bewertung auf die letzten 100 Trades zurückblicken. Diesen Wert müssen Sie für Ihr jeweiliges System selbst ermitteln. Dasselbe gilt natürlich für den Wiedereinstieg in den Handel. Die Stärke des Systems liegt in seiner Anpassungsfähigkeit an die Bewegung der Equity. Das schließt ein, dass es nach dynamischen Aufwärtsbewegungen Raum für ausgedehntere Rückschläge gibt. Hier empfiehlt sich ein zusätzlicher, relativ weit gewählter Katastrophen-Money-Management-Stop, wie er im Folgenden beschrieben wird:

Money Management ATH

Dieses Equity-System steigt über einen festen Money Management Stop aus. Das heißt es wird ein fester Wert definiert, den das System verlieren darf, bis es zum Ausstieg aus der Position kommt. In unserem Beispiel darf das Primärsystem von einem einmal gesehenen Hoch auf Tagesschlussbasis höchstens 10 000 Euro abgeben. Beim Überschreiten dieser Grenze wird das Primärsystem ausgesetzt. Der Wiedereinstieg in die Position erfolgt, wenn die Equity das All-Time-High um mindestens 500 Euro überschreitet. Folgende Zeilen zeigen den Tradestation Code:

{Moneymanagement ATH}

INPUT: MM(10000),TopPlus(500);

If barnumber > 0 and barnumber <2 then buy;

If high > Valueo then Valueo = h;

buy valueo + TopPlus stop;

exitlong valueo – MM stop;

Anwendung auf Ursprungssystem 1

Wir wenden also dieses „Money Management Stop"-Sekundärsystem auf unser „Moving Average"-Primärsystem an und betrachten die folgenden Auswertungen.

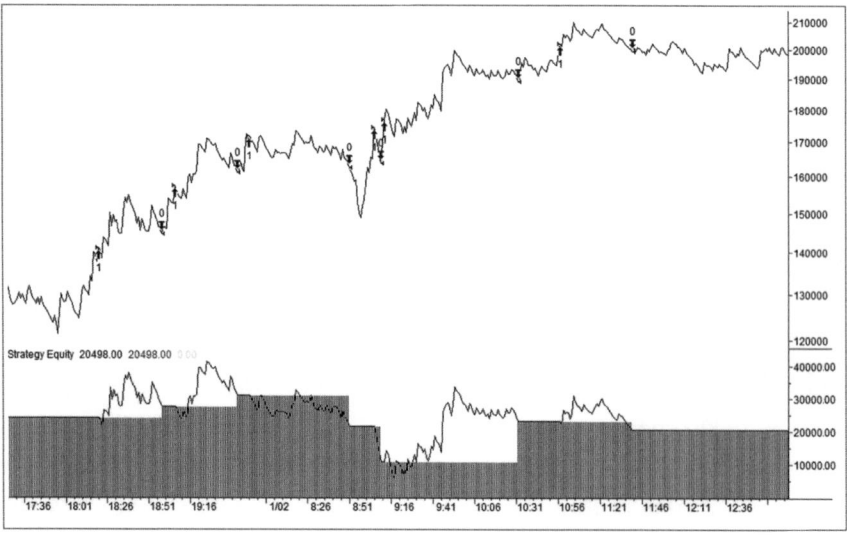

*Abbildung: Ursprungssystem 1 mit „Money Management Stop 10 000"
Equity-System*

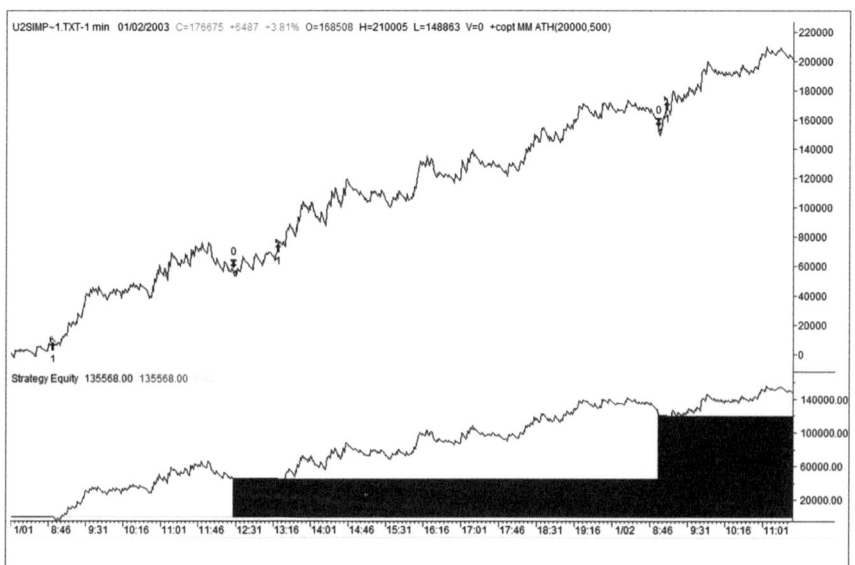

Abbildung: Ursprungssystem 1 mit Money Mangement Stop 20 000"
Equity-System

Wie sich erkennen lässt, führt der 10 000-Euro-Money-Management-Stop zu vielen Fehltrades. Der Stop muss offensichtlich ausgeweitet werden, um dem Ursprungssystem genügend Raum zu geben. Wir möchten es Ihnen selbst überlassen, mit diesem Equity-System weiter zu experimentieren.

Wie unsere weiteren Tests ergeben haben, verhalten sich die beiden anderen Ursprungssysteme sehr ähnlich. Deshalb verzichten wir hier auf eine weitere Darstellung dieser Beispiele.

Bewertung des Systems Money Management ATH

Ein einfaches Money Management über einen vorgegebenen Betrag, den Sie im Höchstfall zu verlieren bereit sind, deckt sich sicherlich mit der Vorstellung der meisten Trader. Die Tests haben jedoch gezeigt, dass Money Management mit festen Beträgen in den meisten Fällen zu unflexibel ist, weil es sich nicht an den Verlauf der Equity anpasst. Oft

215

lässt ein Equity-Bewertungssystem dem Primärsystem erst genügend Raum, wenn Sie den Money-Management-Betrag nahe am maximalen Drawdown des Primärsystems ansetzen. Diese Art von Equity-Trading-System ist jedoch eine sinnvolle Ergänzung zu anderen Sekundärsystemen. So können Sie einen Katastrophenstop einfügen – für den Fall, dass das eigentliche Bewertungssystem in volatilen Phasen der Equity zu große Verluste zulassen würde.

Parabolic Highest C

Dieses Equity-System steigt über einen Parabolic aus einer Position aus und nimmt den Handel über dem höchsten Close der letzten X Tage wieder auf. Den zugehörigen Tradestation Code sehen Sie in den folgenden Zeilen:

{EquityTrading Parabolic}

Input: leng(50),ACCFACTR(0.001);

if c > Parabolic(ACCFACTR) then buy highest (c, leng) Stop;

exitlong Parabolic(ACCFACTR) stop;

Anwendung auf Ursprungssystem 1

Wir wenden das Parabolic-Equity-System nun auf unser Primärsystem mit dem Moving Average an und betrachten die Auswertungen.

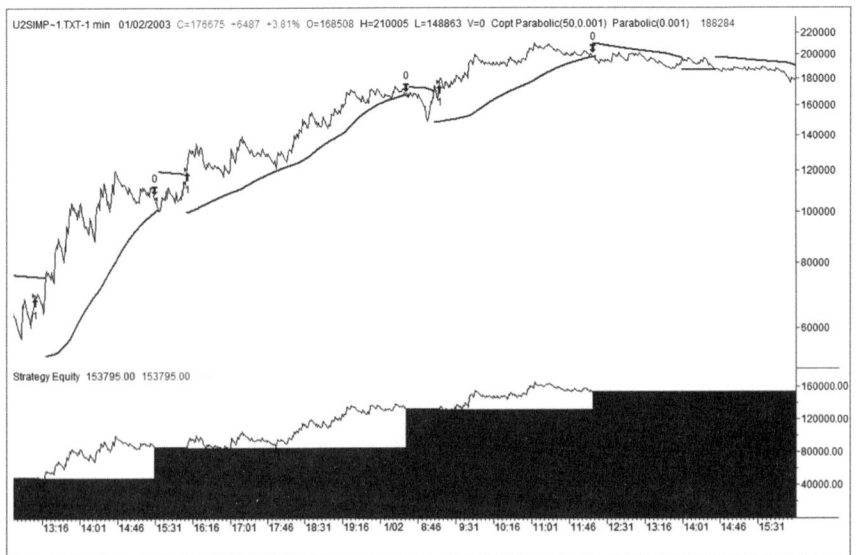

Abbildung: Ursprungssystem 1 mit „Parabolic Highest C" Equity-System

Wir erkennen, dass sich das System auf dieser Equity erfreulicherweise optimal verhält. Wir sehen konsequente Aus- und Einstiege, bei denen gegenüber einer einfachen Buy-and-Hold-Strategie kaum Performance abgegeben wird. Sehr positiv ist zudem die Tatsache, dass das Bewertungssystem in der letzten kritischen Drawdownphase des Primärsystems nicht investiert bleibt und uns somit vor größeren Verlusten schützt.

Anwendung auf Ursprungssystem 2

Unsere Tests haben ergeben, dass das System auf dieser schwierigen Equity nicht überzeugen kann. Der maximale Drawdown liegt immerhin über 30 000 Euro.

Anwendung auf Ursprungssystem 3

Wir wenden das Parabolic-Sekundärsystem zuletzt auf das dritte
Ursprungssystem, den Parabolic Swing, an und betrachten die Auswertungen.

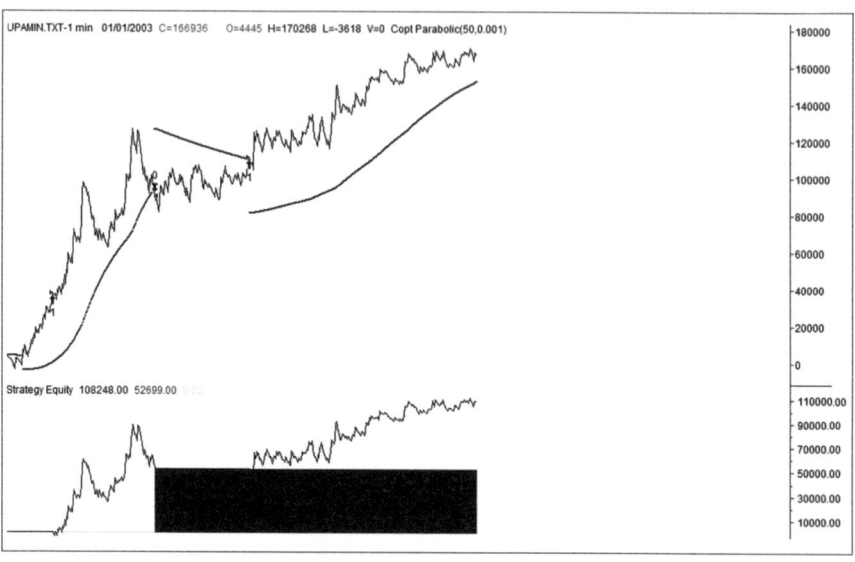

*Abbildung: Ursprungssystem 3 mit „Parabolic Highest C" Equity-Sy-
stem*

Das System steigt nach dem ersten scharfen Drawdown aus der Position
aus. Der Wiedereinstieg gelingt nach der Schiebezone in der Equity mit
nur wenig Verlust an Performance gegenüber einer Buy-and-Hold-
Strategie.

Bewertung des Systems Parabolic

Der Parabolic ist eine interessante Alternative zum oben vorgestellten
System Highest Channel. Allerdings ist der Accelerationsfaktor des Parabolic eine empfindliche Größe. Achten Sie darauf, ihn weit genug
einzustellen, um zu häufige Ausstiege zu vermeiden. Für diese Einstel-

lung kann es hilfreich sein, wenn Sie den Parabolic-Indikator in den Chart einspielen.

Weitere Bewertungssysteme in Kurzdarstellung

In diesem Abschnitt möchten wir Ihnen noch einige weitere Equity-Systeme in Kurzdarstellung vorstellen und es Ihnen selbst überlassen, sie auf Primärsysteme anzuwenden und damit zu experimentieren. Auch für diese Versuche sollten Sie einen modularen Systemaufbau anstreben. Das heißt, Sie sollten aus einem Pool von Ein- und Ausstiegsregeln immer wieder neue Systemvariationen kombinieren, bis Sie das System gefunden haben, das mit Ihren Primärsystemen am stabilsten läuft und zu Ihrem Tradingstil passt.

{EX2minus EN highest}

INPUT: Length1(20);

buy highest (c, Length1) stop;

If c < c[1] and c[1] < c[2] then exitlong market;

Das System steigt nach drei fallenden Closes aus. Der Wiedereinstieg erfolgt über dem höchsten Close der letzten 20 Tage.

{ MA simple}

INPUT: length(3);

If c > xAverage (c, length) then buy market;

If c < xAverage (c, length) then exitlong market;

Ausstieg und Einstieg erfolgen über einen exponentiellen gleitenden Durchschnitt.

{EX lowest EN highest MA Filter}

INPUT: exitleng(20),Length1(10);

Inputs: Price(Close), FastAvg(9), SlowAvg(50), AvgFltr(80);

Vars: FastMA(o), SlowMA(o), Filter(o);

FastMA = Average(Price, FastAvg);

SlowMA = Average(Price, SlowAvg);

Filter = Average(Price, AvgFltr);

Condition1 = Close > Filter;

IF FastMA > SlowMA AND Condition1

    then buy highest (c, Length1) stop;

exitlong lowest (c, exitleng)stop;

Aus- und Einstieg des Systems erfolgen über einen Channel. Der Einstieg ist zusätzlich durch gleitende Durchschnitte gefiltert. Das heißt, zum Einstieg in eine Position muss ein schneller Average über einem langsameren notieren. Gleichzeitig muss das letzte Close über einem Average mit noch längerer Periode notieren.

Wir haben Ihnen in diesem Kapitel die Vorteile des Equity Trading vorgestellt und Ihnen gezeigt, wie Sie Ihre Handelssysteme durch eine zusätzliche Überwachung der Kapitalentwicklung erweitern können. Allerdings sind wir nur auf das Aus- und Wiedereinschalten der Ursprungssysteme durch ein aufgesetztes Equity-System eingegangen. Sie können jedoch das Equity Trading auch sehr gut für das so genannte „Position Sizing" verwenden. Dabei wird in größeren Portfolios die Kontraktzahl nach Maßgabe des Equity-Bewertungssystems nach und nach herunter- beziehungsweise wieder heraufgefahren. Sie können so die Wirkung des Equity Trading auf die Kapitalentwicklung noch feiner steuern.

Position Sizing in Portfolios

Wenn heute über Portfolios geredet wird, dann ist der Name Harry Markowitz meistens nicht weit. Der Wegbereiter der modernen Portfolitheorie veröffentlichte 1952 unter dem Titel „Portfolio Selection" einen ersten Umriss seiner Theorie in „The Journal Of Finance" *(Quelle: Markowitz)*. 1990 erhielt er zusammen mit Merton Miller und William Sharpe den Nobelpreis für seine Entwicklung der Theorie der Portfolioauswahl.

Es ist Markowitz zu verdanken, dass wir heute diversifizierte Portfolios nach ihrem Verhältnis von Risiko- und Ertragserwartung beurteilen können. Die Messgröße für das Risiko ist nach Markowitz die als Standardabweichung gemessene Schwankungsbreite der Erträge um ihren Erwartungswert: Je mehr die einzelnen Jahresrenditen von diesem Durchschnitt abweichen, desto größer ist nach Markowitz das Risiko. Genau genommen stellen natürlich nur die nach unten abweichenden Werte ein Risiko dar. Liegt die Rendite wesentlich höher als erwartet, könnte man das als freudige Überraschung verzeichnen. Aber es geht Harry Markowitz letztlich um die Abweichung an sich, die eine Vorhersage umso schwieriger macht, je weiter sie sich von der Erwartung entfernt. Nach Markowitz können wir Portfolios aus zwei Perspektiven betrachten: aus Sicht der Ertragserwartung und mit Blick auf das Risiko. Dabei soll der Portfoliomanager bei gegebenem Risiko den höchstmöglichen Ertrag und bei gegebenem Ertrag das geringste Risiko anstreben. In der gesamten Bandbreite möglicher Portfolios gibt es einige, die das Verhältnis von Ertragserwartung und Risiko optimal ausbalancieren. Der Anleger sollte sich nach Markowitz für ein solches „effizientes" Portfolio entscheiden.

Der Begriff des Risikos spielt in der Portfoliotheorie eine entscheidende Rolle. Im Gegensatz zu Markowitz definiert Andrew Roy das Risiko über die Abweichung von der erwarteten Mindestrendite nach unten. Nach seinem „Safety-First-Prinzip" soll der Anleger eine individuelle Mindestrendite bestimmen und das Portfolio mit der geringsten Verlustwahrscheinlichkeit wählen *(Quelle: Spreemann)*.

Der Vorteil von Portfolios liegt auf der Hand. Bei guter Auswahl und Gewichtung eines Portfolios können Sie die Verlustphasen des einen Systems oder Marktes durch Gewinnphasen eines anderen Systems oder Marktes ausgleichen. So kann die Konstanz der Gewinnentwicklung insgesamt geglättet werden. Eine wichtige Größe für die Zusammenstellung eines Portfolios ist die Korrelation der Portfoliomitglieder. Diese kann theoretisch zwischen 1 und -1 schwanken. Bei einer Korrelation von 1 haben sich beide Teile identisch entwickelt. Wir haben praktisch eine Verdoppelung des Ergebnisses. Das Risiko wird dadurch also nicht reduziert. Eine Korrelation von -1 besagt, dass sich die Werte genau gegensätzlich verhalten. Auf der einen Seite gewinnen wir, was zur gleichen Zeit auf der anderen Seite verloren geht. So haben wir ein Risiko, das gegen null geht, dafür aber auch keine Rendite. In der Praxis ist eine Korrelation der Portfoliomitglieder anzustreben, die sich im leicht positiven bis moderat negativen Bereich bewegt. Dies gelingt durch die Diversifizierung über unterschiedlichste Märkte aus verschiedenen Marktsegmenten und/oder über unterschiedliche Handelssystemansätze beziehungsweise Zeithorizonte.

Wir können das Thema hier nur anreißen und wollen uns im Folgenden mit einem Spezialgebiet, dem Position Sizing in Portfolios, näher befassen. Sie erhalten hier ein einfaches und interessantes Werkzeug zur Risikokontrolle.

Positionsgrößen steuern

Money Management ist ein Schlüssel zu Ihrem Tradingerfolg. Der so genannte Money Management Stop suggeriert jedoch fälschlicherweise, dass Sie mit der Platzierung einer Verlustgrenze in Ihrem System schon genug für dieses Thema getan haben. Wenn Sie einen Account von 1 000 000 Euro haben, müssen Sie zunächst wissen, ob Sie pro Trade 0,1 Prozent, ein Prozent oder fünf Prozent Ihres Kapitals riskieren. Die nächste Frage ist, mit wie vielen Kontrakten Sie in einer konkreten Situation in den Markt gehen sollen. Nehmen wir an, Sie testen einen Markt mit einem Handelssystem und mehreren Kontrakten. Dann ist es ideal, wenn Sie bei jedem Trade dasselbe Risiko eingehen. Nun verhält sich aber der Markt in seinen verschiedenen Phasen, zum Beispiel hinsichtlich der Volatilität, sehr unterschiedlich. Die Grundidee hinter dem hier vorgestellten Position Sizing ist, dass manche Marktphasen ein größeres Risiko mitbringen als andere. Demnach ist ein Markt mit einer durchschnittlichen Tagesspanne von umgerechnet 5000 Dollar risikoreicher als derselbe Markt, wenn er in einer anderen Phase nur noch eine Tagesspanne von 500 Dollar aufbringt. Um dies auszugleichen, handeln wir in schwankungsreicheren Märkten weniger Kontrakte als in ruhigen. Im folgenden Systembeispiel beurteilen wir die Intensität der Marktschwankung über die Average True Range.

```
{***Position Sizing***}
Input: {Systeminputs einfügen};
var: KontraktZahl(1);

    SetStopContract;
    KontraktZahl=0;
    If AvgTrueRange (14) < (c/100)* 5 THEN KontraktZahl=1;
    If AvgTrueRange (14) < (c/100)* 4 THEN KontraktZahl=2;
```

If AvgTrueRange (14) < (c/100)* 3 THEN KontraktZahl=3;

If AvgTrueRange (14) < (c/100)* 2 THEN KontraktZahl=4;

If AvgTrueRange (14) < (c/100)* 1 THEN KontraktZahl=5;

{Entries}

IF hier Entry-Bedingung Long einfügen}

THEN

buy KontraktZahl contracts {hier Entrylevel Long zum Beispiel Highest (c, 20) einfügen} {Ordertyp: Stop, Limit, Market};

IF   hier Entry-Bedingung Short einfügen}

THEN

sell KontraktZahl contracts {hier Entrylevel Short zum Beispiel Lowest (c, 20) einfügen} {Ordertyp: Stop, Limit, Market};

{Exits}

{hier System Exits einfügen}

Je kleiner die Average True Range (ATR) ist, umso mehr Kontrakte werden in dem oben vorgestellten Systemmodul zugelassen: Wenn die 14er-ATR unter einem Wert notiert, der fünf Prozent des letzten Close entspricht, wird nur ein Kontrakt gehandelt. Notiert die ATR bei einem Wert von unter einem Prozent des letzten Close, werden fünf Kontrakte zugelassen. Die Multiplikatoren sind in diesem Beispielsystem willkürlich gewählt und müssen jeweils auf Ihr Handelssystem und den verwendeten Zeithorizont angepasst werden. In den meisten Tradingsoftwares müssen Sie über das Menü einstellen, dass Sie mehrere Kontrakte pro Trade zulassen. Achten Sie darauf, diese Einstellungen vorzunehmen. Der folgende Screenshot zeigt ein System, das nach dem Prinzip des Position Sizing arbeitet.

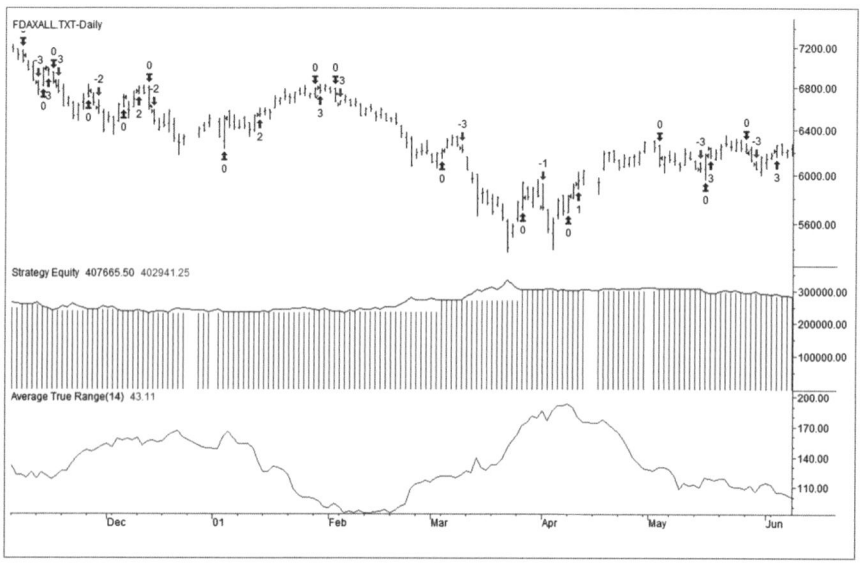

Abbildung: Die Anzahl der jeweils gehandelten Kontrakte wird über die Average True Range bestimmt

Wie bei allen bisherigen Beispielen fordern wir Sie auf, das System zu verändern und Ihre eigenen Einstellungen zu finden. Sie könnten zum Beispiel die ATR durch gestaffelte Einstiege über die Volatilität oder einen anderen Filter ersetzen. Für den oben vorgestellten Systemcode kann das zum Beispiel folgendermaßen aussehen:

{Position Sizing Beispiel Volatility}

If Volatility(10) < 30 THEN Kon-traktZahl=1;

If Volatility(10) < 25 THEN Kon-traktZahl=2;

{Position Sizing Beispiel Rate of Change}

If RateofChange(C, 10)< -2 or Rateof-Change(C, 10)> 2 THEN Kon-traktZahl=1;

If RateofChange(C, 10)< -1 or Rateof-Change(C, 10)> 1 THEN Kon-traktZahl=2;

Variieren Sie jeweils den Systemteil, der die Kontraktgröße bestimmt, und passen Sie die Schwellenwerte für die jeweiligen Kontraktgrößen an. Auf ähnliche Weise lassen sich übrigens auch die Ausstiege gestaffelt gestalten.

Möge die Wahrscheinlichkeit mit dir sein!

Geldverdienen könnte so einfach sein! Sie müssen nur drei Regeln beachten: Wenden Sie immer wieder eine Methode an, die mit hoher Wahrscheinlichkeit zum Erfolg führt. Bringen Sie in diesen Erfolg eine Konstanz hinein. Und untermauern Sie diese Konstanz durch das richtige Risikomanagement. Das sind die Grundvoraussetzungen. Alles andere sind Glück und Geschick im Tagesgeschäft.

Nun ist es aber gerade das Tagesgeschäft, in dem Sie sich als Trader beweisen müssen. Wir hoffen deshalb, Sie mit unseren Beispielen dem Tradingerfolg auf praktische Weise ein gutes Stück näher gebracht zu haben. Wir haben Ihnen gezeigt, dass es für den Handel mit einem mechanischen System bestimmte Grundregeln gibt, die Sie beachten müssen. Ihre Kapitalausstattung und Marktauswahl etwa sind wichtige Faktoren. Nicht jeder Markt erfordert eine gleich hohe Kapitalausstattung, wobei jedoch die Grundregel gilt, dass ein höheres Startkapital bessere Erfolgsaussichten verspricht. Suchen Sie sich einen möglichst liquiden Markt aus, da dort die Kursentwicklungen in der Regel stabiler sind und Ihre Orders auch einen Handelspartner finden. Vor allem aber gilt, dass Sie Disziplin üben müssen. Folgen Sie einem einmal beschlossenen und getesteten Handelsansatz und lassen Sie sich nicht von Emotionen verleiten, davon abzuweichen. Sie sollten sich auch überlegen, Ihr Trading zu automatisieren oder Ihre Systeme ganz von einem Full-Service-Broker handeln zu lassen. So müssen Sie sich weniger um Fragen der Traderdisziplin kümmern und erhalten in vielen Fällen bessere Ausführungen als im manuellen Handel. Vor allem aber gewinnen Sie Zeit für die Entwicklung und Verfeinerung von Systemen und – was noch wichtiger ist – für sich selbst.

Wenn wir uns ein Handelssystem als Person vorstellen, dann muss diese Person so handeln, dass in der Summe der Handlungen mit hoher Wahrscheinlichkeit und Konstanz ein erwartetes positives Ergebnis entsteht. Ein gutes Handelssystem muss wissen, wann es einsteigt, wann es mit Gewinn und wann mit Verlust aussteigt. Die Art des Einstiegs ist durch den Charakter des Systemtyps selbst gegeben – zum Beispiel trendfolgend. Zum Ausstieg mit einer Profitrealisierung können Sie dann zum Beispiel einen Profit Target Stop oder Trailing Stop in verschiedenster Ausführung verwenden. Zur Verlustbegrenzung haben wir Ihnen unter anderem die Prinzipien des „Break-even Stop", „Inactivity Stop" sowie des „Maximum Loss Stop" vorgestellt. Achten Sie darauf, auf jeden Fall einen Verluststop als „Katastrophenstop" zu setzen. Das gilt auch und vor allem, wenn Sie Ihren Trades freien Lauf lassen wollen – etwa in einem Swing-Trading-System, das darauf ausgelegt ist, von long auf short zu wechseln und umgekehrt.

Es gilt aber nicht nur die rein technischen Ausstiegskriterien aus gehandelten Positionen zu beherrschen und zu optimieren. Sie müssen sich insgesamt ein gutes Risikomangement zurechtlegen. Dazu gehört dann die richtige Kapitalverteilung über die verschiedenen Märkte und Positionen, der Anteil Ihres Kapitals, den Sie überhaupt für den Handel einsetzen, sowie der Anteil, den Sie in anderer Form anlegen. Wenn Sie an der Börse handeln, müssen Sie mit Verlusten rechnen. Verlieren gehört zum Geschäft, und Sie sollten es wie eine Versicherungsprämie betrachten, die Sie bezahlen müssen, um sich vor größeren Schäden zu schützen. Sie müssen damit rechnen, dass sich gleich zu Beginn Ihres

Tradings eine ganze Reihe von Verlusten einstellt. Das richtige Risiko-management kalkuliert diese Phasen von vornherein ein und sorgt dafür, dass Sie handelsfähig bleiben.

Mit den vorgestellten Beispielsystemen haben wir Ihnen gezeigt, wie Sie die unterschiedlichen Systemtypen mit Indikatoren und Stops versehen und die Systeme dann in Testreihen optimieren können. Verändern Sie diese Systeme so, dass Sie für Ihr persönliches Trading passen, und eignen Sie sich zusätzliche Module aus anderen Systemen an, um zum Beispiel Entry-Bedingungen, Filter oder Stops der vorhandenen Systeme zu ersetzen und so Ihre ganz eigenen Kreationen zu schaffen. Achten Sie dabei auf die Robustheit ihrer Systeme. In diesem Sinne liegt die hohe Kunst der Handelssystementwicklung darin, ein System zu konzipieren, das mit konstanten Parameter-Einstellungen auf unterschiedlichsten Märkten und Zeithorizonten nach Gebühren und Slippage stabile Gewinne produziert.

Das vorgestellte Equity Trading ist eine wertvolle Ergänzung zur Absicherung und Glättung der Kapitalkurven. Auf bereits vorhandene Ursprungssysteme werden Equity-Systeme aufgespielt, die dann die Kauf- oder Verkaufsignale des jeweiligen Grundsystems zulassen oder unterdrücken beziehungsweise die Positionsgröße regulieren. Die Positionsgröße schließlich kann ein wichtiges Werkzeug sein, um Ihr Trading an die aktuelle Marktlage anzupassen. Nutzen Sie diese Möglichkeit, wenn Ihre Kapitalausstattung einen Handel mit mehreren Kontrakten zulässt.

Was bleibt zum Schluss? Sie brauchen ein Portfolio, dem Sie vertrauen. Sie sollten ein gutes Händchen für die Systementwicklung haben und sich gerne mit dem Thema befassen. Und ersetzen Sie die Hoffnung lieber durch ein gutes Risk Management.

Wir entlassen Sie nun in die harte und faszinierende Welt des Tradings. Holen Sie die Wahrscheinlichkeit auf Ihre Seite!

Möge die Wahrscheinlichkeit mit dir sein!

Bibliographie und Quellennachweis

▶ Appel, Gerald; Hitschler W. Frederick: Stock Market Trading Systems, Traders Press Inc., Greenville S.C., 1990, ISBN 0-934380-16-3

▶ Balsara, Nauzer J.: Money Management Strategies for Futures Traders, John Wiley & Sons Inc., 1992, ISBN 0-471-52215-5

▶ Bernstein, Jake: The Compleat Day Trader, McGraw-Hill, 1995, ISBN 0-07-009251-6

▶ Chande, Tushar S.: Das Große Buch der Trading-Konzepte, TM Börsenverlag AG, Rosenheim, 1999, ISBN 3-930851-19-9

▶ Florek, Erich: Neue Trading-Dimensionen, FinanzBuch Verlag GmbH München, 2000, ISBN 3-932114-19-1

▶ Katz, Jeffrey Owen, Ph. D.; McCormick, Donna: The Encyclopedia of Trading Strategies, McGraw-Hill, 2000, ISBN 0-07-058099-5

▶ Kaufman, Perry J.: Trading Systems and Methods, John Wiley & Sons Inc., 1998, ISBN 0-471-14879-2

▶ LeBeau, Charles; Lucas, David: Börsenanalyse mit dem Computer, Verlag Hoppenstedt Darmstadt, 1992, ISBN 3-8203-0268-9

▶ Link, Marcel: High Probability Trading, McGraw-Hill, Two Penn Plaza, New York, 2003

▶ Markowitz, Harry M.: Portfolio Selection, in: Journal of Finance, 7 (1), S. 77-91, 1952

▶ Pastré, Wilhelm: Börsenstrategien mit und ohne Computer, Dipl. Ing. W. Pastré, Essen, 1996, ISBN 3-9804911-1-0

▶ Pring, Martin J.: Breaking the Black Box, McGraw-Hill Companies, 2002, ISBN 0071384057

▶ Schaefer, Bradley E.: Computers in Astronomy – The Great Escape and the Moon. In: Sky & Telescope, April 1994, S. 86

▶ Spremann, Klaus: Portfolio Management, R. Oldenbourg, 2. Aufl. 2003, ISBN 3-486-27269-1

▶ Stridsmann, Thomas: Trading Systems and Money Management, McGraw-Hill Companies, 2003, ISBN 0071400192

▶ Tennis, Samuel Knight: Ask Mr. EasyLanguage. Traders Press, P.O. Box 6206, Greenville, 1999, ISBN: 0934380511.

▶ Wilder, J. Welles Jr.: New Concepts in Technical Trading Systems. Trend Research, P.O. Box 450, Greensboro, 1978, ISBN: 0894590278.

▶ Danksagung

Wir danken allen, die durch ihre Unterstützung zum Gelingen dieses Buches beigetragen haben. Ein besonderer Dank geht an Eberhard De Wille.

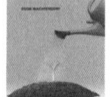

»Kann man mit einem Handelssystem tatsächlich Geld verdienen? Ich wette mit Ihnen: Man kann. Und das ist das Buch, das Ihnen zeigt, wie Sie das anstellen. Ein Buch, das auf jahrzehntelanger Forschung und ebenso langer Tradingpraxis basiert.«
Larry Williams

John Hill
George Pruitt
Lundy Hill

Buy

Sell

Der ultimative
TRADING-GUIDE

Alles über Handelssysteme in der Praxis

FinanzBuch Verlag

John Hill

Der ultimative
Trading Guide

352 Seiten, Hardcover
Preis € 39,90 (D); € 41,10 (A); SFr 69,40
ISBN 3-89879-024-X

Nahezu jeder aktive Anleger und Trader sehnt sich nach einem Tradingsystem – nach bestimmten Regeln, auf Grund derer er kauft und verkauft. Ein solches methodisches Tradingsystem kann ein mächtiges Werkzeug sein, vorausgesetzt der Anwender verfügt über das notwendige Know-how. Dieses einzigartige Buch zeigt dem Leser diese Werkzeuge, um Handelssysteme erfolgreich einzusetzen.

Tools & Tactics für Master Trader

400 Seiten, Hardcover
Preis € 44,90 (D); € 46,20 (A); SFr 75,00
ISBN: 3-89879-076-2

Es gehört zur Königsklasse des Tradings, funktionierende Strategien anzuwenden. Das Autorenpaar, geschult durch langjährige Erfahrung, die von ihnen veranstalteten Seminare und den direkten Kontakt zu Anlegern, folgt in seinem Buch der eigenen Empfehlung: Keep it simple! Der betont didaktische Aufbau in der Vermittlung der technischen und psychologischen Aspekte des aktiven Tradings macht dieses Buch zu einer wertvollen und praktisch umsetzbaren Anleitung für Kurzfrist-Investoren.

Dietmar Rübsamen

Technische Kumulations- analyse

348 Seiten, Broschur
Preis € 44,90 (D); € 46,20 (A); SFr. 77,00
ISBN 3-89879-052-2

Immer mehr Anleger vertrauen auf die Technische Analyse bei ihren Anlageentscheidungen. Allerdings gibt es innerhalb der Technischen Analyse eine Vielzahl von unterschiedlichen Modellen, die oftmals sehr komplex sind. Traditionelle Chartisten, Eliott-Wellen Gurus, Markttechniker und Sentiment-Analysten treten heute mit Kursprognosen an die Öffentlichkeit und bieten den interessierten Börsianern ein oftmals widersprüchliches und verwirrendes Bild. Das vorliegende Buch löst dieses Problem und schafft einen ganzheitlichen Ansatz, indem es die jeweiligen Vorteile der unterschiedlichen technischen Teildisziplinen miteinander verknüpft.

John J. Murphy

Neue
Intermarket
Analyse

Profitieren vom
Zusammenspiel der
globalen Märkte

BÖRSE *edition*

John J. Murphy

Neue
Intermarket
Analyse

290 Seiten, Hardcover
Preis € 44,90 (D); € 46,20 (A); SFr 75,00
ISBN: 3-89879-083-5

Dass die internationalen Märkte in einem engen Zusammenhang stehen, ist spätestens seit der Globalisierungsdebatte weltweit bekannt. Doch auch die einzelnen Finanzmärkte sind in einem engen Geflecht miteinander verbunden. Die neue Analysemethode der Intermarket-Analyse beschäftigt sich mit der Entwirrung dieses Geflechts und versucht, wiederkehrende Muster zu erkennen, die der Interpretation der internationalen Märkte dienen sollen. John Murphy zeigt die Muster der letzten 24 Jahre auf, Muster, die nicht nur Währungen oder Rohstoffe, sondern ganze Volkswirtschaften betreffen, wie z.B. die Währungskrise in Asien 1997.